KB266601

복 있는 사람

오직 여호와의 율법을 즐거워하여 그 율법을 주야로 묵상하는 자로다.
저는 시냇가에 심은 나무가 시절을 좇아 과실을 맺으며 그 잎사귀가 마르지 아니함 같으니
그 행사가 다 형통하리로다. (시편 1:2-3)

내 영혼의 기다림

Sue Monk Kidd

When the Heart Waits

내 영혼의 기다림

수 몽크 키드 지음
윤종석 옮김

참된 나를 빚어가는 창조의 시간

복 있는 사람

내 영혼의 기다림

2006년 6월 22일 초판 1쇄 발행
2026년 3월 10일 재조판 1쇄 인쇄
2026년 3월 17일 재조판 1쇄 발행

지은이 수 몽크 키드
옮긴이 윤종석
펴낸이 박종현

(주) 복 있는 사람
주소 서울특별시 마포구 연남동 246-21(성미산로23길 26-6)
전화 02-723-7183, 7734(영업마케팅)
팩스 02-723-7184
이메일 blesspjh@hanmail.net
등록 1998년 1월 19일 제1-2280호

ISBN 979-11-7083-318-5 03230

When the Heart Waits
by Sue Monk Kidd

Copyright © 1990 by Sue Monk Kidd
Originally Published in English under the title
When the Heart Waits: Spiritual Direction for Life's Sacred Questions
by HárperOne, an imprint of HarperCollins Publishers, New York, U.S.A.
All rights reserved.

Korean Translation Copyright © 2006, 2026 by The Blessed People Publishing Inc., Seoul, Republic of Korea.
Published by arrangement with HarperOne, an imprint of HarperCollins Publishers through Eric Yang Agency, Seoul, Republic of Korea.

이 책은 아모레퍼시픽의 아리따글꼴을 사용하여 디자인되었습니다.

나와 더불어 새로움의 모험을 감행해 준
남편 샌디에게

차례

이 책은 내면 깊은 곳에서 쓰여진 책이다. 나 자신의 여정과 중년기 경험의 샘에서 나온 것이다. 영혼의 빚어짐을 말로 표현한다는 것은 언제나 어렵고 위험한 일이다. 이 책은 특히 더했다. 그만큼 내게 요구하는 것이 많았다. 나는 괴로우리만치 솔직해야 했고, 맥이 빠지도록 연약해져야 했다. 내 속으로 깊이 들어가야 했고, 내 이야기를 열어 보여야 했다. 그리고 독자와 저자의 자비로운 만남이라고밖에 표현할 수 없는 세계로 당신을 초대해야 했다. 나는 삶의 신성한 의문들과 씨름하려 했다. 대다수 사람들에게 존재조차 망각된 이행 단계들을 거쳐 자라가는, 인간 영혼의 여정과 신비를 터득하려 했다. 기다림에 관한 말이 많이 나올 것이다. 여러 모로 기다림이란 변화 과정의 잃어버린 고리인 까닭이다. 내가 말하는 기다림은 우리에게 익숙한 그런 기다림이 아니라, 새 생명과 영적인 온전함이 태어날 수 있는 열정과 묵상의 도가니다.

지난 몇 년간, 인생의 영적 방향을 놓고 나와 함께 대화한 사람들이 많다. 그들은 말하기를, 하나님이 자신을 불러 자기 내면생활의 흐름, 영혼을 빚는 깊고 아름다운 작업에 이르게 하신다고 했다. 이 책은 그들의 그리고 당신의 그런 노력을 돕기 위한 것이다.

나는 당신 앞에 성경, 수세기의 기독교 영성 저작물, 현대 영성 지도, 발달심리학에 기초한 하나의 길을 열어 보이고자 했다. 내 삶에서 얻은 현실적 진리와 아울러 기독교 영성의 위대한 전통에서 나온 심오한 진리를 소개하고자 했다. 그 둘을 함께 엮어 이야기와 가르침의 피륙을 짜는 것이 내 과제였다. 그것을 통해 당신은 우리 모두의 소명인 변화의 여정, 그리스도의 여정에 눈뜰 수 있다.

내 깊은 바람은 당신이 이 책을 머리로만 아니라 가슴으로 읽는 것이다. 그럴 때 하나님은 저자의 말 속에 음악과 생명이 배어들게 하신다.

하나님을 지칭할 때 나는 하나님이 남성도 아니고 여성도 아님을 강조하는 언어를 사용했다. 남성 대명사는 다른 자료를 인용할 때만 나온다.

이 책은 집필 과정에서 나를 도와준 많은 사람들과의 자비로운 만남을 이어 주었다. 우선, 나는 글쓰기를 도와주고 지원해 준 하퍼 앤 로(Harper & Row)의 친구들과 동료들에게 큰 빚을 졌다. 이 책의 편집을 맡아 주고 내게 창의적 자유, 지도, 격려의 분위기를 세심히 마련해 준 레베카 레어드에게 특히 감사한다. 잰 존슨에게도 특별히 감사의 말을 전한다. 자신의 끊임없는 지원이 내게 얼마나 큰 의미가 있었는지 그녀는 모를 것이다.

책을 쓰는 동안 나를 지원해 준 많은 친구들에게도 빚을 졌다. 로이

칼라일은 처음 개념의 정립을 도와주고 그 개념을 책으로 발전시킬 열정을 주었다. 사우스캐롤라이나주 앤더슨의 그레이스 감독교회 자매들은, 아직 이 책을 집필중일 때 내게 그 주제와 자료에 대한 강연을 부탁했을 뿐 아니라 긍정적 반응으로 탈고에 새 힘을 불어넣어 주었다. 존, 베티, 메리 페이지는 책에 말한 여정 내내 나와 함께 "기다려" 주었다.

친자매가 없는 내게 자매가 되어 준 베티 블랙커비에게 감사한다. 그녀가 함께 있어 주고 자신의 경험을 나누어 준 것은 나와 이 책의 영광이다.

책을 쓰는 동안 인내해 준 우리 두 아이, 밥과 앤에게 감사한다. 그들의 풍성한 삶이 이 책에 면면이 넘쳐흐른다. 시종일관 나와 이 책을 믿어 준 내 남편 샌디에게 가장 깊은 감사를 보낸다. 그의 사랑과 조력과 격려는 말할 수 없는 선물이었다.

오늘은 아시시의 성 프란치스코 축일이다. 이 책을 마치는 지금, 그의 아름다운 기도문 한 구절이 생각난다. "어둠이 있는 곳에 광명을 심게 하소서." 정말 그렇게 되기를 빈다.

사우스캐롤라이나주 앤더슨에서

수 몽크 키드

W · a · i · t · i
-n · g · a · n-
d · T · r · a · n-
s · f · o · r · m
-a · t · i · o n

1부
기다림과 변화

1. 먼 길로 돌아서

우리의 매인 바 인생길 중간쯤에

나 깨어나 보니 캄캄한 숲속,

완전히 길 잃어 정로는 사라지고……

죽었다 싶을 만큼 처참한 심정. 단테

인내가 모든 것이다. 라이너 마리아 릴케

머리 위로 빽빽한 구름이 사방을 잿빛으로 물들였다.

사우스캐롤라이나의 대지가 겨울의 침전물 속에 빠져 있는 듯한

2월이었다. 나는 몇 마일을 걸었다. 얼마나 걸었는지 나도 모른다.

신발 속의 발가락도, 얼굴을 때리는 바람도 느껴지지 않았다.

느껴지는 거라곤 내 영혼의 쓰라린 아픔뿐이었다.

뭔지 모를 심령의 위기 속에 나는 몇 달째 길을 잃고 있었다.
깊어가는 어둠과 불협화음에 눈뜬 것은 지난가을이었다. 마치 내
심연 속에서 뭔가 울부짖는 것 같았다. 합창처럼 요란한 목소리. 부모
잃은 아이의 목소리. 그것은 내 안의 모든 살아 있지 못한 부분을
대변하는 듯했고, 그 위력과 현란함을 나는 당해 낼 수 없었다. 내
실존의 반경이 파열되는 것 같았다. 지금에야 알지만, 그것은 새
자아가 태어나려고 몸부림치는 아우성이었다.

중년의 암흑기

나는 중년의 휘청거리는 땅 위에 서 있었다. 사람을 내면의 변화로,
한 정체에서 다른 정체로 넘어가는 교차점으로 부르는 삶의 시기에
도달했던 것이다. 우리 삶, 특히 중년을 휘감는 계절풍은 대개
우리를 영적 여정의 새로운 단계로 부른다. 우리 안의 잃어버린
곳들과 거짓된 곳들을 직시하고, 보다 깊은 심연의 자아―우리의 참
자아―를 찾아내는 단계다. 중년은 우리를 자신에게로 돌아가라고,
자신의 참모습이 되라고 부른다.
불만스럽던 그 겨울만 해도 나는 그런 것을 전혀 몰랐다. 내면의
격동 앞에서 그저 얼떨떨했다. 나한테는 있을 수 없는 일이라는
생각이 들었다. 내면의 영적 추구라면 이미 겪어 온 터였다. 8년 전에
흉통과 스트레스를 경험하며 시작된 추구였다. 그 여정을 통해 나는
세상을 보다 묵상적으로 사는 방식을 배웠고, 진정한 중심잡기도
처음으로 경험했다. 하나님께 사랑받는 나 자신을 발견하고 하나님

임재와의 친밀함이라는 새로운 차원을 가꾸면서 내 분열된 삶은 큰 치유를 얻었다.

그러나 영적 삶이란 결코 정적(靜的)인 것이 아님을 나는 기억했어야 했다. 한 차원으로 태어났나 싶으면 어느새 온전함을 향한 새로운 몸부림이 내면에 잉태되는 것이다. 성장을 향해, 즉 우리 안의 상실되고 부모 잃은 모든 것을 되찾고 우리 영혼에 각인된 하나님 형상을 회복하는 쪽으로 우리를 끊임없이 데려가는 것, 그것이 삶의 그리고 하나님의 신성한 목적이다. 그런데 중대한 변화 치고 캄캄한 숲속이나 또는 T. S. 엘리엇의 표현으로 "성간(星間)의 텅 빈 공간"[1]에서 길 잃은 기분 없이 찾아오는 경우란 극히 드물다.

마치 한 발 한 발 내딛는 의식(儀式)만 계속하고 있으면 고통에서 헤어나기라도 한다는 듯, 나는 안개 낀 오후의 빛 속을 마냥 걸었다. 코트 주머니에 손을 찌른 채 도랑의 종이컵이 바람에 날리는 모양을 지켜보았다. 대학 캠퍼스가 가까워지고 있었다. 너무 멀리까지 온 것일까? 어느덧 해가 기울기 시작했다. 나는 발걸음을 돌렸으나 속이 너무 짓눌려 거동조차 힘들게 느껴졌다.

몸을 질질 끌다시피 하여 나무 사이의 작은 벤치로 갔다. 거기 앉아 앙상한 가지를 물끄러미 바라보았다. 빈 가지들이 하늘과 빛을 향해 애타게 손을 뻗고 있었다. 눈가에 눈물이 고였다가 뺨을 타고 따갑게 흘러내렸다. 앞뒤가 맞지 않았다. 나는 한 번도 중년의 위기를 믿지 않았다. 그것은 한낱 유행처럼 보였고, 또 하나의 진부한 개념 같았다. 그런 내가 그것을 맞고 있었다. 두려운 현실이었다.

내 삶의 익숙한 반경은 나를 숨막히게 했다. 결혼생활은 갑자기 만족 없이 권태로워 보였고, 신앙의 틀도 답답했다. 여태 중요했던 것들이

더 이상 중요하지 않았고, 전혀 중요하지 않던 것들이 중요해졌다. 내
삶은 무서운 물음표 안에 웅크리고 있었다.

날마다 나는 평소처럼 책임을 다했다. 오전부터 이른 오후까지 글을
쓰고, 아이들을 학교에서 데려오고, 편지에 답을 보내고, 찬거리를
사다 요리를 했다. 끝없이 늘어선 의무를 헤집고 다녔다. 본분을
다하는 쪽에는 (심지어 위기 중에도) 늘 조예가 깊은 나였다. 나는
겉으로는 멀쩡해 보였으나 속으로는 혼란스러웠다.

남편 샌디는 그런 내 상태에 당황한 것 못지않게 역정을 냈다.
그는 이전의 편안한 상태로 돌아가기 원했고, 내가 "기운을 내기"
원했다. 물론 나도 그랬다. 기운을 내라고 나 자신에게 수없이
다그쳐도 보았다. 그러나 그것은 마치 삼킬 듯 몰려오는 파도를 보며
물러가라고 명하는 것과 같았다. 다그친다고 될 일이 아니었다.

한숨이 났다. 불현듯 전날 밤에 그린 그림이 떠올랐다(취미로
목탄화를 그리는 나는 그즈음 스케치북에서 위안을 얻곤 했다). 전날 밤
나는 바람이 사나운 심산유곡의 텐트를 그렸었다. 텐트를 땅에
고정시켜 주는 못들이 뽑혀 텐트 자락이 바람에 흩날리고 있었다.
목탄을 내려놓으며 나는 "이것이 내 삶이구나" 혼잣말했었다. 사실,
내 단정하고 안전한 실존을 고정시켜 주던 못들—내 삶을 다
바치다시피 하며 조심조심 박아둔 못들—이 뽑혀 나가 모든 것이
나뒹굴고 있는 것 같았다. 그림 밑에 나는 '중년'(Midlife)이라고 썼다.
이제 그 그림을 생각하노라니 그동안 내가 텐트에만 붙어 살았다는
자각이 들었다. 어쩌면 나는 내 내면의 새로운 땅으로 나서야
했는지도 모른다. 어쩌면 **그것이** 중년의 삶인지도 모른다. 순례의 길
말이다.

코트 깃을 바짝 세우고 나는 내 일상의 외적 자아—내가 세상에 내보이는 자아—를 생각했다. 내 얼굴에 쓴 가면들, 내 안에 들어앉아 세상살이에 영향을 미쳐 온 "내적 자아들" 내지 지배적인 틀들을 묵상했다.

각 사람 안에 복수로 거하는 내적 자아들에 대해 엘리자베스 오코너는 이렇게 말했다. "나 자신이 하나 이상임을 처음 경험하기 시작한 것은 괴로운 갈등 속에서였다. 마치 내가 많은 자아의 한복판에 앉아 있는 것 같았다."[2]

나도 많은 자아의 한복판에 앉아 있었다. 비위 맞추는 자(Pleaser), 행위자(Performer), 완벽주의자(Perfectionist)—나의 삼위일체 P다—이들 옛 역할들이 내가 연기해 온 또 다른 강한 역할인 "착한 소녀상"과 얼마나 밀접하게 연관되어 있는지 깨달았다.

나의 일부분인 그 소녀는 자신감이나 자율성이 별로 없어 타인들과 그들의 기대, 집단의 가치관과 투사(投射)로 삶을 규정하는 경향이 있었다. 여자로서 내가 각본상 만인에게 만능인이 되어야 한다고 느껴질 때가 있다. 하지만 그렇게 되려다 보면, 결국 대개는 내 깊은 정체, 하나님의 피조물이라는 나만의 진실을 잃고 만다.

내 착한 소녀는 모든 것을 착실하게 견뎠고, 전통의 선(線) 밖으로는 두려워서 색칠을 못했고, 자기다운 생각과 감정을 자주 잘라냈다. 남들의 생각으로 생각하고 저항이 가장 적은 길을 따르는 데 아주 익숙해진 소녀였다.

때로 소녀는 온실 속의 난초 같았다. 가녀리고 호감을 주어, 결국은 항상 타인의 스크랩북 책장에 끼어져 눌려 있는 신세가 되었다. 거의 한평생, 내 주요 역할들은 주로 타인의 삶이라는 책장 속에서

표현되었다. 나는 누군가의 어머니, 누군가의 아내, 누군가의
주일학교 교사, 누군가의 직원이었다. 좋은 것들이다. 하지만 깊은
영혼의 차원에서 나는 누구였나?

이제야 묘하게, 내 안에 갇혀 있는 내가 알지 못했던 여자의
인기척이 느껴졌다. 그녀는 생명과 호흡을 원했고, 중요하지 않은
가면을 벗고 중요한 진실을 되찾기 원했다. 보다 깊은 진정한
자아의 감촉이 내게 느껴졌는데, 그녀는 자기만의 주관적인 개성을
살려내고 자신의 신비를 끌어안기 원했다. 존재하려고 울부짖는 내
안의 이 자아는 누구였나?

그 전 몇 주간 나는 엘리엇의 시를 읽고 있었는데, 때로 그는 내
영혼의 친구처럼 느껴졌다. 'J. 알프레드 프루프록의 연가'는 내
이야기였다. 중년에 파묻혀 있는 뜻밖의 어둠과 난감한 의문에
맞닥뜨린 사람의 말없는 고뇌였다.

> 감히 나는
> 우주를 어지럽힐 것인가?
> ……
> 여태 커피 스푼으로 내 삶을 재 왔다.
> 먼 방에서 들려오는 음악 밑으로
> 추락해 죽어가는 목소리들을 나는 안다.[3]

여태 내 삶을 너무 작은 덩이로 재 온 것 같았다. 찾을 수 없는 먼
방에서는 매혹적인 음악이 들려오고 있었다. 누가 들어 주기를
바라며 죽어가는 목소리들. 나는 감히 내 안의 우주를 어지럽혀

깨웠던가?

정말이지 나는 끝까지 가 봤더니 아무것도 없더라고 둘러대고
싶었다. 그러나 그럴 수 없었다. 삶은 무미건조했고 퀴퀴한 냄새가
났다. 때로 나는 고통의 옷장에 갇힌 채 문을 찾을 수 없었다. 가장
암울한 순간이면, 가출이라도 하여 내 잃어버린 중요한 부분을 찾는
모습을 공상하기도 했다.

의문 속으로

그날 낮게 걸린 잿빛 하늘을 이고 벤치에 앉아 있노라니 모든 것이
부글거렸고 길에서 보았던 종이컵처럼 뱅글뱅글 돌고 있었다.
그러다 갑자기 혼란의 정점에서 나는 닥쳐온 난감한 의문을
처음으로 수용했다. 오랫동안 에둘러 피해 온 의문의 한복판으로
이제야 마침내 들어선 것이다. 위험한 일이었다. 신성한 의문의
심장부로 들어가 거기서 내뿜는 뜨거운 열기를 쐰 사람들은 대개 그
답대로 살 수밖에 없기 때문이다.
나 자신에게 물었다. 혹시 내면의 깊고 거룩한 곳에서 뭔가 나를
부르고 있는 것일까? 영적 삶의 새로운 단계에, 거짓 자아에서
참 자아로의 여정에 들어서라는 것일까? 낡은 가면들과 틀들을
걷어치우고 보다 깊고 진정한 자아, 하나님이 지으신 나를
드러내라는 것일까? 안에서 아우성치는 아직 발견되지 못한 존재를
찾아 내 내면의 우주를 어지럽혀야만 하는 것일까?
안타깝게도 기독교계 내에 이런 부름에 대한 강조는 별로 없었다.

그래서 부름이 와도 우리는 그것이 자신을 개인적 변화로, 아직 없는 "나"를 낳는 작업으로 떠밀고 있음을 모른다. 우리는 그것을 또 하나의 궁지나 곤경으로, 혹 삶에 대한 불만이나 탈진의 결과로 치부한다.

그러나 나는 그런 부름이 사실은 우리에게 영적인 발달 과제를 제시한다고 믿는다. 우리는 자신의 더 깊은 자아를—우리 안에 있는 그리스도의 생명이라고도 할 수 있는—드러내야만 하는 것이다. 이 과제에 착수하려면 영혼의 깊고 심오한 이동이 필요하다. 그 이동은 우리를 집단적 "그들"의 동화에서 개인적 "나"의 발견으로, 그리고 곧 보겠지만 결국은 긍휼로 "우리"를 끌어안는 자리로 데려간다. 이 과제야말로 영적인 삶의 보다 모호하고 신비로운 길 중 하나다. 그 길을 어떻게 지나느냐에 따라 자아, 하나님, 세상과의 정렬 상태가 크게 달라진다.

곰곰이 고민하던 그날 오후, 내 생각은 전에 스위스 정신과 의사 C. G. 융의 글을 읽으며 깨달았던 내용으로 돌아갔다. 이전 4년간 나는 그의 저작을 진지하게 공부하고 있었다. 어느 친구는 내가 정통이 아닌 곳에서 진리를 찾으려 한다고 말했지만, 물론 하나님은 진리를 그런 곳에 두실 때가 많다.

신앙 여정 초기에 나는 아빌라의 성 테레사, 십자가의 요한, 노리치의 줄리안, 마이스터 에크하르트, 특히 현대의 수사 작가 토머스 머튼을 영웅 삼아 서구의 영성 고전들을 탐독했다. 하나님께 이르는 묵상 여정에 대한 내용이 되풀이되었는데, 그 여정을 가려면 자아의 심연으로 들어가야 했다. 나중에 융의 책을 읽기 시작하면서 나는, 그의 심층심리학 작업이 그동안 내가 배워 온 영성과 너무나

일맥상통하며 서로 풍부하게 해주는 것을 보고 놀랐다.

융은 "모든 중년의 위기는 영적인 위기다. 인생 전반(前半)의 열매인 옛 자아(에고)에 대해 죽고 내면의 새로운 자아를 해방시켜야 한다는 부름"이라고 믿었다.[4] 여기 오해 속에 묻혀 있는 영혼의 전환점이 있다는 생각이 들었다. 서글프게도, 그 뒤얽힌 미로를 모든 사람이 헤어나는 것은 아니다. 나는 어떨까?

'인생의 단계'에 나오는 융의 말이 떠올랐다.

> 그들은 전혀 준비되지 않은 상태로 인생 후반에 들어선다.
>
> 젊은이들이 대학에서 세상과 삶에 대한 지식을 접하듯이, 나이 마흔 된 사람들을 이후의 삶과 그 요구에 대비시켜 줄 대학이 혹 따로 있을까? 아니, 그런 학교는 없다. 우리는 전혀 준비되지 않은 상태로 인생의 오후에 발을 딛는다. 한술 더 떠서, 우리는 현재의 내 지식과 생각이 앞으로도 도움이 되리라는 착각 속에서 그 걸음을 내딛는다. 그러나 인생의 오후를 인생의 오전 프로그램에 따라 살 수는 없다. 오전에 대단했던 것이 오후에는 별것 아닌 것이 되고, 아침에 참이었던 것이 저녁때는 거짓이 되기 때문이다.[5]

융은 인생을 두 단계로 나누었다. 전반부 "오전"은 에고를 발달시켜 바깥세상과 관계하고 순응하는 시기다. 후반부 "오후"는 온전한 참 자아를 개발하여 내면세계에 적응하는 시기다. 그 둘 사이의 중년 전환기를 융은 난산(難産)에 비유했다.

이 전환기가 어려운 것은 우리의 낡은 영적·정신적 구조, 즉 과거에는 우리를 잘 받들었지만 더는 맞지 않는 낡은 가면들과

페르소나(persona, 자신의 역할이나 지위에 따라 사용하는 가면—편집자)들이
정말로 깨져야 하기 때문이다. 비위 맞추는 자, 행위자, 완벽주의자,
착한 소녀, 고분고분 교회 나가는 사람, 수동적이고 전통적인 아내 등
내 인생의 주제가를 지어낸 주요 역할들이 그 곡조를 잃기 시작했다.
가사는 다 아는데 곡은 모르는 그 자리에 이르기란 괴로운 일이다.
젊어서 우리는 삶의 기준이 될 내면의 신화와 이야기를 정하지만,
중년의 전환기가 오면 그런 틀이 무너지기 시작한다. 마치 존재하는
모든 것의 붕괴처럼 느껴진다. 그러나 이는 거룩한 지진이다. 존
쉬아는 "질서가 무너지면 신비가 일어난다"고 했다.[6]

내가 좋아하는 성경구절들 가운데 하나는 전도서에 나온다. "범사에
기한이 있고 천하 만사가 다 때가 있나니 날 때가 있고 죽을 때가
있으며 심을 때가 있고 심은 것을 뽑을 때가 있으며"(전 3:1-2). 옛
가면들을 죽게 두고, 오래전에 심겨진 것을 "뽑아도" 괜찮다는
확신이 우리에게 필요하다.

대담한 일을 할 때, 내게는 대개 승낙이 필요하다. 나 스스로
승낙하지 못하면, 하나님은 누군가를 보내 승낙하게 하신다. 내가
이 경험을 수용할 것인지 밀쳐낼 것인지 고민하고 있을 때, 한
친구가 내게 말했다. "하나님이 너를 잔잔한 물가로만 인도하신다고
생각한다면 다시 생각해. 하나님은 너를 사나운 풍랑으로도
인도하실 거야. 용감히 뛰어들면 기분상 꼭 익사할 것 같겠지만, 사실
너는 휘저어져 뭔가 새로운 존재가 되고 있는 거야. 수, 괜찮으니까
뛰어들어."

때가 차면, 우리 마음에서 신성한 목소리가 아우성치면서 옛
기초가 흔들린다. 그것은 우리를 풍랑 속으로, 자신의 가장 깊은

문제들과 부딪쳐야만 하는 곳으로 이끌어 간다. 마치 내면의 거룩한 은혜가 우리의 성장과 형성을 강구하며, 필요하면 우리를 가마솥에 던져넣을 것만 같다. 가마솥 속에는 당장 듣고 싶지 않은 의문들과 목소리들이 펄펄 끓고 있다. 이래저래 거짓 역할·정체·환상들은 삶 위로 흘러넘치게 마련이고, 우리는 혼돈 속에 서야만 한다.

이런 격변이 없다면 아마 우리는 계속 평소처럼 살아갈 것이다. 충격의 순간—이른바 "눈뜸"의 경험—이 찾아와 시야가 또렷해질 때까지는 문제를 부정하는 것이 우리 인간이다.

신학자 앨런 존스는 "우리 각자 안에는 태어나기를 갈망하는 자아가 있다"고 말했다.[7] 그 갈망이 삶으로 표출되어 나올 때—중년의 고뇌를 통해서든 다른 위기를 통해서든—우리는 어떻게든 용기를 내서 긍정해야 한다. 태어나려고 몸부림치는 보다 사실적이고 보다 그리스도를 닮은 이 자아를 긍정해야 한다.

2월의 그 추운 날, 나는 작은 벤치에 기대 앉아 내 안에서 몸부림치는 것을 긍정하려고 무던히 애썼다. 나뭇가지 하나가 내 발치의 보도에 그림자를 드리웠다. 그림자를 보고 있노라니 얼마 전 딸 앤과 함께 J. M. 배리의 고전 『피터 팬』을 읽었던 일이 떠올랐다. 나는 영원한 소년 피터를 생각했다. 그는 적막한 거리의 아이들 방 창가에 몰래 찾아가, 웬디가 잠자리에 든 동생들에게 들려주는 동화를 엿듣는 버릇이 있었다. 어느 밤, 웬디네 개 나나가 달아나는 피터의 그림자를 물어 그만 그림자가 떨어져 나갔다. 나중에 피터는 자신의 그림자를 찾으러 웬디네 집으로 간다. 마침내 그는 상자 속에 숨어 있는 그림자를 찾고 웬디가 꿰매어 붙여 준다.

내 추구도 마치 적막한 거리의 아이 방 창가에 기대어 있다 잃어버린 나의 일부분을 찾으려는 것처럼 보였다. 그림자는 어둠 속에 묻힌 나의 중요한 부분, 거짓과 가면 밑에 숨어 있는 부분을 상징했다. 융은 우리 모두에게 "그림자"(shadow, 인간의 무의식 속에 숨겨진 어두운 면—편집자)가 있다고 했다. 이것은 우리가 늘 무시하고 대적해 온 내면의 열등하고 거부당한 사람이다.[8]

나는 "웬디"—지혜롭고 따뜻한 도우미—가 와서 그것을 가만히 꿰매 주기만 바라고 있었다. 사실, 나는 어떤 상담자에게 도움을 청했다. 우리는 중년의 위기, 영적 시각을 조정할 필요성에 대해 얘기했다. 그러나 나는 변화에 대한 나 자신의 시각을 아직 찾지 못했고, 그 가능성조차 믿지 않았다. 그 일은 어떻게 벌어질까? 내가 해야 할 일은 무엇일까?

기다림에의 부름

가족들이 걱정할 줄 알면서도 나는 거기 으스스한 추위 속에 앉아 있었다. 나는 연기를 피우는 난롯가에 그들을 두고 나왔다. 나오는 내게 남편은 물었다. "언제 돌아올 거요? 저녁은 어떡하고?"

저녁? **저녁이라고?** 저녁 따위야 알게 뭐람? 나는 울고 싶었다. 그러나 울지 않고 이렇게만 말했다. "좀 알아서 먹을 수 없나요? 난 정말 걸어야겠다구요."

하지만 걷는다고 얻는 것이 무엇일까? 나는 기도하려 했다. "제발, 하나님……제발." 나는 중얼거렸다. 하나님이 거기서 의미를 추출하여 내 끔찍한 교착 상태를 뻥 뚫어 주실 것만 믿고서 말이다.

한줄기 세찬 바람이 나뭇가지에 파문을 일으키며 부재의 노래를 불렀다. 감당할 수 없었다. 나는 일어나 다시 걸었다.

나는 고개를 숙인 채 바람 속으로 파고들었다. 층층나무 가지 밑을 지날 즈음 우연히 다시 고개를 들었다. 내 머리 바로 위의 잔가지에 신기하게 매달려 있는 조그만 물체에 눈이 멎었다.

계속 걸었다. **아니, 멈추어······자세히 봐라.** 내면의 충동에 따르는 것 말고 달리 할 바를 몰라, 나는 뒤로 물러가 다시 보았다. 한 발짝 또 한 발짝 다가서자 물체가 내 입김에 뿌옇게 가려질 정도로 가까워졌다. **번데기고치였다.**

불현듯 나는 외경에 휩싸였다. 그대로 무릎 꿇고 싶은 심정이었다. 내 어둠을 묘하게 빛내 주는 거룩한 현현 앞에 내가 서 있음을 직감했다. 조그만 갈색 고치의 아래쪽 끝을 집게손가락으로 건드리자 내 안에 빛 같은 것이 드는 것이 느껴졌다. 그날 오후, 하나님은 내게 변화에 대해, 영혼의 내려감과 출현에 대해, 희망에 대해 말씀하시는 것 같았다.

나는 나무에서 그 잔가지를 꺾어 고치가 달린 채로 집으로 가져왔다. 그것은 내 번데기고치, 내 어둠이었다. 그 안에 잉태된 것은 내 영혼이었다.

집에 돌아와서 나는 번데기고치가 달린 잔가지를 뒷마당의 돌능금나무 가지에 테이프로 잘 붙여 두었다. 그리고는 안으로 들어갔다. 아이들은 숙제하느라 바빴고, 샌디는 식탁을 차리고 있었다. 나는 창가에 서서 겨울 대기 속에 뒤집어진 물음표처럼 매달려 있는 번데기고치를 바라보고 있었다. 의문 속에 **살아라.** 하나님은 그렇게 속삭이셨다.

지식이 내 마음속에 내려온 것은 그 순간이었다. 나는 깨달았다. 정말 깨달았다. 우리 마음을 쓰라리게 하고 앞을 더듬게 만드는 위기와 변화와 격동은 단지 고통의 목소리가 아니라 창조의 목소리다. 귀를 기울이기만 한다면, 우리를 기다림의 계절로, 비옥한 빈자리로 부르는 목소리가 들려올 것이다.

나는 창가에서 돌아섰다. 그 순간은 내게 생기를 가져다주었다. 알았습니다. 사랑하는 하나님, 이제 알았습니다. 저도 고치 속으로 들어가야 합니다.

번데기고치를 치는 영적 예술

헬라어로 영혼은 '프시케'(*psyche*)이며 대개 **나비**로 상징된다. 영혼도 나비도 탈바꿈 과정을 겪는다. 내 참 자아의 성장과 출현이 내가 들이는 시간이나 노력 없이도 이루어질 거라고 생각하고 싶지만, 실은 그렇지 않다. 영혼은 천천히 발달되어 완성에 이른다. 우리는 안으로 들어가, 하나님이 이루시려는 새로움을 잉태해야 한다. 은혜에 협력해야 한다.

은혜가 선물이 아니라는 말이 아니다. 신중한 기다림의 과정이 은혜를 **낳는다는** 말도 아니다. 다만 기다림은 은혜의 발현에 필요한 시간과 공간을 만들어 준다. 영혼은 자신을 부을 그릇이 필요하다. 은혜는 성육신할 터가 필요하다. 우리가 허락하기만 한다면 기다림이 그 터가 될 수 있다.

얼마 전 우연히 어느 미술품 가게에 걸려 있는 포스터를 보았다.

불타는 하늘을 배경으로 황금빛 나비가 날개를 펴고 있었다. "당신의 영혼은 당신의 가장 위대한 예술작품이다"라는 제목이 붙어 있었다. 그러나 좀더 자세히 보니, 포스터 왼쪽 아래 구석에 빈 번데기고치 껍질이 보였다. 그것은 화려한 날개와 예술작품이 결코 저절로 되지 않음을 아프게 일깨워 주고 있었다. 옛것을 버리고 고치를 짜는 용기가 필요한 것이다. 영혼을 빚는 우리도 번데기고치를 그냥 지나칠 수 없다. 화사한 새 날개가 있는 곳마다 구석 어딘가에는 늘 기다림의 껍질이 있는 법이다.

2월의 그 산책 이후로 나는 자신에게 물었다. 나도 번데기고치를 치는 영적 예술을 배울 수 있다면 어떻게 될까? 하나님을 부르고 생명의 새로운 재창조를 부르는 영혼의 고요함을 발견하게 될까? 기다림이, 그 모든 고요한 열정과 숨은 불이 영적 변화의 참 도가니임을 보게 될까? 번데기고치 자세 덕분에 나도 삶의 굳어진 옛 습성들을 벗고, 참 자아가 열리는 보다 진정한 인간의 자리로 들어설 수 있을까?

기다림이 영적 발달의 "잃어버린 고리"가 아닐까, 인간답고 그리스도인답고 나다운 존재가 되는 데 꼭 필요한 상실되고 망각된 경험이 아닐까 하는 생각이 들었다.

어느 날, 복음서를 읽다가 문득 깨달았다. 중요한 전환기가 닥쳐올 때마다 예수님은 광야·동산·무덤 등 기다림의 울안으로 들어가셨다. 예수님의 삶은 하나님을 기다리는 일과 그 기다림의 열매를 내놓는 일이 균형과 리듬을 잘 이루고 있었다.

나는 기다림을 단지 수동적인 것으로 보는 경향이 있었다. 그러나 사전을 찾아보니 **수동적**(passive)이라는 단어와 **열정**(passion)이라는 단어가 "참는다"는 뜻의 동일한 라틴어 어근 *pati*에서 온 것으로 되어 있었다. 그렇다면 기다림은 수동적이며 동시에 열정적인 것이다. 그것은 가슴 설레는 묵상의 작업이다. 기다림이란 자아, 하나님, 더 깊은 기도의 미로 속으로 내려간다는 뜻이다. 기다리려면 그동안 거부했던 내면의 목소리를 들어야 하고, 영혼의 파인 상처, 부정하며 외면해 온 부분, 거짓으로 살아온 자리를 돌아보아야 한다. 하나님 안에서 내 참모습을 보고자 힘쓰며, 그렇게 발견한 모습대로 용기 내어 살아야 한다.

번데기고치를 만나면서 내게 찾아온 열정은 상상을 초월했다. 그것을 만났다는 사실 자체가 내게는 작은 기적 같았고, 삶이 우리에게 웅변적으로 말할 수 있음을 보여주는 우연의 일치 같았다. 1년이 넘도록 나는 애벌레·번데기·나비의 상징을 품고 살며 내면의 작업에 임했다. 나는 그것을 하나님의 선물로, 흔히 거기에 따라다니는 감상(感傷)을 벗어난 치유의 상징으로 받아들였다. 내 생각에 우리는, 은혜의 매개체가 되어 우리를 변화로 이끌어 주는 상징의 위력을 망각하는 버릇이 있다.

내가 받아들인 순간부터 그 이미지는 바깥에서 계속 출현을 거듭했다. 갑자기 어디를 보나 그 이미지 천지였다. 그것은 카드, 포장지, 목걸이, 책, 서진, 포스터, 열쇠고리, 유리 장식품, 그림 등 각종 선물로 불시에 나를 찾아왔다. 뉴욕을 돌아다니다 "우연히" 나비 전시관을 만났는데, 그 안에는 온통 예술적인 판에 고정시킨 나비들뿐이었다. 그중 둘을 집으로 가져와 내 책상에 장식했다. 이 상징은 꿈에도 계속 나타났다. 그리고 진짜 나비가 내 위에 앉은 적도 한두 번이 아니라 세 번이나 있었다. 삶의 불가해하지만 웅변적인 기름 부음이란 그런 것이었다. 솔직히, 이 모두는 거룩한 희극이 되었다. "됐습니다. **됐어요**. 하나님, 알아들었어요!" 소리치고 싶었다.

원 안에 머물러 있기

번데기고치를 발견한 그날 밤, 나는 잊지 못할 꿈을 꾸었다. 성경에서 꿈은 하나님이 의사를 전하시는 가장 중요한 길 중 하나다. 감독교회 사제이자 심리학자인 모턴 켈시는 기독교 교회가 꿈의 종교적 가치를 망각하는 경향이 있다고 지적했다.[9] 마침 나는 무의식에서 나오는 꿈에 계시와 상징적 이미지가 담겨 있고 그것이 우리에게 더 깊은 영적 세계를 열어 준다는 것을 인식하고 이해하게 된 적이 있었다. 사실, 그날 밤 내가 꾼 꿈에는 비상한 의미가 있었다. 다음날 아침 내가 기록한 내용은 이렇다.

혼자 앉아 신문을 읽고 있다. 나는 뭔가 새로운 것을 찾을까 하여 항목별 광고란을 편다. 갑자기 내 죽음을 알리는 부고가 나온다. 나는 기겁한다. 어떻게 부고가 구직 광고에 실렸을까?

창밖에 우리 집 문 쪽으로 다가오는 백발의 노파가 보인다. 노파는 길디긴 엷은 자주색 천을 들고 온다. 노크소리에 문을 열어 준다. 노파의 풍상에 젖은 지혜로운 얼굴이 나를 보고 웃는다. 나는 노파를 안으로 들인다.

내가 시체라도 되는 양 노파는 조용히 자주색 천으로 나를 감기 시작한다. 내가 떨치려 하자 노파가 엄하게 말한다. "가만히 있어요.
때가 됐다오."

나는 말없이 가만히 있는다. 노파는 나를 머리끝부터 발끝까지 싼다.
그런 다음, 바닥에 원을 그리고 나를 그 안에 세워 두며 이른다. "내가
올 때까지 여기 서 있어요."

얼굴이 덮여 있지만, 떠나는 노파의 모습이 희미하게 보인다. 노파가
돌아서자 등 위에 엷은 자주색으로 수놓인 나비가 보인다.

나는 벌떡 깨어났다. 심장이 쿵쾅거리고 있었다. 나무의 번데기가 내
안의 번데기가 되었다.

내 심연에서부터 춤추는 이 꿈의 이미지―하나님이 안무하셨을―가
내 길을 드러내 주었다. 휘청거리는 땅을 만나 삶에 뭔가 새로운
것이 있을까 하여 "항목별 광고"를 뒤지는 사람이라면 누구나 가야
할 길이다.

새로움을 이루는 유일한 길은 자신의 부고를 읽는 것―옛것에 대해
죽고 기다림의 노크소리에 문을 열어 주는 것, 태어나야 할 것을
잉태하는 경험에 둘둘 감기는 것―임을 우리는 깨닫는다. 이 과정을
충분히 믿고 원 안에 들어가, 출현의 때가 올 때까지 거기서 있어야
함을 우리는 깨닫는다.

그해 겨울, 나는 아침마다 또 간혹 추운 어스름에도 바깥
돌능금나무로 나가 번데기고치를 바라보았다. 그러면 왠지 하나님이
명하시는 듯한 일을 할 용기가 생겼다. 벗어나지 않고 원 안에 서
있는 것. "가만히 있어" 기다리는 것이었다.

하루는 앤과 함께 나가 번데기고치를 보았다. "줄무늬 애벌레와 노랑

애벌레, 기억나세요?" 앤이 물었다.

나는 싱긋 웃으며 고개를 끄덕였다. 줄무늬 애벌레와 노랑 애벌레는 트리나 폴러스의 『꽃들에게 희망을』에 나오는 두 마리 애벌레였다. 그 책은 그들이 나비가 되는 과정을 담은 동화책이었다.

노랑 애벌레는 다른 애벌레가 고치를 치는 것을 보고 물었다. "한 마리 나비가 되려면 나는 어떻게 해야 하지?"

그러자 대답이 들려왔다. "나를 잘 봐. 난 지금 고치를 만들고 있어. 숨는 것 같지만 고치란 피하는 곳이 아니야. 변화가 일어나는 동안 잠깐 머무는 여인숙 같은 곳이지.……변화가 일어나는 동안……아무 일도 없는 것처럼 보이겠지만, 이미 나비가 되어 가고 있단다. 시간이 걸릴 뿐이야."[10]

노랑 애벌레는 두려웠지만 모험에 나서 자신도 고치를 쳤다. 그리하여 마침내 고치에서 나와 날개를 폈다.

이야기를 떠올리고 있는데 앤이 번데기고치를 가리키며 말했다.

"엄마, 저 안에 줄무늬 애벌레나 노랑 애벌레가 있을까요?"

갑자기 나는 눈물이 그렁그렁해졌다. "그래야지. 그래야 하고말고."

그때부터 그 이야기의 단순하지만 심오한 대사가 나를 따라다녔다.

"고치란 피하는 곳이 아니야.……시간이 걸릴 뿐이야."

언젠가 한 젊은 수사가 사막의 교부들 중 하나인 스승 모세에게 참된 영적 성장을 찾는 길을 물었다. 스승은 말했다. "가서 네 독방에 앉아 있거라. 그것이 네게 모든 것을 가르쳐 줄 것이다."[11] 어찌된 일인지 우리는 영적 생활의 이 중요한 비밀, 조지 폭스가 말한 "머무름" 속에 변화의 영토가 있다는 비밀을 잃어버렸다. 우리의 성장에 필요한 모든 것은 기다림이라는 머무름 속에 있다. 의문의 심장부

속에 거꾸로 매달려 있을 때 우리는 진정한 영적 형성이라는 신성한 공간에 가 닿는다.

너무 일찍 번데기고치에서 나오는 것은 보나마나 위험하다. 내 상담자한테서 들은 이야기인데, 어떤 아이가 번데기고치를 발견했다. 속에 든 벌레에게 자유를 주고 싶어 아이는 주머니칼을 꺼내 고치에 구멍을 내주었다. 나비가 마음대로 꿈틀댈 수 있게 해준 것이다. 그러나 나비가 된 벌레는 날개를 폈지만 날 수 없었다. 나비의 기다림이 단축되어 날개가 온전히 형성되지 못했던 것이다.

기다릴 뿐 아니라 기다림 속에 "머물라"는 부름이 내게 도달했다. 이 캄캄하고 신비로운 과정이 무엇인지 나는 그 후로 점차 알아가게 되었다.

먼 길로 돌아서

내가 어렸을 때 스위트라는 아주머니가 우리 집에서 일했다. 그녀는 우리 남매들을 친자식처럼 보살펴 주었다. 어느 날 우리가 할머니 댁에서 놀고 있는데, 빗물이 가득 고인 외바퀴 수레가 보였다. 그 안에는 수백 마리의 올챙이가 헤엄치고 있었다.

우리는 안으로 달려가 스위트 아주머니에게 병 세 개를 달라고 했다. 그녀가 병을 내주는데, 할머니가 문간으로 나와 웃으며 말씀하셨다. "여자애들은 올챙이를 잡는 게 아니다. 수, 넌 이 할미랑 같이 있자. 피아노로 '젓가락 행진곡' 치는 걸 가르쳐 주마." 남자 형제들은 수레를 향해 단숨에 달려갔으나 나는 결국 피아노 앞에 앉았다.

며칠 후 스위트와 나는 여느 때처럼 집에서 네 블록쯤 떨어진 시립공원으로 산책을 나갔다. 공원은 최고로 좋은 곳이라서 나는 어서 가고 싶었다. 그러나 그날 스위트는 내 손을 잡고 다른 쪽으로 가면서 말했다. "먼 길로 돌아서 가자."

먼 길로? 그 말이 내 귀에 저주처럼 들렸다. 왜 일부러 먼 길로 돌아간단 말인가? 나는 약간 떼를 썼으나 스위트는 굽히지 않았다. 우리는 먼 길로 갔다. 네 블록이 아니라 여덟 블록이었다.

적어도 여섯 블록쯤 가서 그녀는 도랑 옆에 섰는데, 도랑에는 물이 불어 올챙이가 많았다. 그녀는 주머니에서 유리병을 꺼냈다. 뚜껑이 있는 식품 보존용 병이었다. "먼 길로 돌아오기를 잘했지? 지름길에는 올챙이가 없거든." 그녀가 말했다.

머릿속에 할머니의 말이 들려왔다. "올챙이는 사내들만 잡는 거란다." 사내들만. 머뭇거리는 나를 스위트가 병으로 쿡 찔렀다. 곧 나는 황토색 물에 손을 팔꿈치까지 넣고는 눈앞의 많고도 날랜 생명을 좇았다. 나는 새 우주를 마음껏 즐기고 있었다. 내 소녀시절의 아주 즐거웠던 시간 중 하나였다. 그날 나는 내 세계에 당연히 허용된 일들의 답답하고 깔끔한 범주에 도전하는 법을 배웠다. 올챙이처럼 나도 새로운 존재로 탈태하고 있었다.

그러나 장성하여 분가한 후 나는 다시금 전통적 기대의 답답하고 깔끔한 공간에 두드려 맞춰지기 시작했다. 나는 주어진 역할에 순응하고 온갖 가면을 써서 내 참 자아를 가리는 법을 배웠다. 올챙이 경험은 다 잊었다.

내 번데기고치를 치던 초기의 어느 날, 나는 미국의 고독한 산책 시인 헨리 데이빗 소로의 '사상 최악의 사람들 속에서'라는 시를 읽었다. 시의 마지막 소절이 뱃머리처럼, 내 기억 속에 수몰된 작은 섬을 툭 건드렸다. "우리는 먼 길로 돌아서 천국으로 계속 갔다."[12] 사랑하는 하나님, **먼 길로 돌아가야** 하는군요. 잊혀진 지 오래인 공원 산책, 올챙이, "먼 길로 돌아오기를 잘했지? 지름길에는 올챙이가 없거든"이라고 노래처럼 가락을 붙여 말하던 스위트 아주머니의 목소리가 그 소절과 함께 되살아났다. 교훈이 다시금 새롭게 다가왔다. 너에게 주입된 외부의 기대와 상관없이 네 참 자아, 해방된 자아, 하나님이 주신 자아가 되라는 것이었다.

스위트와 소로는 똑같은 주제를 건드린 것 같았다. 변화란 우리가 먼 길로 돌아갈 때만 찾아온다. 다른 길, 더 멀고 힘든 길, 내면의 길, 기도의 길을 기꺼이 걸을 때만 찾아온다. 기다린다는 것은 일부러 먼 길로 가기로, 네 블록 대신 여덟 블록을 걷기로 하는 것이다. 변화를 가져다줄 발견이 도중에 물웅덩이처럼 고여 있음을 믿고서 말이다. 소로는 스물다섯 살 때 "서두르지 않겠다는 결심보다 더 유익한 것은 인간에게 있을 수 없다"고 썼다.[13] 그는 사방에 널린 "고요한 절망의 삶을 벗어나 자기만의 "다른 북소리"에 맞추어 걷기로, 먼 길로 돌아서 천국에 가기로 결심했다. 1857년 2월 8일, 소로는 일기장에 이렇게 썼다. "사람들한테서 물러나면 스스로 빈곤해질 것 같지만, 고독 속에서 나는 내 명주 거미 줄 내지 고치를 짰고, 머잖아 요정처럼 더 완전한 생명체가 되어 나올 것이다."[14] 소로 작품의 해설에서 로버트 블라이는 "기다리는 시간을 수긍하는 것도 그 시간의 일부"라고 했다.[15] 이는 시시한 삶, 거짓 삶, 낡은 삶을 버리는 과정의 일부다.

하나님은 우리를 초청하고 계신다. 기다림으로의 부르심이다.

번데기고치의 신비를 향한 부르심이다. 영적 삶에서는 멀리 돌아가는 길이 곧 지름길임을 나는 배웠다. 이는 우리에게 익숙해진 빠르고 쉬운 종교가 아니다. 깊고 어려운 길, 우리를 영혼의 회리바람으로 이끌어 하나님의 변화의 능력에 가 닿게 하는 길이다. 단, 우리는 인내해야 한다. 옛것을 버리고, 가만히 있는 창의성을 발휘해야 한다. 무엇보다, 우리는 자신의 흉터 입은 마음에 정말 날개가 달려 있음을 믿어야 한다.

2. 빨리빨리 영성

기대감을 품고 인내로 기다리는 것이 영적 삶의 기초다. ^{시몬 베유}

영성 개발에 즉석이나 자동이란 없다. ^{앨런 존스}

겨울은 뒤뚱뒤뚱 봄으로 향했다. 우리 마당에는 작은 번데기고치가
정적 속에 매달려 있었다. 기다려라. 하나님이 속삭이시는 듯했다.
그러나 내 안팎에서 또 다른 목소리가 일어났다. 그 똑똑하고
집단적인 목소리는, 기다림이란 대책 없이 질질 끄는 것이고
시대착오이며 개념만 그럴듯하지 속전속결의 할 일 많은 현대
세계에는 어울리지 않는 것이라고 우겨댔다.
게다가 나는 기다릴 **마음**도 없었다. 기다림은 가장 쓰라린 고뇌
같았다. 나는 하나님이 평생을 다해 꾸며 온 내 가면들을 그냥

확 벗겨 주시고, 잃어버리고 무시당한 나의 부분들을 내 억압된
우물에서 건져 올려 주시고, 내 문제를 해결해 주시고, 상처를 치유해
주시고, 설명할 수 없는 내 불만과 고통을 덜어 주시기를 원했다.
그것도 지금 **당장**, 적어도 빠른 시일 내에 전부 그렇게 해주시기를
원했다.

나는 전형적인 빨리빨리 중독자였다. 가장 빨리 성장하는 인구
집단이 있다면 바로 우리가 아닐까.

내가 세인트메인래드 대성당으로 휴가를 간 것은 바로 그때였다.
하루는 아침기도 후에 연못가로 걸어가 잔디밭에 앉았다. 수면 위로
한숨짓는 바람소리가 들렸다. 나는 가만히 있으려 했다. 그냥 거기
있으며 순간 속에 기다리려 했다. 그러나 거의 즉시 내 안의 혼돈이
고개를 쳐들었다. 계속 움직이고 행동하여 뭐든 해결해야 한다는
당위성이 나를 삼켰다. 나는 일어섰다.

숙소로 돌아오는데, 스키 모자를 귀까지 덮어쓰고 나무 밑에 꿈쩍도
않고 가만히 앉아 있는 수사가 보였다. 그의 자태에서 경건함과
고요한 강직성이 배어나, 나는 멈추어 그를 지켜보았다. 그는
기다림의 화신이었다.

나중에 나는 그를 찾았다. "아까 나무 밑에 앉아 계신 걸 보았습니다.
정말 가만히 앉아 계시더군요. 어쩌면 그렇게 참을성 있게 순간 속에
기다릴 수 있나요? 아무것도 안 한다는 개념이 나한테는 좀처럼
익숙해지지 않아서요."

그는 시원스레 씩 웃었다. "바로 거기에 문제가 있습니다. 당신은
기다림이 아무것도 안 하는 것이라는 문화적 신화를 믿고 있는
것이죠."

그러더니 그는 양손으로 내 어깨를 짚고는 내 눈을 똑바로 보며 말했다. "지금부터 제 말 잘 들으십시오. 발끝까지 스며들도록 온몸으로 들으셨으면 좋겠습니다. 기다릴 때 당신은 아무것도 안 하는 것이 **아닙니다.** 세상에서 가장 중요한 일을 하고 있는 것입니다. 자신의 영혼이 자라게 하는 것입니다. 가만히 기다릴 줄 모른다면, 당신은 하나님이 지으신 본연의 모습이 될 수 없습니다."

어쩐지 나는 그의 말이 곧 하나님 말씀임을 내 영혼으로 알 것 같았다.

그때부터 나는 내 기다림의 경험을 채색해 온 "문화적 신화"에 이의를 달며 따지기 시작했다. 그 신화들은 어떤 것이었나? 그리고 나는 어떻게 그것을 믿게 되었나?

즉석 사회

우리는 가속화 시대에 살고 있다. 즉석이라면 무조건 혹하는 시대인지라 우리는 기다리는 능력을 상실할 중대한 위험에 처해 있다. 삶은 어지러운 속도로 움직인다. 컴퓨터는 즉답을 내놓는다. 사진은 눈앞에서 현상된다. 위성방송은 사실상 어디로나 전파를 보내 이역만리의 장면도 실시간에 우리 안방에 뜬다. 텔레비전 드라마를 보면 삶의 복잡한 문제들이 으레 한 시간 만에 깔끔하게 도입, 전개, 해결된다.

우주여행, 팩스, 인스턴트 커피, 일회용 기저귀. 크고 작은 방식으로 우리는 다 속도전의 세상에 속해 있다. 빠른 차선, 빠른 우편,

빠른 신용 대출이 사방에 널려 있다. 식당도 그냥 식당이 아니라 "패스트푸드점"이고, 시장도 그냥 시장이 아니라 "선착순 한정 판매" 시장이다. 빠를수록 좋다. 누구한테든 물어보라.

현대인은 달력의 일정표대로 사는 경향이 있다. 한때 내 달력이 얼마나 컸었나 생각하면 아찔하다. 하루가 양면으로 되어 있어 시간을 내 마음대로 "디자인할 수 있었다. 시간을 나누고 절약하고 관리하고 늘릴 수 있었다. 의복 디자인과 초콜릿 디자인도 있으니 시간 디자인을 원하는 것도 당연하지 않겠는가.

우리는 시간을 절약하고 번거로움 없이 보낼 길을 계속 구상한다. 최근에 나는 컴퓨터가 부착된 운동용 자전거를 봤다. 앉아 일하면서 운동할 수 있도록 만든 것이다. 지난주에는 카탈로그를 뒤적이다가 "30분 안에 자신을 발견하라"는 제목의 영상도 봤다.

피츠버그에서는 주요 패스트푸드점들을 상대로 종업원들의 작업 시간을 재는 연구가 실시되었다. 햄버거와 감자튀김과 음료수가 가장 빨리 나오는 체인점이 어디인지 알아보기 위한 것이었다. 일등은 46초가 걸렸고 꼴찌는 장장 3분이나 걸렸다. 이런 정보가 중요하다는 것은 그만큼 사회가 빠르고 쉬운 것에 최고의 가치를 둔다는 의미가 될 수 있다.

빠르다는 말과 **쉽다**는 말은 엄청난 유혹의 힘을 지닌 마법의 단어다. 광고주들은 제품에 그 두 단어를 붙이면 더 잘 팔린다는 것을 안다. 즉석 감자든, 즉석 돈이든, 즉석 안심(安心)이든 다 통한다. 2주일이면 5킬로그램을 빼고 닷새면 5인치를 줄일 수 있으며, 아예 알약 하나로 하룻밤 사이에 해결할 수도 있다. 새 안경은 1시간, 오일 교체는 30분, 피자는 20분이면 된다는 약속들이 우리를 유혹하고 있다.

그러니 어려서부터 우리가 즉석 해답을 찾는 데 달인이 된 것은
당연한 일 아닌가? 우리는 삶도 전자레인지처럼 반응하기 원한다.
지난주에 우리 딸이 서재 바닥에 털썩 앉아 텔레비전 앞에서 숙제를
했다. 한 손에는 리모컨이, 다른 한 손에는 수학책이 들려 있었다.
딸은 "난 수학은 싫어. 너무 어려워"라고 했다. 그러더니 순간의
기발한 장난기로 리모컨을 공책 쪽에 겨누고는 빨리감기 버튼을
누르며 말했다. "어려운 일을 이렇게 뚝딱 해치우면 얼마나 좋을까?"
그야 그렇지. 그 작은 환상을 나도 잘 안다.

지름길 종교

빠르고 쉬운 길의 유혹이 종교에 스며든 것은 불가피했다. 교회마다
신속 무통(無痛)의 변화와 성장의 길을 찾는 사람들로 가득하다.
디트리히 본회퍼는 그것을 "값싼 은혜"라 불렀다.
우리 중에도 지름길 종교 속에 살아온 이들이 많다. 우리는 영적
여정이 즐겁고 충만하면서도 동시에 멀고 힘든 길이라는 사실을
직시할 마음이 없었다. 그 길은 많은 것, 때로 너무 많은 것을
요구한다.
앤서니 블룸은 우리에게 기도의 목표란 "성품 전체의 깊은 변화"에
다름 아님을 일깨워 준다. 토머스 머튼의 말처럼, 우리의 헌신은
"완전히 새사람"이 되는 것이다. 이런 비상한 재창조의 움직임은
수고와 고통 없이 저절로 되지 않는다.
우리 아들 밥은 열네 살 때 다리 통증으로 잠을 이루지 못했다.

의사는 "성장통"이라고 했다. 나는 그런 것이 실제로 있는지도
몰랐다. 칠흑같이 어두운 밤에 나는 아들의 침대 맡에 앉아, 아파서
끙끙 앓는 그의 정강이를 문질러 주었다. 하룻밤은 아들이 나를 보며
말했다. "크는 것도 아프네요."

아들이 내게 인생의 깊은 진리 하나를 들려주고 있음에도 그때는
모른 채 나는 웃으며 말했다. "하지만 넌 늘 180센티미터가 되고
싶다고 했잖아."

"네, 하지만 이렇게 아프지 않고 되면 좋을 텐데." 아들이 중얼거렸다.
그도 우리 모두가 원하는 지름길을 원했다. 고통만은 용케 건너뛰고
여전히 180센티미터가 되고 싶었던 것이다. 영적으로 성장한다는
것은 칠흑같이 어두운 밤에 성장통을 겪는다는 뜻이다.

일부 그리스도인들은(일부 교회들도) 이 어려운 진리에 대한 반응으로
뭔가 지름길을 만들어 내려 했다. 간편한 은혜의 약속, 복잡한 문제에
대한 버튼식 해답, 교회 다니고 봉사만 하면 하나님 나라를 내 영혼
안에 이루는 치열한 과정 없이도 그 나라를 이 세상에 임하게 할 수
있다는 환상 따위다.

패스트푸드점에서 일하던 한 여자는, 자신의 계산대 앞에 줄 선
사람들을 보면 때로 일요일 아침 교회에 줄 선 사람들이 생각난다고
말했다. 그들은 같은 것, 즉 빈속을 채울 쉽고 빠른 길을 찾는 듯
보였던 것이다. 그녀는 그것을 "맥-신앙"이라(맥도날드의 세트메뉴들
앞에 "맥"이 붙는 데서―옮긴이) 불렀다.

속답을 바라는 그 욕심은 무엇보다도 내 삶에서 나를 노려보고
있었다. 깊은 문제에 대해 나는 수학 공식 같은 답과 신속한 해결을
갈망하고 있지 않았던가? 컴퓨터처럼 신속히 작동해 즉석 변화와

기도 응답을 가져다줄 빠른 영성을 나는 염원했다. 솔직히, 세상 모든 것이 그런 식으로 돌아가는데 하나님만 그렇지 않다는 사실이 나는 싫었다.

미지의 세계에 거하고, 질문 안에 살며, 불확실성의 긴장과 공존하는 우리의 역량은 어떻게 되었나? 고통을 잉태하여 거기서 뭔가 새로운 것이 태어나게 하려는 우리의 의지는 어디로 갔나? 참을성 있는 전개, 지구력은 어떻게 됐나? 바로 이런 것들이 기다림의 기초를 이룬다. 유심히 보면, 그것이 또한 창의력과 성장의 묘판이라는 사실도 보일 것이다. 즉 그것이 있어야 우리는 대담한 일을 하며 새로움을 향해 돌파구를 열 수 있다. 토머스 머튼의 말처럼, "상상력이 싹을 틔우려면 어느 정도 시간을 주어야 한다."[1] 창의력은 확실성이 아닌 의문 속에서 피어난다. 성장은 안주가 아닌 격동 속에서 발아한다. 그러나 모험보다는 안전, 침착한 기다림보다는 즉각적 앎이 언제나 유혹으로 다가온다.

전에 내가 방문했던 어느 교회의 설교자는 마음이 아프거나 문제가 있는 사람들을 강단 앞으로 초청했다. 그는 "여러분을 괴롭히고 있는 문제를 하나님이 지금 당장 해결해 주십니다"라고 선포했다. 상처와 치유 사이, 의문과 해답 사이, 출발과 도착 사이의 광야에 대해서는 한마디도 없었다. 영적 변화의 느리고 신성한 리듬, 기다림을 이루는 가파른 오르막과 내리막에 대해서도 일언반구 없었다.

종교에 관한 한, 오늘 우리는 나비만 좋아하고 번데기고치는 외면하는 경향이 있다. 하나님의 깊은 것들은 갑작스레 오지 않는다는 사실을 우리는 다시 배워야 할 것이다. 우리는 마치 영적 성장 잠재력이란 탈수된 상태라서 거룩한 물만 조금 부어 주면

대번에 쉽게 발현된다고 상상하는 것 같다.

최근에 나는 먼 길로 돌아가는 데 마음이 조급해진 한 사람의 편지를 받았다. 그녀는 "포복보다 장대높이뛰기가 훨씬 마음에 끌린다"고 썼다.

우리는 전격적 일신(一新), 즉 잠깐 통로를 걸어 강단 앞으로 나가기만 하면 이미 해결에 도달한 것이라고 강조하는 영적 시류 속에 살고 있다. 강단 앞으로 나가는 것은 좋은 일일 수 있다. 통로가 강단에서 끝나지 않고 평생 이어지는 굽이길인 것만 안다면 말이다. 그동안 우리는 환희의 시작과 승리의 끝에 너무 집중한 나머지, "중간 지점들"에서 벌어지는 하나님 은혜의 느리고 때로 꾸불꾸불한 전개는 망각해 온 것 같다.

듀크 신학교 존 웨스터호프 교수는 이러한 전개 과정에 대해 다음과 같이 말한다.

> 회심에 대한 사고에 있어 회심이 과정이라는 강조점만큼 미국 복음주의 현장에 낯선 것은 없다.……복음주의는 감정과 첫 결단을 강조한다. 그 순간을 축하하고 회상하며, 혹 그 체험이 시들해지면 다시 되살린다. 그러나 기독교 전통은 여기에 동의하지 않는다. ……회심이란 평생의 지속적인 과정이다. 회심은 한 꺼풀 한 꺼풀, 이 관계 저 관계, 여기서 조금 저기서 조금 진행된다. 그리하여 마침내 지정의를 아우른 성품 전체가 하나님의 재창조를 입게 된다.[2]

스무 살 대학생 하나가 위기를 당해 나를 찾아왔다. 오랜 부정 끝에 그녀는 어려서 성폭행을 당했다는 현실을 마침내 직시했다. 그

현실은 그녀에게 많은 고통과 혼란을 가져다주었다. 그녀는 내게 3주 전에 "모든 것을 예수님께 맡겼다"고 말했다. 그분께 자신의 상처를 고쳐 주시고 고통을 없애 주시고 고민을 해결해 달라고 기도했던 것이다. 한마디로 그녀는 하나님이 지우개를 들고 오셔서 과거를 깨끗이 지워 주시기를 원했다. 그러나 하나님은 그러시지 않았다. 내 눈자위가 아파 왔다. 나는 학생의 손을 잡아 주었다. 다시 모든 것이 정상으로 돌아가야 한다는 그녀의 절박감을 나도 잘 알았다. "이 일로 하나님을 믿을 수 없다면, 그분이 꼭 필요해질 때 어떻게 다시 믿을 수 있겠어요?" 그녀는 울먹였다. 물론 이는 하나님이 믿을 만한 분이냐의 문제가 아니라 그녀가 기다릴 수 있느냐의 문제였다. 눈앞에 하나의 여정이 놓여 있음을, 기다림과 잉태와 느리고 불확실한 해산이 있음을 그녀는 몰랐다. 하나님을 만날 수 있는 곳은 바로 거기다. 경험을 지우는 것이 아니라 오히려 끌어안아야 한다. 대주교 윌리엄 템플은 그리스도인들이 자주 범하는 과오 하나는 하나님보다 더 영적이려 하는 것이라고 했다. 예수님은 고통 중에 계실 때, 고통을 떨치고 나오려 하시지 않았다. 오히려 그분은 고통을 끌어안으셨다. 그냥 두셨다. 그분은 하나님의 부재 의식을 느끼셨다. 그리고 부르짖으셨다. "나의 하나님, 어디 계십니까? 왜 저를 버리셨습니까?"

그 대학생에게 나는 고통을 적으로 삼기보다는 오히려 고통에 부닥치는 쪽이 영적이라고 말해 주었다. 나는 원수를 사랑하라는 예수님 말씀에 우리 내면의 원수도 포함된다고 본다. 원수를 변화시키는 유일한 통로는 사랑임을 그분은 아셨다.

어느 가을, 나는 큰 단체에 속하여 노스캐롤라이나주 카누가

감독교단 수련센터에 갔다. 개회식에서 진행자들은 참석자 전원에게
색도화지를 한 장씩 나누어 주며 각자 자신의 삶을 나타내 주는
모양으로 찢으라고 했다. 우리는 저마다 색색의 예쁜 모양을
만드느라 바빴다. 완성된 종이는 수거되어 판지 위에 붙여져 하나의
커다란 콜라주를 이루었다. 작업이 끝난 줄 알았는데, 누군가
큰 유리그릇을 들고 다니며 남은 종잇조각을 거두었다. 우리가
버리려고 **찢어 낸** 쓰레기, 잘게 찢긴 조각들이었다.

찢어진 종잇조각을 그릇에 다 담아 제단에 올려놓았을 때에야
나는 무슨 일인지 감이 잡혔다. 그 그릇은 우리 모두의 상처를 모아
놓은 것을 상징했다. 우리가 없었으면 하는 흉터며 터진 자국들로
된, 축하의 색종이 조각들이었던 것이다. 상처를 모아서 끌어안고
제단에 올려놓아야 비로소 상처의 변화 과정이 시작될 수 있다는
사실에 나는 깜짝 놀랐다. 고통도 성스러울 수 있다.

다른 모든 이들과 더불어 나의 찢어 낸 조각들을 그릇 안에 과감히
넣기가 나로서는 힘들었다. 바로 그 이유 때문에 나는 이 책을 쓰는
일도 피했었다. 우리 대다수 그리스도인들은 고통 중에 기다릴 줄
모른다. 적어도 우리를 새로움과 성장에 눈뜨게 하는 묵상적·창의적
방식의 기다림은 모른다. "예수님께 맡기라." 그러면 즉시
괜찮아진다. 이것이 우리가 듣는 말이다.

하지만 속은 대개 괜찮지 않다. 그래서 모든 것 위에 덤으로, 우리는
내 고통을 **제대로** 맡기지 않은 것이 분명하다는 생각에 죄책감마저
든다. 그렇지 않고서야 고통이 그대로 있지 않을 테니 말이다. 그런가
하면 우리는 하나님이 듣지 않으시며, 약속을 지키실 믿을 만한 분이
아니라고 결론짓기도 한다.

하나님이 우리의 요구대로 속답을 내놓으신다는 개념, 하나님이
산파가 아니라 한낱 해결사라는 개념을 우리는 어디서 배운 것일까?

성경적 기다림

수련회를 마치고 돌아와 나는 성경을 쭉 훑어보았다. 당신도
감동받고 싶거든, 하나님의 사람들이 얼마나 자주 기다리고 있는지
눈여겨보라. 노아는 홍수 물이 물러가기를 기다린다. 다니엘은 사자
굴에서 밤새도록 기다린다. 사라는 불임 상태에서 자식을 기다린다.
야곱은 리브가의 손을 기다린다. 이스라엘 백성은 애굽에서
기다리고, 40년을 더 광야에서 기다린다. 그리고 후에는 바벨론에
포로로 잡혀가 70년을 기다린다. 요나는 물고기 뱃속에서 기다린다.
마리아도 기다린다. 시므온은 메시아 볼 날을 기다린다. 사도들은
오순절을 기다린다. 바울은 감옥에서 기다린다.
우리에게 기다림을 당부하는 언어가 성경에 가득하다. "내가
종일 주를 기다리나이다"(시 25:5). "파수꾼이 아침을 기다림보다
내 영혼이 주를 더 기다리나니"(시 130:6). "항상 너의 하나님을
바랄[기다릴]지니라"(호 12:6). "비록 더딜지라도 기다리라. 지체되지
않고 반드시 응하리라"(합 2:3). "만일 우리가 보지 못하는 것을
바라면 참음으로 기다릴지니라"(롬 8:25).
그러다 나는 예수께서 이르신 신랑을 기다리는 열 처녀 비유를
만났다. 다섯은 밤새도록 기다릴 만큼의 등잔 기름을 따로 준비해
왔다. 다른 다섯은 오래 기다릴 마음이 없어 등잔에 있는 기름만

가져왔다. 당연히 그들의 등불은 꺼졌다. 그들이 기름을 더 사러 간 사이 신랑이 왔고, 그래서 그들은 신랑을 놓쳤다.

평소 나는 준비성이 이 비유의 요점인 줄 알았다. 그러나 수련회를 다녀와서 다시 읽으니 그 못지않게 기다림에 관한 비유로 보였다. 캄캄한 밤을 지새우는 기다림. 잔치에 기다림이 선행된다는 개념이다. 기다릴 준비 없이 가면, 정작 초월적 사건이 벌어질 때 그것을 놓칠 수 있다.

기다리시는 **하나님**의 그림을 처음 보며 나는 가장 놀랐다. 탕자의 비유는 기다리는 아버지의 비유라 하는 편이 더 맞을 것이다. 이 비유가 말해 주는 바는 그 무엇보다도 단연 하나님이다. 우리가 집에 돌아오기를 마음 졸이며 지켜보시고 기다리시는 하나님이다.

성경의 이야기들을 다시 읽으면서 나는 기다리는 자들의 경험 속에 **들어가시는** 인내의 하나님 상을 보았다. 그런 그분을 보노라니 대학 시절에 읽었던 "복음" 이야기가 떠올랐다. 조기라는 외롭고 겁먹은 고슴도치와 가미엘이라는 다친 너구리에 관한 이야기다.[3] 가미엘은 죽기를 기다렸고 조기는 두려움과 외로움 속에 기다렸는데, 그러면서 둘은 "자비로운 함께함"을 이루어 냈다.

특이한 상부상조였다. 양쪽 다 아무것도 묻지 않고 상대방과 같이 있어 주기만 했다. 그들은 함께 집을—이야기에 따르면 **장소가** 아니라 **결속을**—즉 고통 중에 함께 거할 쉼터를 만들었고, 그것이 치유를 가능케 했다. 내가 성경을 읽으면서 본 것이 바로 그것이다. 나는 우리의 기다림 중에 함께 거하시는 하나님, 아무것도 묻지 않으시고 그 경험에 동참하시는 하나님, "자비로운 함께함"을 이루어 내시는 하나님을 보았다.

속전속결 중독증

기다림의 "자비로운 함께함"에 기꺼이 들어간다는 것은 무엇보다도 기다림에 대한 우리의 저항이 정말로 얼마나 뿌리 깊은지 직시한다는 뜻이다. 앞서 말했듯이, 때로 빨리빨리 병에 중독된 나라가 되어가는 것 같다. 깊고 어려운 것 따라서 성장을 이루는 것은 피한 채, 삶과 문제 해결의 쉽고 빠른 길만 강박적으로 찾는 국민이 되어가는 것 같다.

앤 윌슨 셰프는 인간이 내적 고통이나 내적 성장을 피하기 위해 어떤 구체적인 일련의 행동에 빠질 때 "과정 중독"이 생긴다고 말했다. 저서 『중독자가 된 사회』에서 그녀는 텔레비전 시청, 달리기, 돈의 축적, 일 등 여러 활동을 중독성 과정으로 꼽는다. 그 책에는 사서 걱정하는 한 여자의 예가 나온다. 그 여자는 기분이 좋아도 걱정이다. 좋은 기분이 없어질까 두려워서다. "딱히 걱정할 일이 없으면 그녀는 어찌할 바를 모르며, 걱정거리라는 '해답'을 찾아내기 시작한다.…… 걱정이 중독성 과정이 된 것이다."[4]

나는 쉽고 빠른 길을 좇는 것도 같은 의미에서 중독성이 있다고 본다. 우리는 갈수록 더 빨리 움직여 여기저기 지름길을 찾아다님으로써 자신의 삶을 피한다. 물론 더 쉽거나 시간이 덜 걸리는 길을 택해 삶을 관리하는 것이 건강하지 못한 일은 아니다. 그러나 문제, 고통, 잠재력 등 자신의 내면 상태를 피하려고 그런 방법들을 사용하기 시작할 때, 우리는 선을 넘어설 수 있다.

나는 중독 행위 전문가 매리언 우드먼이 그것을 이렇게 표현하는 것을 들었다. 우리 안의 본능적 성향은 성장을 지향한다. 무엇이든 그 성장을 막으려고 반복적·강박적으로 사용하면, 우리는 그것에 중독된다.

셰프에 따르면, 중독 행위 때문에 "우리는 자기 내면에서 벌어지고 있는 일을 모르게 된다."[5] 점점 빠른 속도로 정신없이 살다 보면 우리는 보다 깊은 실체를 비껴가게 된다. 마찬가지로, 간단한 속전속결에 집착하는 것도 불확실성과 자아대면의 느린 고통을 피하는 길이 된다. 변화를 향해 내면의 진창을 고생스레 간신히 빠져나갈 필요가 없도록 말이다.

쉽고 빠른 길은 "무난한 회피의 길로 우리에게 막강한 위력을 발휘할 수 있다. 우리는 자신이 늘 이리저리 치이고 쫓긴다고 불평할 수 있으나(그 불평을 자랑과 구분하기 어려울 때가 많지만), 그 광란에서 벗어나지는 못하는 것 같다. 간디의 말대로 "삶이란 그 속도를 높이는 것 이상"임을 우리는 제대로 볼 줄 모른다.

나는 크게 성공한 한 사업가와 대화한 적이 있는데, 그는 강박적으로 서두르는 사람이었다. 최단시간 내에 자기가 얼마나 많은 일을 할 수 있는지 보는 것이 그의 삶 전체의 관건인 것 같았다. 그에게 최악의 운명은 기다리는 것이었다. 고혈압을 비롯한 기타 증세들이 나타나자, 의사는 그에게 속도를 늦추지 않으면 심각한 결과를 초래할 수 있다고 경고했다.

우리가 함께 대화하면서 분명해졌지만, 기다림의 개념은 그에게 정말 말할 수 없는 고통이었다. "삶은 **움직이고** 있습니다! 뒤처지지 않으려면 당신도 움직여야 합니다. 나는 항상 뭔가 하고 있어야 합니다. **그래야만** 합니다!" 그는 열변을 토했다.

"하지만 왜지요?" 내가 물었다.

그는 약간 딱하다는 듯이 나를 쳐다보더니 말했다. "멈추면 나는
결국 내 삶에 대한 상념에 빠지게 됩니다. 시간이 남아 도느니
차라리 죽는 게 낫지요." 중독은 늘 우리를 죽음으로 몰아간다.
이 사업가처럼 나도, 기다릴 줄 모르는 내 습성이 내 영혼의 뭔가
잘못된 부분의 증상이라는 사실을 직시해야 했다. 기다림으로 삶이
일시 중단되면 내 안의 캄캄한 구멍과 빈 주머니, 내가 만들어 낸
옹고집과 자기기만에 더 바짝 다가서야 한다. 그래서 나는 기다림이
두려웠다.

작년에 나는 토머스 머튼이 살았던 겟세마니 대수도원의 몇몇
수사들을 만났다. 화제가 기다림으로 바뀌자, 앤서니 수사가 의자
앞쪽으로 다가앉으며 설명했다. "묵상적 기다림이란 현재 자기가
처한 자리에 있겠다는 수긍입니다. 사람들은 자기 자신으로 있기가
싫어서 이것을 꺼립니다. 그런 기다림은 깊은 실존적 외로움, 자기
자신과 하나님에게서 단절된 느낌을 표면에 떠오르게 합니다.
사람들 마음 깊은 곳에는 두려움, 자기 내면의 어두운 혼돈에 대한
두려움이 있습니다."

중독의 정곡을 찌른 말이다. 우리는 강박적 습성에 젖어, 쉽고
빠른 길을 좇으며 최대한 서둘러 다음 순간으로 넘어간다. 지금 이
순간에 머물지 않아도 되도록 말이다. 앤서니 수사의 말이 전적으로
옳다. 결국 우리는 자신의 어두운 혼돈에서 달아나는 것이다. 자기
자신에게서 달아나는 것이다.

쉽고 빠른 길의 세 가지 원칙

쉽고 빠른 길에 중독되는 자신의 성향에 부딪히면서 나는 우리
문화가 얼마나 교묘하게 내 강박을 부추겨 왔는지 새삼 절감했다.
특히 문제의 진수를 보여주는 현대 생활의 세 가지 "원칙"을 만났다.

모든 줄은 계속 움직여야 한다

다음 번 피크 영업시간에 은행이나 식품점에 가거든, 기다리는
사람들을 관찰해 보라. 어느 날 바쁜 시간에 내가 은행에 가 보니
창구 네 곳이 모두 바빴다. 창구마다 일고여덟 명씩 줄을 서
있었다. 그때 내가 어찌나 땅이 꺼지게 한숨을 쉬었던지, 사람들이
고개를 돌려 쳐다보았을 정도였다. 나는 회피 본능을 느꼈다. 그냥
갔다가 나중에 덜 바쁠 때 오고 싶었다. 물론 결과적으로 시간이 더
걸리겠지만, 그러면 어떤가? 그 순간, 시간 절약은 문제가 못되었다.
중요한 것은 가만히 서 있는 고역을 면하는 것이었다.

그러나 나는 단념했다. 그 순간, 그냥 부딪쳐 보자는 마음이 앞섰던
것이다. 나는 턱을 앙다물고는 마치 전투 작전이라도 짜듯이 각 줄을
유심히 살폈다. 어느 줄이 가장 빠를까? 나는 두 번째 줄을 골랐다.
움직이고 있었기 때문이다. 그러나 내가 줄에 들어선 순간, 맨 앞의
여자가 25센트, 10센트, 5센트, 1센트짜리 동전이 가득 든 자루를
들고 창구에 다가가 직원에게 세어 달라고 했다. 꼼짝없이 묶여 선
우리는 나를 포함하여 전원 씩씩거리며 투덜거렸다.

내 앞의 남자는 발을 동동거렸다. 그의 목덜미로 빙 둘러 땀방울이
맺혔다. 그는 다른 줄로 옮겼다. 잠시 후, 그가 떠난 우리 줄이

움직이기 시작한 반면 그의 새 줄은 부동이었다. 그는 발끈 화를
내며 은행을 나가 버렸다.

빨리빨리 중독자들이 은행에 가득했다.

플로리다의 디즈니월드는 기다림을 지독히도 싫어하는 미국인들의
습성에 민감하다. 그곳의 한 직원한테 들은 이야기인데, 각 시설의
줄을 뱀처럼 꾸불꾸불 돌게 하는 이유는 움직인다는 느낌을 주기
위해서다. 그의 말에 따르면, 사람들을 가만히 세워 두는 것은 최악의
사태를 만드는 것이다. 그는 "모든 줄은 계속 움직여야 합니다.
그게 첫 번째 원칙입니다"라고 말했다. 그것은 사람들을 교란시켜
자기들이 얼마나 비참하게 서서 기다리고 있는지 알아채지 못하게
하는 요령이다.

모든 줄은 계속 움직여야 한다. 이것이 현대 생활의 기본 원칙 중
하나다. 움직임은 내면의 고통을 피하는 일종의 교란 장치다.
전진이라는 자극이 없다면, 평소 멀리하던 생각들이 우리를
괴롭힌다. 그러나 앨런 존스의 다음과 같은 지적대로 가만히 있는
것은 꼭 필요한 일이다.

> 『거울 나라의 앨리스』에서 가련한 앨리스는 같은 자리에 있기
> 위해 미친 듯이 뛰어야 한다. 반면, 우리는 여정을 계속하기 위해
> 가만히 있는 법을 배워야 한다. 우리는 가만히 있어야 한다.……
> 뛰어다닐수록 우리는 자신과 단절되며 우리 자신이 줄어든다.……
> 영혼의 가만히 있는 여정은 영원히 계속된다.[6]

내 기다림의 저항을 이겨 낸다는 것은 "가만히 있는 여정"을

감수한다는 뜻이다. 우리는 자신의 줄을 세상의 속도대로 계속 움직이게 하려는 강박을 떨쳐야 한다. 자신의 속도를 찾아야 한다. 그것은 미친 듯한 현대 생활이 아닌, 대지(大地)와 성령의 리듬에 발맞추는 속도다.

우리 내면의 시계는 사회의 시계보다 훨씬 느리게 간다. 우리의 손발과 생각과 욕심과 충동을 늦추면—우리를 점점 빠른 생활 습관으로 몰아가는 것들을 잠잠케 하면—기다림과 변화의 경험에 우리 마음이 열린다.

상담자 헬렌 루크는 가만히 있는 시간이 충분치 못하면 우리는 "성장 가능성을 짓밟고 후퇴하게 된다"고 경고했다.[7] 여기 역설이 있다. 우리는 가만히 있음으로 가장 깊은 진보를 이룬다.

G. K. 체스터턴은 기독교가 우리에게 주는 것은 **찬양**이라기보다 **역설**이라고 말했다고 한다. 역설 중의 역설은 이것이다. 내면 여정을 희생한 채 계속 줄을 전진시키면, 우리 속 깊은 곳의 뭔가가 오히려 "후퇴"한다.

이 역설과 후퇴의 이미지는 다시금 내 생각을 순식간에 줄무늬 애벌레와 노랑 애벌레라는 두 마리 애벌레 이야기로 데려갔다. 고치를 치기 전에 이들은 (다른 모든 애벌레들처럼) "꿈틀거리며 서로 밀치는 애벌레들"의 거대한 더미, "애벌레들로 이루어진 기둥"을 기어오르는 데 시간을 다 보냈다. 정상에 오르는 것이 목표인 듯했으나 거기 뭐가 있는지는 아무도 몰랐다. 그들은 다만 자기가 평생 찾던 것이 정상에 있기만을 바랐다. 그러나 그들의 실존은 정말 미친 듯이 앞을 다투는 긴장의 연속이었다. 기어오르느냐 남한테 밟혀 밀려나느냐 둘 중 하나였다.

마침내 줄무늬 애벌레와 노랑 애벌레는 기어오르는 데 환멸을
느끼고는 가만히 있는다. 금세 더미의 바닥으로 밀려난 그들은
자유로이 고치를 쳤다. 장차 자신들에게 날개를 달아 줄 고치였다.
그들은 정상에 이르는 유일한 길이 날개임을 깨닫고 기뻐한다.
이렇게 줄무늬 애벌레와 노랑 애벌레는 가만히 있음으로써 가장
깊은 진보를 이루었다.

한곳에 가만히 있어 기다리는 것―앞으로 가지 않고 안으로 가는
것―이야말로 우리에게 날개를 달아 줄 정말 중요한 전진임을 나는
배우고 있었다.

몇 년째 나는 수시로 찾아가서 지혜와 인도를 구할 수 있는 멘토를
보내 달라고 기도했다. 내가 2월의 번데기고치를 만나기 1년 전에
나는 비어트리스 브루토 박사의 글을 접하게 되었다. 나는 기회를
만들어 그녀를 만났다. 장신의 인품 있는 여인을 예상했는데 만나
보니 인품은 있었으나 키가 작고 가냘픈 여인이었다. 은퇴한 철학
교수, 훌륭한 학자, 영적 여행자인 그녀의 멘토링을 나는 쏙쏙
빨아들였다. 그녀는 내게 많은 것을 가르쳐 주었다.

번데기고치 안에 머물러 있는 법을 몰라 고생하던 나는 마침 그녀를
찾아가 지도를 구했다. 어느 날 아침, 우리는 노스캐롤라이나주
그녀의 집 주방에서 대화했다. 그녀는 밝고 생기 있는 눈으로 나를
쳐다보며 물었다. "수, 생물의 사이클 전환이라는 게 뭔지 알아요?"
나는 고개를 저었다.

"리듬 있는 두 존재가 점차 움직임을 조절하여 결국 같은 리듬으로
함께 움직이게 되는 현상이에요. 같은 벽에 걸린 추들이 그렇고,
귀뚜라미들이 울 때 그렇고, 심지어 사람들도 얘기할 때 그렇게

되지요. 요지는 우리가 주변의 리듬과 속도를 따라가는 경향이 있다는 거예요. 자신의 기다림 속에 머물고 싶거든 주변의 미친 듯한 속도를 삼가야 해요. 중요한 것은 가만히 있는 것이지요."

그녀의 충고는 계속 움직이는 것이 가장 중요하다고 말한 놀이동산 직원의 말과는 거리가 멀었다. 계속 움직이라. 가만히 있으라.

여기 두 길로 나눠지는 분기점이 있다. 하나는 우리에게 기다림을 벗어나라 하고, 하나는 우리를 기다림의 묵상적 심장부로 데려간다. 가장 잘 알려져 있지만 가장 주목받지 못하는 성경구절 중 하나는 "너희는 가만히 있어 내가 하나님 됨을 알지어다"(시 46:10)이다. 이 구절에 담긴 강력한 의미를 우리는 거의 인식하지 못한다. 이 말씀에 따르면, 가만히 있는 행동 속에 앎이 있다. 다른 때는 얻을 수 없는 초월적 앎이 있다.

우리의 현기증 나는 이동 속도는 개개인의 마음뿐 아니라 지구 전체까지 파멸로 몰아넣을 수 있다. 우리의 성급한 전진이 산성비, 독성 폐기물, 기타 환경을 파괴하는 무서운 현실을 불렀다. 파괴력이 날로 더해가는 무기를 불렀다. 우리가 초래하고 있는 이런 결과를 영적·심리적·철학적으로 숙고하고 반추할 시간적 여유조차 없을 정도로 우리는 빨리빨리 움직이고 있다. 우리 사회는 기다림의 시간이 절실히 필요하다. 그래야 우리가 하고 있는 일을 직시할 수 있다.

하나님은 개인적으로만 아니라 집단적으로, 즉 지구촌 가족인 우리를 기다림의 경험으로 부르고 계신 것 같다. 그렇다고 하나님이 우리를 진보의 반대 방향으로 부르신다는 뜻이 아니다. 다만 그분은 우리를 깊은 영적 반추를 통해 숙성된 진보로 부르신다. 아름다움과 파괴의 중간을 아슬아슬하게 맴돌고 있는 세상에서 우리는 더 이상 기다림을 무시할 여유가 없다.

삶을 억지로 만들어 내라

기다림의 저항을 부추기는 또 다른 생활 "원칙"은 삶을 그냥 놓아두지 말고 억지로 **만들어 내야** 한다는 개념이다.

한때 나는 기다림을 잠시 내 삶의 중지 버튼을 누르는 것이라 생각했다. 나는 삶에서 빠졌고, 시간은 정지했다. 아니, 시간은 계속되었지만 나는 카세트를 들고 수동적으로 앉아 있었다. 이런 시각은, 기다리는 동안에는 삶이 "벌어지지" 않는다는 내 선입견에서 나온 것이다. 삶이란 내가 절정의 사건들에 개입하고 있을 때, 뭔가 하고 있을 때, 삶의 거창한 계획을 펼칠 때만 벌어진다.

대부분 나는 삶이 미래에 "벌어지는" 것으로 보았다. 우리 삶의 얼마나 많은 부분을 미래에 투사하는지 알면, 우리는 충격에 휩싸일 수 있다. 어린 시절 나의 삶은 기다림을 중심으로 돌아갔다. 날마다 학교가 파하기를 기다렸고, 여름방학이 되기를 기다렸고, 생일과 크리스마스를 기다렸다. 사춘기가 돼서는 첫 데이트, 운전면허증, 고등학교와 대학교 졸업을 기다렸다. 나는 결혼하고 자녀를 낳고 내 분야로 들어설 날을 기다렸다. 그리고 그 분야에서 크기를 기다렸다. 우리는 기다림의 시간을 나날과 시간과 분초를 고물차처럼 잔뜩 쌓아둔 쓰레기장으로 보는 성향이 있다.

"진짜"는 **다음** 순간, **다음** 달, **다음** 해에 모여 있다고 우리는 생각한다. 그렇게 우리는 계속 삶의 다음 "벌어지는 일"을 기다리며 살아갈 수 있다. 그것을 억지로 만들어 내려 하고, 거기로 서둘러 달려갈 수 있다. 우리는 일상적 시간─중간 시간─의 평지를 물리친 채 계속 절정 경험과 밝은 날만 좇으며 살아간다.

기다림은 중간 시간이다. 기다리려면 이 순간, 이 계절에 있어야 한다. 내 현재의 뿌리가 잘릴 만큼 아득한 미래를 의지해서는 안 된다. 기다림을 배울 때, 우리는 현재의 자기 자리를 삶의 정말 소중한 근본 요소로 경험하게 된다. T. S. 엘리엇의 말처럼 "매순간 속에 불타고 있는 평생"을 발견하는 것이다.[8]

일부러 기다림의 시간을 떼어내 번데기고치 속에 들어갔을 때, 나는 끊임없이 억지로 삶을 만들어 내야 한다는 생각을 버리고 삶을 그냥 두려고 애써야 했다. 내 힘을 빼야 했다. 그리고 설령 내가 단호히 (심지어 능동적으로) 아무것도 하지 않아도, 바로 지금 삶이 충일하고 아름답게 벌어질 수 있음을 믿어야 했다.

이 특정한 자세는 말로 설명하기 어렵고 체험은 더 어렵다. 중국어의 **무위**(無爲)라는 말에 그 정신이 담겨 있다. 이는 기대를 품고 그냥 있는 태도다. 토머스 머튼은 말하기를, 이런 무행동 내지 행동 없는 행동은 "결과를 의도하지 않고, 의식적인 계획 수립이나 신중한 노력의 경주에 괘념치 않는다"고 했다.[9] 무위란 정복이나 의식적 노력의 반대다. 머튼은 그것을 영적 자유에 대한 사도 바울의 가르침에 견주었다. 즉 성취와 분투가 아니라 믿음과 자유라는 기본 관점에서 삶에 임하는 것이다. 삶이 제 속도로 전개되도록 그냥 두는 것이다.

무위는 인간이 성장하여 온전해지는 데 필요한 것을 하나님이 우리 모두 안에 두셨다는 개념에 기초한다. 예수님도 하나님 나라를 씨의 자생에 비유하실 때 친히 이 진리를 천명하셨다. "하나님의 나라는 사람이 씨를 땅에 뿌림과 같으니 그가 밤낮 자고 깨고 하는 중에 씨가 나서 자라되 어떻게 그리 되는지를 알지 못하느니라. 땅이 스스로 열매를 맺되 처음에는 싹이요 다음에는 이삭이요 그다음에는 이삭에 충실한 곡식이라"(막 4:26-28).

별로 주목받지 못하는 예수님의 이 말씀이 나는 참 좋다. 이 말씀은 삶의 숨은 잠재력과 충일함이 내 안에 있다고 말해 준다. 내 몫은 과정에 주목하면서 그것이 전개되기를 창의적으로, 기대감 속에 기다리는 것이다.

농부들은 대개 예수께서 말씀하신 씨의 자생 개념을 잘 이해한다. 그들은 씨 안에 꽃이 들어 있음을 안다. 모든 것이 그 안에 있다. 우리는 기다리고 지켜보며, 꽃이 피어날 때 곁에 있기만 하면 된다. 우리 안에 씨앗의 힘이 있음을 깊이 깨우치는 것, 이는 기다림의 중요한 원리다. 온전함의 잠재력, 생명의 근원이 그 안에 다 있다. 우리는 나가서 정복하고 억지로 만들어 낼 필요가 없다. 그냥 그대로 두되 의식만 깨어 있으면 된다.

우리 할아버지는 변호사였고 판사였고 농부였다. 그는 바쁘게 정복할 때가 많았지만, 때로 금쪽같은 무위의 순간에 들어가던 기억도 내게 남아 있다. 할아버지와 나는 그의 농장에 있는 작은 연못들 가운데 한 군데로 낚시를 가곤 했다. 할아버지는 못에 낚싯대를 드리우고 자리에 앉아, 마치 물위에 솟은 나무둥치처럼 미동도 하지 않았다. 대개 나는 낚시에 금세 싫증이 나서 민들레 따위의 다른 것들로 관심이 돌아갔다. 하루는 내가 낚시를 포기하고 할아버지의 낡은 까만색 트럭 위에서 노는데, 그의 낚시 미끼가 그대로 좌석에 있는 것이 보였다. 나는 할아버지가 한 시간이 넘도록 미끼 없이 낚시했다는 사실에 놀랐던 기억이 있다.

나는 미끼통을 들고 할아버지한테 쪼르르 달려갔다. "할아버지, 어떻게 미끼도 없이 낚시를 해요?"

그는 모자를 슬쩍 뒤로 젖히더니 마치 달콤한 비밀을 즐기다 들킨 사람처럼 씩 웃으며 말했다. "글쎄, 꼭 고기를 잡아서 맛이 아니라 그냥 낚시질 자체를 즐길 때도 있단다."

다시 말해, 중요한 것은 정복이 아니라 삶의 전개를 지켜보고 기다리며 온전히 그 순간과 경험 속에 있는 것이었다. 그는 삶을 그냥 두고 있었던 것이다.

물론 삶을 그냥 둔다고 해서 부질없는 체념으로 물러나는 것은 아니다. 미래에 대한 목표와 동경이 없다는 말도 아니다. 오히려 그것은 조종하고 통제하려는 우리의 욕심, 주변의 모든 사건과 분초를 "미끼"로 꾀려는 욕심을 버린다는 뜻이다. 우리가 행동을 멈추어도 삶 자체는 멈추지 않는다는 것을 확실히 알기에 우리는 긴장을 풀고 삶에 임할 수 있다. 사실, 삶은 오히려 충만해질 수도 있다.

융은 그것을 이렇게 표현했다. "삶을 그대로 그냥 두는 예술, 무행동을 통한 행동은……내게 도(道)의 문을 여는 열쇠가 되었다. 우리는 정신 속에 벌어지는 일을 그냥 둘 줄 알아야 한다. 사실 우리 가운데 이 예술을 조금이라도 아는 사람은 거의 없다."[10]

우리 시대를 위한 눈부신 통찰이 가득한 저작물을 남긴 14세기의 신비가 마이스터 에크하르트도 삶을 그냥 두는 것에 대해 말했다. 그는 그것을 "참된 빈곤" 속에 있는 것으로 표현했다.[11] 성취욕을 비울 때 인간은 순간 속에 기다릴 자유가 생긴다. 그는 이것을 지고한 존재 양식으로 보았다.

에크하르트는 이런 존재 양식을 배울 때 비로소 우리가 하나님을 세상에서 "가장 새로운" 것으로 경험하게 된다고 믿었다. 기다림 속에서 우리는 하나님이, 언젠가 나중에 알게 될 "저만치" 있는 존재가 아니라 매순간 속에 현존하시는 새로운 분임을 (어쩌면 처음으로) 알게 된다.

디저트부터 먹으라

미국인의 영혼에 벌어지고 있는 일을 엿보려면 사람들의 티셔츠에 인쇄된 문구들을 보라. 최근에 나는 이런 문구를 보았다. "불확실한 인생⋯⋯디저트부터 먹자."

솔직히 나는 웃음이 났다. 내 아들이 어렸을 때 브로콜리를 먹기 전에 초콜릿 파이부터 먹겠다고 조르던 일이 떠올랐던 것이다. "안 돼! 브로콜리부터 먹고 디저트는 나중이야." 나는 명령했다. 싫은 것 먼저, 좋은 것은 나중. 이는 우주의 단순한 질서였다.

접시를 노려보는 아들을 두고 저쪽으로 갔다가 돌아오니, 브로콜리는 없어지고 아들은 파이를 먹고 있었다. 몇 주 후 아들의 옷장에서 이상하게 고약한 냄새가 났다. 가 보니 장난감 덤프트럭 안에 썩은 브로콜리가 쌓여 있었다. 아이는 채소를 먹어야 하는 고역스런 일을 교묘하게 피해 갈 길을 찾아냈던 것이다. 아이는 원하는 결과를 쉽고 빠른 길로 얻어 냈다. 물론 그런 행동에는 거의 언제나 악취가 따라오게 마련이다.

"불확실한 인생⋯⋯디저트부터 먹자"는 구호는 우리의 기다림을 저해하는 또 하나의 생활 원칙이다. 그것은 우리 문화에 만연한 인생관을 들이대며 우리를 조롱한다. 어차피 예측할 수 없는 삶이니 싫고 지루한 일은 건너뛰고 즉각적 만족을 좇으라는 것이다. 브로콜리는 잊어버리고 바로 파이부터 먹으라.

정신과의사 스캇 펙은 이렇게 말했다. "만족을 뒤로 미루는 것은 삶의 고통과 즐거움을 배열하되, 고통을 먼저 겪고 끝냄으로써 즐거움을 극대화하는 것이다. 이것이야말로 진정 삶다운 삶의 길이다."[12]

만족을 미루는 훈련을 쌓으려면 한 가지 기본 원리를 배워야 한다. 고통에 맞서는 것이다. 결국 우리는 먼 길로 돌아가는 고생을 겪고 싶지 않아 빠르고 즉각적인 것을 탐한다.

알고 보니, 정당한 어려움을 피하고 즉각적 만족을 좇는 것이야말로 내 기다림의 여정에 더 위험한 장애물 중 하나였다. 어느 날, 더 이상 기다림을 견딜 수 없다는 생각에 나는 상담자에게 이렇게 털어놓았다. "이렇게 더는 못 있겠어요. 계속 기다리느니 차라리 해로운 일이라도 뭔가 **하고** 싶습니다."

"고통은 당신을 죽이지 못하지만 고통의 회피는 그럴 수 있습니다." 그는 말했다. 여기서 나는 아주 소중한 교훈을 배웠다. 훈련과 용기로 고통에 맞서 끝까지 당해 내는 대신 고통을 피하면 장기적으로 고생만 더 심해질 뿐이다. 사람들이 고통을 피하거나 덜려고 만들어 내는 도피 수단들이, 실은 그들이 애당초 피하려던 고통 자체보다 더 힘들 수 있다. 헬렌 루크의 말대로, "온갖 '지옥'을 피해 고통 없는 상태로 가려고 하는 한, 우리는 구제불능으로 묶여 있다. 지옥의 고통에서 헤어날 수 있는 길은 하나뿐이다. 다른 종류의 고난, 속죄의 고난을 받아들이는 것이다."[13]

최근에 나는 친구와 함께 구석 자리에 앉아 점심을 먹었다. 둘 다 배는 별로 고프지 않았다. 그녀는 18년 된 자신의 결혼생활이 파경을 맞고 있다는 말을 막 끝마쳤다. 친구의 쓰라린 고뇌는 이루 말할 수 없었다.

"정말 희망이 없는 거야?" 내가 물었다.

"희망이 있는지 나도 모르겠어." 그녀가 말했다. "내가 더 이상 이대로 남아 희망을 찾아볼 수 없다는 것만은 분명해. 기다림의 고통이 너무 비참해. 차라리 그냥 끝내고 싶어. 홀홀 떨치고 싶어."

길고 불편한 침묵이 흘렀다. 나는 할 말을 찾았으나 아무 말도 나오지 않았다. 그녀는 울음을 터뜨렸다. 나도 울음이 터져 나왔다.

"수, 이 고통에서 벗어날 수만 있다면 **뭐라도** 하겠고 **뭐라도** 버릴 것 같아. 이런 마음 알겠어?"

나는 숨을 들이쉬었다. 내 삶도 괴로운 겨울의 심연을 지나고 있었다. 내 안전한 세상은 무너져 내리고 있었고, 모든 것이 고통 속에 길을 잃고 엉망진창이었다. 거기서 벗어나고 싶었던 내 간절한 심정을 떠올렸다. 나는 간절히 해방을 구했으나 대신 찾아온 것은 나무의 번데기고치였다.

"나도 그런 순간들이 있었어." 나는 말했다.

"그래서 어떻게 했어?"

내 답이 그녀의 답이 아닐 수도 있음을 알기에 나는 머뭇거렸다.

그러다 마침내 말했다. "기다렸어."

"보람이 있었어? 기다린 보람이?"

"있었어." 나는 대답했다.

기다림을 격려한 취지는 꼭 그녀의 부부관계를 화해시키기 위한

것만은 아니었다. 다만 친구 자신의 자아에 변화의 길, 영혼 안에
뭔가 새롭고 아름다운 것을 해산할 길을 열어 주려는 것이었다.

누룩의 발효

내 겨울이 바로 그런 시간이었다. 나를 하나님 안에서 기다리지
못하게 만드는 문화적 신화와 속전속결의 영성, 나는 그것을
풀고자 씨름했다. 쉽고 빠른 길을 좇도록 나를 몰아 왔던 원칙들을
"되돌리는" 시간이었다. 서서히 나는 내 안의 고독한 음성을 믿기
시작했다. 그 음성은 가만히 있는 것이 전진이라고, 삶을 억지로
만들려 하지 않고 그냥 두면 더 아름답고 풍요롭게 풀린다고, 고통을
피하는 것보다 고통에 맞서는 쪽이 훨씬 덜 힘들다고 말해 주었다.
우리가 잘못 굳어진 신념을 되돌릴 때마다, 하나님은 신선한 통찰과
이미지를 갖고 오셔서 우리로 새로운 에너지를 얻어 전진하게
하시는 것 같다. 내게 있어 믿음이란, 내 안에 어둠을 휘저으신
하나님께서 또한 빛도 창조하실 것임을 믿는 것이었다. 그래서 나는
기다렸다.
3월의 어느 수요일 아침, 나는 내가 교인으로 견신례를 받은
감독교회의 성찬식에 참석했다. 빵을 받으러 제단에 나가니, 내가
무릎 꿇을 자리의 방석 위에 수놓인 나비가 보였다. 나는 약속—
존재의 치유와 온전함에 대한 약속, 창조와 생명의 약속—에 푹
안기듯이 그 위에 무릎 꿇었다. 내 손바닥에 놓인 빵을 입술로
가져가기 전에 나는 오랫동안 물끄러미 바라보았다. 생명의

빵이라는 생각을 떨칠 수 없었다.

그날 저녁, 나는 스케치북을 들고 내 파란 안락의자에 웅크려 앉아, 집에서 구운 평범한 빵 한 덩이를 그렸다. 내가 그린 빵은 크고 통통했고, 부엌칼 옆의 도마 위에 놓여 있었다.

내 안의 한 기억이 딸려 나왔다.

당시 다섯 살이던 내 딸은 내가 빵을 굽고 있는 조리대로 식탁 의자를 끌어당겼다. 미리 말해 두지만, 나는 평소에 빵을 굽지 않는다. 사실, 그 전에 한 번도 빵을 구워 본 적이 없었고 후에도 없었다. 하지만 그날 내 창조 본능은 평소와 달리, 계획에도 없던 가사 욕구로 터져 나왔다. 나는 무에서 유를, 영에서 뭔가 사람들에게 양분이 될 만한 것을 만들어 내고 싶었다.

앤은 마냥 신기해하며 의자에 무릎을 꿇고 앉아 내 동작을 하나하나 지켜보았다. 밀가루가 날려 딸의 얼굴에 묻었다. 누룩을 넣고 반죽을 덮어 부풀려야 할 시점이 되었다. 나는 친정 어머니가 늘 하던 대로 파란색 체크무늬 행주로 대접을 덮어 옆으로 밀쳐 두었다.

앤이 눈썹에 주름살을 만들며 물었다. "하다 마는 거예요?"

"반죽이 부풀 때까지 기다려야 한단다." 나는 누룩이 어떻게 반죽을 부풀리는지 설명해 주었다. "얼마나 기다려야 되는데요?" 앤이 물었다.

나는 조리법을 보았다. "한 시간."

"한 시간이나?" 딸은 얼굴을 찡그리며 의자에 털썩 주저앉아 기다렸다. 조급한 마음에 앤은 자꾸만 행주를 쳐들고 반죽을 들여다보았다. 그러고는 말했다. "아까랑 똑같잖아."

"보이지는 않지만 누룩이 퍼지는 중이야. 정말로."

딸은 내 말을 믿지 않는 것 같았다. 결국 앤은 저쪽으로 가서 놀았다. 그러나 한 시간이 다 되어 가자 딸은 다시 와서 대접 안을 보았다. 그러더니 생글거리며 소리쳤다. "엄마, 이것 좀 봐. 반죽이 부풀었어요!"

부풀었다는 말. 희미한 기억 속에서도 그 말이 지금도 생각난다. 부풀었다. 내 무릎의 스케치북을 보니 내 밑에서 부풀어 오르는 약속이 느껴졌다. 우리의 기다림 속에 들어 있는 보이지 않는 신비, 바로 그것이 생명의 빵을 낳는 것이 아닐까?

새로움을 창조하려면, 영혼을 덮고 은혜가 부풀게 두어야 한다. 태초에 흑암을 덮어 품으신 하나님처럼, 품는 것밖에 할 일이 없는 자리로 가야 한다. 거기서 기도하고 가만히 있어야 한다. 은하수를 발효시키는 거룩함이 당신 안에도 일하고 있음을 믿어야 한다. 기다림뿐이다.

그러면 당신이 결코 없을 줄로 알았던 변화가 신기하게도 **정말** 일어나고, 불가능한 새 생명과 계시가 현실이 된다. 변화는 보이지 않게 천천히 나타난다. 내게도 그랬고, 자신의 고통과 상처와 희망과 굶주림을 반죽하여 빵을 만들려는 모든 이들에게도 그럴 것이다. 기다림은 인간 영혼의 누룩이다.

융 계열의 분석학자 제임스 힐먼은 "영혼은 인간의 인내하는 부분"이라 했다.[14] 안으로 들어가 거기에 이를 때에만 우리는 진정으로 기다릴 수 있다.

그러나 우리가 기다림의 시간을 **택하면**, 외향적인 우리 사회는 어떻게든 우리를 거기서 끌어내려 할 것이다. 우리는 이기적이고 게으르고 너무 내성적이고 제멋대로라는 말을 들을 수도 있다.

"뭘 기다리나? 일어나 뭐든 **해라**. 행동을 취해라." 그런 목소리들이 들려올 때 나는 나 자신의 깊이와 고독으로, 부풀도록 참는 경험으로 나를 부르던 내 딸의 작은 목소리를 떠올리려 했다.

결국 하나님과 나는 빵을 만들 것이다.

3. 거짓 자아에서 참 자아로

도대체 나는 누구인가? 아, 그것이 난제로다. **루이스 캐럴**

예수께서 네 이름이 무엇이냐 물으신즉 이르되 군대라 하니. **누가복음 8:30**

속을 꺼내려면 껍질을 까야 한다.
껍질이 깨져야 알맹이를 얻는 법이다. **마이스터 에크하르트**

3월 들어 내 생각은 기다리는 마음속에 일어나는 변화 쪽으로 점점 기울었다. 내가 겪어야 할 변화와 성장은 무엇인가? 내 안에서 벌어지고 있는 움직임은 무엇이며, 나는 어디서부터 시작해야 하나?

기다림의 노래

3월의 어느 포근한 저녁, 나는 그런 의문들을 마음에 품은 채 딸의 침대에 앉아 아이의 머리를 매끈한 끈처럼 가닥가닥 땋고 있었다. 그 전에 아이는 춘계공연 때 선보일 춤 스텝을 내게 가르쳐 주었다. 우리는 손잡고 방 안을 우아하게 빙글빙글 돌면서, 높아졌다 잦아졌다 하는 우리의 웃음소리를 배경으로 춤을 추었다. 이제 방 안은 고요했다. 딸의 머리만 내 손가락 사이로 엮이고 있었다.

갑자기 베란다에 걸린 풍경(風磬)이 짤랑짤랑 소리를 내기 시작했다. "저게 무슨 소리예요, 엄마?" 딸이 물었다.

"가 보자." 나는 말했다. 함께 밖으로 나서면서도 나는 여태까지 한 수고가 물거품이 될까 하여 딸의 땋던 머리를 꼭 붙들고 있었다. 정원에 자줏빛 그림자가 가로세로로 움직였다. 새로 핀 네 송이 수선화가 황혼녘의 풍경소리에 맞추어 산들바람에 흔들리고 있었다. 땅속에 수선화 알뿌리를 묻고는 봄을 기다리게 두었던 12월의 그날이 떠올랐다. 정원 가꾸기에 초보자인 나는 알뿌리를 거의 30센티미터까지 깊이 묻었다. 나중에 정원사 친구가 내게 "저런! 10센티미터 정도만 묻어도 되는데"라고 말했다. 그래서 나는 수선화 싹이 과연 나올지 의아했다. 그런데 저렇게 나와서 나를 보며 고개를 끄덕이고 있었던 것이다.

앤과 함께 지켜보면서 나는 꽃들의 위업이 정말로 얼마나 장한지 감탄했다. 그 가녀린 새싹들이 땅을 뚫고, 내가 쌓아 둔 그 모든 어둠을 뚫고 저렇게 나왔으니 말이다. 내 삶의 땅 속에서도 똑같은 신비가 벌어지고 있지 않을까 하는 생각이 들었다. 내 안에, 켜켜이 쌓인 어둠 아래, 더 참되고 더 온전한 자아가 있을까? 내 거짓 자아들의 켜를 뚫어 참 자아의 길을 터 주는 것이 내가 해야 할 일일까?

어스름 속에 또다시 소리가 퍼졌다. 짤랑짤랑. "저게 무슨 소리예요, 엄마?" 앤이 똑같이 물었다. 나는 웃어 보였다. 이 소리는 너의 상상을 초월하는 것이라고 딸에게 말해 주고 싶었다. 그것은 그저 처마 밑 풍경에 부딪히는 바람소리가 아니었다. 그것은 기다림의 노래였다. 깊고 거룩한 것이 빛을 고대하는 노래였다.

"춘계공연 때 출 춤을 한 번 더 보여주렴." 나는 딸에게 말했다. 그리고 여태 땋은 것이 다 풀어지도록 딸의 머리칼을 그냥 놓았다. 딸은 내 손을 잡았다. 우리는 정원의 자줏빛 가장자리를 빙빙 돌면서, 기다림의 노래에 맞추어 수선화와 함께 춤을 추었다.

그날 밤, 내가 잘 자라며 뽀뽀해 주자 딸은 말했다. "엄마, 그 춤 좋았어요."

"나도." 나는 밤새도록 거의 잠을 이루지 못했다. 부드럽게 울려 퍼지는 풍경소리만 듣고 있었다.

참된 씨앗

거듭거듭 하나님은 우리 자신의 거룩한 심연을 가꾸라고, 마이스터 에크하르트가 말한 우리 안의 "참된 씨앗"을 경작하라고 당신과 나를 부르신다. 하나님은 우리를 영혼 안에 심겨진 씨앗, 우리의 가장 참된 본성이라는 그 알맹이, 하나님 형상, 참 자아를 가꾸라고 부르신다.

에크하르트는 참된 씨앗을 영혼 안에 심긴 하나님 형상의 살아 있는 현존이라 보았다. "영혼 안에는 하나님일 수밖에 없는 뭔가가 있다"고 그는 말했다.[1] 내 안에 그런 외경심을 불러일으키는 것을 나는 달리 생각해 낼 수 없다.

그는 영혼이 곧 하나님이라고 하지 않았다. 다만 영혼 **안에** 하나님이 계시며, 영혼은 우리가 경작하여 경험해야 할 하나님의 신적 생명이 심겨진 거룩한 땅이라고 했다. 그는 이렇게 말했다. "하나님이 자신의 형상을 뿌려 두셨다.……그분은 신의 성품의 씨앗을 뿌리신다.…… 하나님의 씨앗이 우리 안에 있다. 지혜롭고 부지런한 좋은 경작자만 있으면 씨앗은 무성하게 하나님에게까지 자란다."[2]

가장 근본적인 차원에서, 영적으로 자란다는 것이 바로 그런 뜻일까? "범사에 그에게까지 자랄지라.……곧 그리스도라"(엡 4:15)는 말씀이 바로 그런 뜻일까?

3월의 그 저녁 이후, 나는 영적 변화의 과정에 새롭게 눈뜨기 시작했다. 인간 영혼 안에는 "하나님일 수밖에 없는" 진리의 알뿌리, 즉 하나님의 형상과 모양이 묻혀 있다. 평생에 걸쳐 우리가 만들어 내는 생활 습성들이 그 정체를 흐려 놓는다. 우리는 여러 거짓 자아들을 꾸며 내 어둠을 쌓는다. 인생이 가장무도회라도 되는 양 우리는 가면을 쓰고 연극을 하는 데 능숙해진다. 그것이 오랜 세월 계속될 수 있다. 그러나 결국 참 자아의 음악이 우리를 찾아 나선다. 조만간(대개 중년에) 우리는 정원으로 다시 소환된다. 영혼의 작업으로 부름받는다.

그즈음 나는 12세기의 비범한 설교자이자 신학자·의사·과학자· 화가·작곡가·작가인 빙엔의 힐데가르트라는 여인을 만났다. 지금은 거의 잊혀진 존재가 되었지만 그녀는 영적 거장이었다. 최근에 내 딸이 텔레비전에서 방송하는 미인 선발대회를 보고 있었다. 진행자가 최종 후보들에게 저녁시간을 함께 보내고 싶은 역사상의 여성 인물이 누구냐고 묻자, 마릴린 먼로부터 베치 로스까지 다양한 대답이 나왔다. 앤은 나라면 누구를 고르겠느냐고 물었다. 나는 생각할 것도 없이 "빙엔의 힐데가르트"라고 말했다. 그녀가 누구인지 내가 설명하려 하자 앤은 기분 잡쳤다는 듯 눈을 천장으로 굴리면서 "엄마는 이상한 사람만 말하더라"고 했다.

나는 씩 웃었다. 사실이지. 나도 힐데가르트 하면 깨끗하고 거룩한 사람이 생각나니까 말이다. 그녀는 영혼이 소중한 밭 같으며, 땅속에 빛나는 하나님의 아름다운 형상을 드러내려면 우리가 거기서 "쓸데없는 잡초와 가시와 찔레를 뽑아내야" 한다고 말했다. 힐데가르트에게 있어 죄란 영혼을 돌보지 않는 것, 영혼에 물을 주지 않아 그녀의 표현으로 "신록을 이루는 힘"을 주지 않는 것이었다. 그녀에게는 "축 늘어진 영혼"만큼 슬픈 것은 없었다.[3]

우리 그리스도인들이 우리 안에 있는 신적 생명의 묘판인 영혼에 거의 무관심해 왔다는 사실이 내게 일대 충격으로 다가오기 시작했다. 우리는 주로 영혼을 **구원**의 대상, 구속이 필요한 불멸의 존재로 보았다. 그러면 "당신은 얼마나 많은 영혼에게 전도했나?"가 신앙생활의 중심 질문이 된다. 하지만 영혼은 전도나 구원의 대상 이상이다. 영혼은 내면의 신성, 하나님 형상, 우리의 가장 참된 부분이 거하고 머무는 자리다.

영혼이 우리가 하나님을 만나는 자리라는 지식에 나는 새롭게 눈떴다. 에크하르트는 "여기서 하나님의 땅은 내 땅이고 내 땅은

하나님의 땅이다"라고 말했다.[4] 영혼을 이런 관점으로 보기
시작하자, 중요한 것은 영혼의 구원이 아니라 영혼 안에 들어가
신록을 이루고 생장을 기다리는 거룩한 씨앗을 틔우는 것이 되었다.
종교의 핵심은 자기만의 독특한 영혼과 솔직한 대화를 시작하고
하나님, 내면의 음성, 어느 누구와도 달리 내 안에서만 나오는 내면의
음악소리와 깊은 인격적 관계를 맺는 것임을 나는 깨달았다.
거기서 끝난다면, 안으로만 파고드는 이기적인 종교가 될 위험이
있음을 나도 안다. 그래서 에크하르트와 힐데가르트는 둘 다 참된
씨앗의 발견과 경작이 긍휼로 확장되어야 한다고 역설했다. 씨앗이
가지를 내면, 우리 영혼은 사랑과 화해로 다른 사람들과 서로 얽힌다.
이때 우리는 그동안 우리가 영혼을 구원하느라 너무 바쁜 나머지
영혼 안에 하나님 형상을 펼치는 일에 소홀하지 않았는지
돌아보아야 한다. 켜켜이 싸인 거짓과 상처와 동조와 심지어 관습적
종교 활동 밑에 참 자아를 가두어 우리 영혼을 억압하고 있지는
않았는가? 기독교가 축 늘어진 영혼들의 밀실이 되고 있지는
않은가?
초봄의 그 시절, 나는 수선화 알뿌리와 "참된 씨앗"을 묵상하면서
내 기다림의 여정을 한고비 돌았다. 영혼 빚기라는 근본적인 영적
경험으로 하나님이 나를 부르시는 것이 느껴졌다. 영혼이 내 주목과
양분을 바라고 있고, 참 자아가 개화와 성장을 원하고 있다고
하나님이 내게 속삭이시는 것 같았다. 그렇게 영혼의 꽃을 피우려면
우선 자신의 거짓 자아들—자신이 만들어 온 에고의 습성들—을
직시하고 자신의 내면적 참모습을 깊이 깨달아야 한다.

깎아 내기

캐롤라이나 지방에 내가 좋아하는 전설이 있다. 어느 시골 소년이 있었는데 나무로 예쁜 개를 깎는 재주가 출중했다. 날마다 소년은 문간에 앉아 사방에 부스러기를 날리며 나무를 깎았다. 하루는 어떤 손님이 크게 감탄하여 소년에게 솜씨의 비결을 물었다. 소년의 대답은 이랬다. "그냥 나무토막을 갖다가 개처럼 보이지 않는 부분들을 깎아 내는 것뿐입니다."

내가 말하는 성장의 움직임이 이 일화 속에 투박한 언어로 표현되어 있다. 영혼을 빚는 예술은 우리 삶을 손에 올려놓고, 사랑과 분별력을 최대한 동원하여, 참 자아와 닮지 않은 부분들을 살살 깎아 내는 것이다. 단, 영적인 조각(彫刻)에서는 부스러기도 버리지 않는다. 변화는 우리의 그 부분들을 버릴 때 일어나는 것이 아니라, 오히려 그 부분들을 모아서 통합할 때 일어난다. 이 과정을 통해 우리는 새로운 온전함에 이른다.

영적인 조각은 신비와의 만남, 기다림과의 만남, 내면의 고요한 처소와의 만남이다. 웬만한 사람들은 더 이상 그런 데 시간을 들이지 않는다. 솔직히 나도 영적인 조각을 처음 시작할 때는 내 "나무토막"에 집착하며 저항하곤 했다. 이대로의 내 모습도 괜찮지 않은가? 아주 힘들고 엄청난 인내를 요할 예술을 왜 내가 수용해야 하나?

그러나 마음이 동하는 날들, 내가 어떻게 거짓 삶을 살고 있는지 꼭 알아보고 싶은 날들도 있었다. 어떤 때는 내가 전설 속의 "피리 부는 사나이"(피리소리로 어린이들을 유인해 산속으로 납치했다는 사나이. 독일

하멜른의 전설―편집자)에게 끌려 꼬부랑길로 빨려드는 것 같기도 했다.
하지만 내 참모습이 되는 것이야말로 가장 불가항력의 놓칠 수 없는
모험인지라 나는 그 길로 따라갈 수밖에 없었다.

토머스 머튼의 글이 내게 힘이 되었다. 그는 영적 삶을, 참 자아가
되기 위해 거짓 자아를 깎아 내는 것으로 보았다. 그는 진실을 향한
씨름을 "묵상의 위기"라 표현하면서, 아무도 그것을 피할 수 없고
결국 우리 모두가 "치료를 받게" 된다고 역설했다. 머튼에 따르면,
"현실의 자아는 자신의 깊은 영적 정체로부터 심히 소외되어 있을
수 있으므로 '참'과는 거리가 멀 수 있다. 사실, '참 자아'에 이르려면
자기가 만들어 낸 그 착각의 거짓 '자아'에서 해방되어야 한다."[5]
나 자신에게 물어보았다. 나는 얼마나 참일까? 내가 만들어 낸
착각들은 무엇일까? 나는 어떤 거짓 자아들을 벗겨 내야 할까?
이는 깎아 내는 질문들이다. 진지하게 임한다면, 힘들고 괴로운
질문들이다. "우리는 착각을 인식하는 데 그다지 능치 못하며, 자신에
대해 품은 착각은 더 말할 것도 없다"고 머튼은 썼다.[6]
나는 점차 시간을 내어 궁리하고 묵상했다. 한데 뭉쳐져 내 거짓
자아들을 이루고 있던 거짓, 상처, 착각의 습성들이 조금씩 드러났다.

대문자 S를 쓴 자아

이런 자아들(내용은 이 장 뒷부분에 나온다)을 힘들게 직시하는
과정에 나는 융의 글에서 값진 통찰을 얻었다. 여기 한두 가지
소개하고 싶다. 융의 시각은 우리 그리스도인들에게 우리 자신의

영적 형성이라는 평생의 과정을 선명하고 생동감 있게 보여주기 때문이다.

융은 인간 성격에 참 자아의 차원이 있음을 증명했고 그것을 대문자 S를 써서 자아(Self)라 불렀다. 이는 그의 가장 심오하고 심원한 발견으로 지목되어 왔다. 그러나 자아는 사람들을 오도하는 경향이 있으므로 부적절한 용어다. 여기 자아가 가리키는 것은 우리의 좁은 정체나 에고(ego, 나 자신이라는 말처럼)가 아니라 중심, 우리 안의 하나님 형상이다. 이는 예수께서 말씀하신 내면의 하나님 나라에 비견된다(눅 17:21).

그래도 감동이 없다면, 융은 또 인간 내면의 근본 욕구는 온전함과 자아 실현을 지향한다고 믿었다. 힐데가르트와 에크하르트처럼 그도 우리가 자기 내면의 하나님 형상을 드러내려는 성향을 타고났다고 믿었다.

우리는 자아를 이미 우리 안에 있는 것으로, 전체를 아우르는 온전함과 신성(神性)의 소인(消印)으로 볼 수도 있다. 그러나 우리는 또한 그것을 (감독교회 사제이자 융 계열 분석가인 존 샌포드의 표현을 빌려) "우리 안에서 실현되려 애쓰는 잠재력"으로도 보아야 한다.[7] 때로 나는 참 자아를, 내 무의식의 캄캄한 땅에 묻혀 의식의 빛 속으로 뚫고 올라오려는 알뿌리로 본다. 창가의 식물들이 유리창에 잎을 바짝 붙이고 빛 쪽으로 휘어져 자라는 것을 당신도 혹 보았을 것이다. 햇빛을 따라가는 이런 현상을 과학 용어로 주광성(走光性)이라 한다. 융은 "인간의 주광성"을 말했다. 참 자아는 빛을 구하며, 의식의 유리창에 바짝 달라붙어 실현 쪽으로 휘어져 자란다.

융 심리학의 이 작은 단면이 내 영적 여정을 얼마나 넓혀 주고
심화시키고 확증해 주었는지 모른다. 자아가 실현을 구하는,
온전함을 향한 이 길을 융은 "개체화"라 불렀다. 독특하고 완성된
개체, 하나님이 지으신 본연의 모습이 된다는 뜻이다. 내 안에 울려
퍼지기 시작한 질문은 이것이었다. 개체화의 길에 들어선다는
것이 내게는 무슨 뜻일까? 어디서 끝나게 될까? 나는 다만 그것이
거룩하고 하나님으로 흠뻑 젖은 길임을 내면 깊은 곳에서 알
뿐이었다.

자기중심적인 에고

나는 인간 정신의 다른 중심도 알게 되었다. 소문자 s를 쓴 자아 또는
에고였다. 우리의 거짓 자아를 알려면, 인간의 이 차원을 면밀히
살펴볼 필요가 있다.

에고는 우리가 정체로 삼는 인간의 일면이다. 존 샌포드는 그것을
"의식적 성격의 집행부"라 했다.[8] 자신의 한계를 잘 아는 강한
에고(ego)는 온전함과 건강한 기능에 꼭 필요하다. 사실 에고는
의식의 유리창과 같아서, 우리 삶 속에서 참 자아는 그쪽을 향해
자라고 표현된다. 에고가 없으면 우리도 없다.

문제는 에고가 인간이 피할 수 없는 조건인 자기중심적 성향을 띨
때 생긴다는 점이다. 삶의 상처와 현실에 적응하고 거기서 자신을
보호하려는 과정에서 우리 각자는 자기만의 다양한 방어 구조를
만들어 낸다. 에고를 보호하기 위한 사고, 행동, 관계 습성들이라 할

수 있다. **이런 자기중심적 습성이 우리의 거짓 자아들을 만들어 낸다.**

평생에 걸쳐 이 에고의 구조들은 점점 굳어져 유리창에 때가 끼게 하고, 그리하여 에고와 자아를 갈라놓는다. 그 결과, 참 자아와의 필수적 소통이 온전히 이루어질 수 없다. 예수님은 이 상태를 둔한 마음이라 표현하셨다(막 8:17).

영적 여정을 가려면 자신이 평생 만들어 온 이런 둔한 습성들, 심령의 삶을 방해하고 우리의 참된 영적 정체를 흐려 놓는 습성들과 맞서 싸워야 한다. 그리고 그것을 극복하려면 자신에 대한 가장 아까운 착각들까지도 변화시켜 주시도록 하나님께 내드려야 한다. 우리 안에서 벌어지는 일들에 대한 이런 내면의 그림이 정리가 되면서 내가 깨달은 사실이 있다. 인생의 커다란 함정은 이 굳어진 에고의 습성들 내지 가면들을 자신의 참모습으로 믿는 것, 날마다 내가 살아가는 고질화된 습성들 외에는 아무것도 없다고 믿는 것이다. 나도 그렇게 믿어 왔던 것일까? 내 가면들이 내 얼굴에 들러붙었던 것일까? 나의 어떤 면들이 보다 넓고 풍요로운 자아의 삶에서 소외된 채 에고의 숨막히는 삶을 살고 있었을까?

이런 통찰이 마음에 새겨지면서(그러는 데 꽤 시간이 걸렸다) 나는 나 자신의 영적 단계가 이 위대한 보편적 드라마를 위해 준비되어 있음을 처음 깨달았다. 이 드라마는 중년에 막이 오를 때가 많다. 에고의 거짓 자아들과 자아의 참 정체가 인간 성격의 우위권을 놓고 다투는 드라마다.

3월의 그 저녁, 정원의 고즈넉한 불빛 속에서 내가 깨닫기 시작한 진리가 확증되고 있었다. 에고가 그 중심축에서 내려오려면 내 굳어진 구조들이 깨져야만 한다는 것이다. 이 과정을 통해 중심의 점차적 이동에 길이 열린다. 이는 에고의 지배적 욕구에서 벗어나 자아 즉 내면의 하나님의 핵으로 향하는 근본적 구조 조정이다. 기독교적 표현으로 이는 철저한 구식(舊式) 항복이다. 우리의 의식적 의지와 노력을 버리고 대신 내면의 하나님 나라를 따르는 것이다. 이 내면의 구조 조정에 수반되는 영혼의 작업이야말로 영적 형성의 가장 깊은 의미라고 나는 믿는다.

내가 아니라 그리스도

이런 개념은 내게 커다란 수수께끼였다. 그것은 어떻게 성경과 맞물릴까? 어느 날 밤늦도록 앉아 서신서를 읽던 중에 나는 우리에게 참 자아가 있다는 기독교의 가르침을 보다 분명히 깨달았다. 성경에는 그것이 "그리스도의 마음"(고전 2:16), 내주하시는 그리스도(골 1:27; 빌 1:21; 롬 8:9-10), 아직 미숙하고 미완성 상태인 내면의 그리스도-자아(엡 4:13, 15)로 표현되어 있다.

갈라디아서 2:20 ─"이제는 내가 사는 것이 아니요 오직 내 안에 그리스도께서 사시는 것이라"─을 읽다가 이런 의문이 들었다. **이것이** 참된 개체가 되어 가며 "나는……이라"(I AM) 하신 정체의 기초를 나 자신의 영혼 안에서 발견하는 신성한 과정일까? "그리스도의 마음"을 발견하고 개발하는 것은 굽이굽이 돌아가는 빛을 향한 여정일까?

나는 진리의 깊은 깨달음을 느끼며 성경을 덮었다. 하나님이 성경 지면에서 놀랍게 손을 내미실 때 진리는 찾아온다. 우리는

자신이 이미 품고 있는 생각에 하나님이 지지발언을 해주신다고
생각하는 것 같다. 그러나 하나님은 거의 언제나 우리의 허를
찌르신다. 하나님의 성령이 불어오면, 결국 누군가 뜻하지 않게 바짝
긴장하게 되어 있다. 하나님은 곧잘 당황케 하시고 놀라게 하시고
어리둥절하게 하신다. 베들레헴의 마구간, 로마의 십자가, 동산의
빈 무덤. 하나님의 진리가 종종 예상치 못한 방식으로 찾아온다는
사실을 우리는 잠자코 받아들이는 편이 좋다.

방금 인용한 갈라디아서 말씀에 대해 존 샌포드는 이렇게 말했다.

> 이 말씀에서 바울은 자신의 성품이 더 이상 자기 에고를 중심으로
> 돌아가지 않고 자기 안의 더 큰 중심점, 그의 말로 내면의 그리스도를
> 중심으로 돌아가도록 재조정되었다고 고백한다. 이는 본질적인
> 사고다.……즉 평생을 사는 동안 우리의 성품은 더 이상 에고와
> 그 야망과 목표가 주요 기준점이 되지 않는 쪽으로 변화되고
> 재조정되어야 한다.[9]

이 말씀을 통해 나는, 깊은 차원에서 내게 감화를 끼친 모든 다양한
생각들―에크하르트와 힐데가르트에서 머튼과 융과 바울에
이르기까지―이 한곳으로 수렴되는 것을 비로소 느꼈다. 이런
통찰들이 성경에 새로운 빛을 던져 주자, 중년기 영혼의 전경이 더
또렷이 보이기 시작했다. "내가 아니라 그리스도"라는 말에서 나는
나 자신을, 내면 깊이 묻혀 있는 진실의 꽃을, 더 온전히 깨우쳐야 할
절박감을 느꼈다.

밤 기도

어느 밤, 나는 독서를 제쳐두고 밖으로 나가 별빛 아래 잔디밭에 앉았다. 별들이 총총 빛나는 광활한 밤하늘에는 삶의 적정 비율을 되찾아 주고 내 안의 지치고 아픈 자리들을 위무해 주는 뭔가가 있다. 아빌라의 테레사는 영혼에 들어가는 문은 기도와 묵상이라 했다.[10] 다른 어떤 것보다도 밤 기도가 우리를 그 문 너머로 데려가는 것 같다. 밤 기도는 어둠을 배경으로 또는 고통의 그림자 밑에서 드리는 기도다. 바로 그런 상황 속에서 우리는, 우리를 변화로 떠밀어 줄 수 있는 솔직한 감정과 절절한 말을 가장 자주 만난다.

나는 일기장을 폈다. 달과 별과 현관의 희미한 불빛 아래, 내 마음에서 기도가 쏟아져 나왔다. 어둠과 고통의 밤 기도였다. 내 삶의 무엇을 쏟아 내려는 것인지도 모른 채 나는 적어 내려갔다.

> 하나님, 저 스스로 만들어 낸 감옥 속에서, 제 영혼을 가두고 제 안의 진리를 짓누르는 편안한 고정관념 속에서 거짓 삶을 살고 싶지 않습니다. 저의 너무나 많은 부분이 땅속에 묻혀 있습니다. 제 영혼을 밖으로 내보내고 싶습니다. 진실을 찾아 자유로이 모험에 나서 저 자신이 되고 싶습니다. 제 안의 용기를 풀어 주소서. 안으로 들어가 자기기만을 들여다볼 마음을 주소서. 저는 달아나려 할 겁니다. 그러지 않게 하소서. 온전함을 향한 여정과 삶의 창의적인 수정(修正)을 타산적인 마음으로 옭아매어 저 자신을 억압하지 않게 하소서.
>
> 하나님, 두렵습니다. 담대함을 주소서. 형성의 광활한 공간으로 저를

인도하소서. 스스로 관리하고 보호하려는 옹졸하고 고루한 작업을
그만두게 하소서. 그리하여 제 영혼의 밤 속에 빛나는 하나님 얼굴을
흐려 놓는 가면들을 깨뜨리게 하소서. 제 영혼에 신록을 이루도록,
하나님이 지으신 본연의 제가 되는 모험을 감행하도록 도와주소서.
내일이면 후회할지 모르지만 오늘밤 이렇게 기도합니다. 이 기도 속
어딘가에 하나님이 계심을 믿기에, 하나님이 저를 사랑하시며 이
기도의 메아리 속에 저 혼자 두시지 않을 것을 믿기에 그리합니다.

나는 일기장을 덮고 머리 위의 총총한 별을 올려다보았다. 시작이란
언제나 이런 것이 아닐까, 두렵되 불타는 마음의 찰나적 불꽃 속에서
이루어지지 않을까 생각했다.

집단적 "그들"

변화는 우리가 "나"라기보다 "그들"이라는 인식에서 시작된다.
우리는 자신을 개성대로 살아가는 개인으로 볼지 모르지만, 그보다
사회·가정·교회·직장·친구들·전통 등의 집단적 각본이 곧 우리일
때가 많다. 그저 각본대로 여러 역할을 수행하는 것이 우리의 삶이
될 때도 있다. 복장과 가면을 완비하고 바른 순서로 완벽하게
연기하는 것이다.
작가 린다 레너드는 이렇게 지적한다. "부모와 사회가 투사하는 외부
이미지에 맞추려다 우리는 하나의 물체, '그것'으로 전락한다. 삶은
진부하고 뻔해지며 우리는 시시한 것들에 혹하게 된다. 신비, 각자의

독특한 자아의 신비를 잃는다."[11]

물론 외부의 역할과 정체들도 필요하지만, 동시에 우리는 그것을 진실하게 즉 자기 내면의 독특한 자아에 부합되게 수행해야 한다. 안에서 들려오는 진리대로 살지 않고 밖에서 들이미는 기대대로만 산다면, 우리는 집단적 "그들"에 갇히고 만다. 가장 어리석은 질문 같았지만, 며칠이고 몇 주고 나는 거듭 자신에게 물었다. "좋다, 수 몽크 키드, 너는 누구냐?" 그러면 들려오는 대답은 언제나 뻔했다. "나는 샌디의 아내, 밥과 앤의 엄마, 리어와 리들리의 딸, 그리스도인, 작가……등이다."

어느 날, 차를 몰고 우체국에 가는데 내 머릿속에 그 어리석은 대화가 시작되었다. 내 천편일률적인 대답의 한복판으로 처절한 질문 하나가 뚫고 들어왔다. "그럼 만일 그 역할들이 갑자기 다 없어져 버리면 뭐가 남을까? 그때 너는 누가 될까?"

위협적인 질문이다. 나는 누가 **될까**? 뻔한 답을 예리하게 가르는 이 질문 앞에서 불현듯 나는 거울 속으로 내 본래 얼굴을 보며, 처음 불리는 내 진짜 이름을 듣는 심정이었다.

우체국에 차를 세울 때쯤 내 얼굴에 눈물이 쏟아지기 시작했다. "나는 있다, **그게 전부다**"는 생각이 들었던 것이다. 내가 누구인가에 대한 이 뜻밖의 예리한 "깨달음"에 나는 경이와 충격을 느꼈다. 개조와 수정을 거쳐 내가 넓어진 느낌이었다. 내 안에 숨이 불어넣어진 것 같았다.

그 경험을 돌아보면 웃음이 난다. 우체국 주차장에 앉아 존재론적 경험, 단순히 "존재하는" 경험을 했으니 말이다. 하나님의 쪼개시는 역사는 종종 그렇게 우리를 뚫고 들어온다. 예기치 못한 순간에 우리

눈의 비늘이 벗겨져 착시(錯視)가 사라지고, 우리는 루돌프 오토가 말한 "무서운 신비" 앞에 서게 된다. 단순히 존재 자체의 적나라한 신비다(그날 나는 우표를 사지 않았다).

우리는 그 질문을 허용할 필요가 있다. 사실, 우리는 대답보다 질문이 필요할 때가 많다. 이런 질문이다. 내게는 지금 수행하고 있는 역할들 이상의 뭔가가 있나? 그 역할들을 떠난 내 정체에, 나라는 사람은 내가 만들어 내는 페르소나들 이상이라는 인식에 내 마음을 열 수 있나?

철학자 키르케고르는 "궁극적인 것"은 "한 개체로서 자신과의 가장 친밀한 관계를 자기 자신이 의식하고 있는지 여부"라고 했다.[12] 이 "궁극적" 인식은 성장에 꼭 필요한 부분이다.

언젠가 나는 길을 건너다가 어느 자동차에 이런 범퍼스티커가 붙어 있는 것을 보았다. "나는 성장을 거부한다." 영적 삶에서 이 모토는 죽음의 길로 이끈다. 차창으로 운전자를 들여다보니 성인 여자였다. 그녀는 안전하고 편안해 보였다. 나는 거기서 나 자신을 보고 소스라쳐 놀랐다. 나도 자라고 싶지 않은 날들이 많았다.

작가 캐럴 피어슨은 말한다. "계속 성장하려면, 자신과 자신이 수행하는 역할들을 어느 시점부터 구별하기 시작해야 한다. 대개 우리는 처음에 좋아 보이던 역할들이 이제 공허하게 느껴질 때 그렇게 한다."[13] 내 많은 역할들이 공허하게 느껴지고 있었다. 내 삶을 깊이 살피면서 나는 서서히 깨달았다. 내 삶의 너무나 많은 부분이 집단적 "그들" 속에 묻혀 있었다. 나는 나 자신의 진실에 충실하기보다는 외부에서 들이미는 각본과 기대대로 사는 경향이 있었다.

저자 샘 킨은 역할들 밑에서 참 자아가 출현하는 것을 "무법자"의
출현이라 했다.[14] 당찬 표현 아닌가? 그 말의 의미는, 우리의 성장이
외부나 사회에서 강요하는 제한적 "법"을 벗어난다는 것이다. 그는
이 무법자적 추구를 반항으로 보지 않고 건강한 내적 성장의 필수
단계로 보았다. 그것을 통해 성인은 삶의 전반부에 구축된 모든 신화,
가면, 에고의 방어를 갈아엎는다. 이는 집단 본능을 벗어나 참 자아로
향하는 첫 동작이요, 강력한 흡인력의 집단적 "그들"에서 빠져나와
진정한 "나"가 되려는 씨름이다.

거짓 자아들의 이름

이후 몇 주간 나는 내 거짓 자아들의 "이름을 밝히는" 과정에
들어갔다. 몇 주에 걸쳐 내 내면을 들여다보고 삶을 반추하는
과정이었다. 우리를 옥에 가두는 내적 습성들의 이름을 밝힘으로써,
우리는 그것을 더 잘 알게 되고 웬만큼 이길 힘도 얻게 된다.
하나님은 아담에게 "지배력"을 얻는 과정의 일환으로 동물들의
이름을 짓게 하셨다(창 2:19). 내 거짓 자아들—내 약하고 상한
에고의 외피들—은 유독 내게만 있는 것은 아니다. 그것을 다른
사람들과 나누면서 나는 우리 인간들이 차이점보다 유사점이 더
많음을 깨달았다. 우리 영혼의 "토양"에는 같은 흙, 같은 씨앗, 같은
어둠의 퇴적물이 있다.
그럼에도 불구하고 우리의 과제는 각자 자기 삶의 흙 속에 손을
넣어 자신의 독특한 습성들의 이름을 밝히는 것이다. 아래 습성들은

전부가 아니며 깔끔하게 맞아떨어지는 범주도 아니다. 때와 상황에 따라 이런 프로필들의 다양한 면이 누구에게나 나타날 수 있다. 이 습성들을 여기 소개한 것은 당신 자신의 일면을 조금이나마 엿볼 수 있는 창이 될까 해서다.

곱슬머리 소녀

어렸을 때 내 침대 위 벽에 걸려 있던 그림이 내 안의 벽에도 살아남게 되었다. 은은한 파란색 드레스를 입은 검은머리 소녀의 그림이었다. 소녀는 파라솔을 들고서 예쁘고 온순한 미소를 짓고 있었다. 사람들은 그 소녀가 나를 닮았다고들 했다.

소녀가 나를 가장 매혹한 것은 이마 한가운데로 삐져나온 한 가닥 곱슬머리였다. 그 헝클어진 머리칼은 자기주장이 강했다. 나도 그런 머리칼이 있었다.

귀여운 미소와 삐져나온 머리칼로 내 방을 호령하는 그 소녀를 볼 때마다 나는 부모님이 자주 불러 준 동요가 생각났다.

　　　곱슬머리 어린 소녀 있었지

　　　이마 한가운데 작은 곱슬머리

　　　착할 땐 아주아주 착했지만

　　　나쁠 때는 정말 지독했다네

부모님 목소리는 착한 소녀 대목을 부를 때면 즐겁게 치솟았다가 지독한 부분에 이르면 축 가라앉았다. 동요의 드라마란 본래 그런 것이다.

나는 그림 속 소녀의 "아주아주 착한" 면은 그 예쁘고 온순한 미소와 애교스런 성격과 연결시키고, "지독한" 면은 삐져나온 머리칼과 연결시켰다.

메시지는 강력했다. 소녀의 착한 면을 구체화하면 이렇다. 예쁘게 웃고, 귀엽게 굴고, 남들의 기대대로 하라. 선 밖으로 삐져나가서는 안 된다. 자기주장은 만인을 껄끄럽게 만드니 그 부분은 억누르라. 다시 말해, 삶에 있어서 단 한 올의 머리칼도 흐트러짐 없이 단정히 하라.

50년대 여자아이들에게 요구되던 "착한" 면들을 나도 오래지 않아 배웠다. 귀엽고 얌전하고 고분고분 말 잘 듣고 온순하고 상냥해야 했다. 필요한 것이나 원하는 것이 있어도 대놓고 달라고 해서는 안 되고 대신 애교로 얻어 내야 했다. 속이 아무리 어지러워도 겉으로는 늘 침착해야 했다. 무엇보다, 웃어야 했다.

내가 간혹 이런 기대를 저버릴 때마다 어른들은 얼굴을 찌푸렸고 내 속은 멍들었다. 그러면서 내 에고는 세상에서 곱슬머리 소녀처럼 존재하는 방식을 배웠다. 비위 맞추는 법, 남들의 기대에 순응하는 법, 그들이 투사하는 "착한" 소녀상(像)대로 사는 법을 배웠다. 나는 무섭게 혼날 때마다 파라솔을 펴서 막느라 바빴고, 웃을 기분이 아닐 때도 가장 귀여운 미소를 지었다. 남들이 원하거나 요구하는 모습이 되려다가 내 영혼은 휘어지고 늘어졌다.

곱슬머리 소녀는 내 성인기에까지 따라왔다. 하루는 내가 존경하는 어느 유명한 저자가 점심식사 자리에서 내가 지지하는 사회 운동에 경멸을 표했다. 그녀는 "누가 됐든 어떻게 그런 일을 지지할 수 있는지 나로서는 상상이 안 되네요. 당신은 어때요?"라고 말했다.

나는 침을 삼켰다. 내 곱슬머리 소녀는 어떻게든 그녀의 비위를 맞추어 인정을 얻어 내려 했다. "저도 그런 것 같네요." 나는 힘없이 말했다. 나중에 돌아볼 때, 그렇게 타협한 자신에게 진저리가 났다. 곱슬머리 소녀는 남들이 듣고 싶어할 것 같은 말만 해주는 우리의 일면이다. 무엇보다 그녀는 비위 맞추는 자다. 인정받으려 하고, 자신의 가치를 남한테서 입증받으려 한다.

부모·남편·아내·교회·사회 기관·친구들 그리고 "유력" 인사들의 사고와 관념에 자신을 완전히 내준 채 그 과정에서 자기 영혼의 목소리를 잠재우면, 그것은 우리 내면의 참 정체를 키우는 것이 아니라 정체감 정립을 남한테 내주는 꼴이다. "내가 어떤 사람이 되기를 원하는지 당신이 말만 하라. 그대로 되겠다"는 식이다. 이런 소녀기 발달단계에 머물러 있는 여자들이 놀라울 정도로 많다. 그것을 적극 부추기는 주변 문화를 생각하면 이해가 된다. 사람들은 누구나 비위 맞추는 자를 좋아한다. 자기주장을 내세우며 튀는 사람들은 별로 환영받지 못한다. 예수님의 삶을 보라. 그분은 비위 맞추는 자가 **아니었다.** 그분은 기대에 부응하기보다 사랑으로 과감히 자기 자신이 되셨다. 그 결과로 무슨 일을 당했는지는 당신이 안다. 곱슬머리 소녀의 과제는 샘 킨의 표현대로 자신이 "저자가 되는" 것이다.[15] 남들을 내 삶의 저자로 삼지 말고, 하나님과 함께 내 삶의 공저자가 되는 것이다.

화려한 스타

우리 딸은 어렸을 때 크리스마스 연극에서 베들레헴의 별이라는 애매한 역을 맡았다. 첫 리허설이 끝나자 딸은 자기 복장인 다섯

꼭짓점이 있는 별 옷을 입고서 문밖으로 뛰어나왔다. 금색 반짝이를 붙여 환히 빛나는 별 옷은 커다란 광고판마냥 딸의 몸을 덮도록 되어 있었다. "연극에서 네가 하는 일이 정확히 뭐니?" 내가 물었다. "그냥 서서 반짝이기만 하면 돼요." 딸은 말했다. 나는 그 말이 영 잊혀지지 않았다.

내 거짓 자아들의 이름을 밝히다가, 딸이 연극에서 맡은 역할이 내 삶의 한 장면과 닮았다는 생각이 들었다. 나도 한때 빛나려고 서성이던 시절이 있었다.

화려한 스타는 칭찬받을 만한 일을 줄줄이 성취하려 전력분투한다. 그녀는 우리 안의 과잉성취자, 완벽주의자, 흔히 바깥의 광채로 내면의 정서불안을 가리는 행위자다. 엄마, 직장 여성, 자모회 임원, 교회 봉사자, 위원장—어디서든 화려한 스타의 목표는 현란한 일 처리로 박수갈채를 받는 것이다.

이 화려한 스타라는 에고의 가면을 쓰면, 가장 환히 빛나는 사람이 가장 사랑받는 사람이라는 개념에 빠지고 만다. 이는 의미와 수용이 존재가 아닌 행위에서 온다는 착각에서 비롯된다. 우리는 "빛"이 우리 영혼 안의 하나님의 불에서 나오는 것이 아니라 우리의 성취에서 나온다는 통념을 믿게 된다.

수년 전 나는, 우리 집에서 열린 오후 모임을 위해 손님들에게 정성껏 차를 대접했다. 그들이 차 마시는 일에 갖은 공을 들이는 것을 잘 아는지라 나는 레이스 달린 냅킨, 꽃 장식, 자기, 은제품, 고급 빵, 꽃 모양으로 깎은 버터(농담이 아니다) 따위로 며칠씩 야단법석을 떨었다. 한 손님이 "오늘은 정말 전에 없이 실력 발휘하셨네요"라고 말했다. 칭찬으로 했을 그 말이 돌연 진리가 되어

나를 때렸다. 나는 모든 사람보다—평소의 나 자신까지 포함해—더
잘하고 더 빛나려고 **애썼다.** 내 동기는 따뜻한 대접과 우정이 아니라
스타의 인정 욕구였다. 모임이 끝난 뒤 나는 바깥에 나가 정원에
앉아 하나님께 용서를 구했다. 그리고 스타가 되려는 내 욕구를 애써
내려놓았다.

성취와 업적도 좋지만 그것은 건강한 동기에서 나와야 한다. 그렇지
않으면, 성취가 끝날 때 허탈한 어둠이 찾아온다. 스타의 과제는 자기
내면의 빛, 하나님의 불꽃을 발견하는 것이다. 그러면 현란한 행위로
스스로 빛과 온기를 만들어 내려고 끊임없이 애쓰지 않아도 된다.

라푼첼

『그림 동화집』에 나오는 라푼첼 이야기는 살다 보면 수시로
나타나는 우리 많은 이들의 공통된 거짓 자아 습성을 보여준다.
마녀는 라푼첼이라는 소녀를 문 없는 탑에 가두었다. 꼭대기의
하나뿐인 창문이 탑에 드나드는 유일한 통로였다. 마녀는 탑에
들어가고 싶을 때면 밑에 서서 라푼첼을 불러 긴 금발머리를 창으로
늘어뜨리게 했다. 그러고는 라푼첼의 머리를 밧줄 삼아 쪼르르
올라갔다. 한 해 두 해 지나도록 라푼첼은 탑 속에 앉아 슬픈 노래를
부르며 누가 와서 자기를 구해 주기만 기다렸다.
내 거짓 자아들을 찾아내는 과정에서 나는 내 안에서 라푼첼을
보았다. 그녀는 엄마, 아빠, 남편, 누구든 와서 문제를 해결해
주기만을 바라는 나의 일부였다. 그런 나는 어떤 고생에 처하든
내면에서 도움을 찾기보다는 기운 없이 구슬픈 노래를 부르며 밖을
내다보았다.

라푼첼은 구조를 기다리는 무력한 소녀다. 집채만한 문제나 어려움에 갇힌 채 그녀는 스스로 책임을 지기보다 누가 건져 주기만을 기다린다. 그 기다림은 성장을 유발하는 창의적·능동적 기다림이 아니라 **부정적** 기다림이다.

긴긴 세월을 문 없는 탑에 갇혀 지낸 라푼첼을 생각하니, 왜 빠져나올 길을 찾지 않았을까 하는 생각이 들었다. 마녀는 영리하게도 처음부터 탑에 드나드는 길을 찾아내지 않았던가. 이야기를—특히 마녀가 노발대발하여 큰 가위를 가져다가 라푼첼의 머리를 잘라 버리는 끝부분을—다시 읽으면서 나는 왜 라푼첼이 자기 머리를 잘라 밧줄로 쓸 생각을 못했는지 의아해졌다. 처음부터 답이 옆에 있었는데, 그녀는 보이지 않는 구조만 기다리느라 여념이 없었다.

도움을 청하고 받아들일 줄 아는 것도 중요하다. 그러나 라푼첼의 방식은 아니다. 그녀는 자기 영혼의 힘을 활용하는 묵상의 경험을 외면했고, 자신의 문제 해결 잠재력을 묻어 둔 채 다른 사람들에게 투사했다. 삶의 어려움으로 씨름할 때면 우리도, 나는 너무 약하거나 너무 우둔하거나 너무 바쁘거나 너무 무능해서 내 앞가림도 못하고 고통과 문제에서 헤어날 수 없다는 생각에 빠질 수 있다. 우리 머릿속에 이런 녹음테이프가 돌아간다. "넌 감당 못해. 직접 해결할 재주가 없어. 너무 약해서 너 혼자선 못해."

라푼첼이 위세를 떨치는 순간이다.

라푼첼 습성을 생각하면 나는 목회 상담자요 감독교회 사제인 진 클리프트가 PBS 텔레비전 프로 '신비'의 시작 자막을 보면서 받았다는 통찰이 생각난다. 자막이 쭉 지나가는 동안 배경으로 애니메이션이 나오는데, 발목이 묶인 한 여자가 공중에 손을 휘저으며 "어! 어!" 소리친다. 여자는 누군가 자기 발목을 풀어 주기를 기다린다.

진은 말했다. "한참 보다가 생각났지만, 그 여자의 손은 묶여 있지 않았다. 여자는 마음만 먹으면 얼마든지 몸을 굽혀 자기 발목을 풀 수 있었다."

그 주관적 무력감이 바로 라푼첼의 심정이다.

중년의 고통 한복판에서, 나는 비슷한 모티브의 다른 동화에 대해 일기장에 이렇게 썼다. "때로 나는 영영 오지 않을 입맞춤을 기다리는 잠자는 미녀가 된 기분이다." 나중에 일기를 읽으면서 나는, 남들의 치유의 "입맞춤"에만 의지해서는 안 된다는 것을 깨달았다. 하나님의 은혜와 임재에 힘입어, 내가 직접 해야 했다. 때로 내 팔이 곧 하나님의 팔임을 알고 나 자신을 껴안을 필요가 있었다. 물론 도움도 구해야 했지만, 또한 몸을 굽혀 내 발목을 풀어야 했다. 그것이 라푼첼의 과제다.

성경에 보면 "하나님이 우리에게 주신 것은 두려워하는 마음이 아니요 오직 능력과 사랑"(딤후 1:7)이라고 했다. 바울은 또 "내가 약한 그때에 강함이라"(고후 12:10)고 했다. 우리 안에는 행여 발목이 묶여 있을 때도 우리를 강하게 해주시는 막강한 성령이 계시다.

작고 빨간 닭

어느 동화 구연가한테 들었는데, 사람들은 때로 어른이 되어 어린 시절 자기가 가장 좋아했던 동화대로 살아간다고 한다. 나는 그 말을 듣고 뜨끔했다. 내가 아주 좋아했던 동화들 중 하나는 '작고 빨간 닭'

이야기였다.

이 암탉은 뭐든 혼자 다 했다. 요리·빨래·침대 정리·청소·수리·호미질·갈퀴질·잔디 깎기를 도맡아 했다. 팔방미인이 따로 없었다. 어느 날 암탉은 밀알을 꺼내서는 집안 친구들한테 누가 심는 것을 도와주겠느냐고 물었다. 고양이도 "난 아냐", 개도 "난 아냐", 쥐도 "난 아냐"라고 했다. "그럼 내가 하지 뭐." 작고 빨간 닭은 그렇게 말하고는 그대로 했다.

이런 일이 이야기에 반복된다. 암탉이 도움을 청할 때마다―밀 타작·가루 빻기·빵 만들기 등을 누가 도와주겠느냐고 물을 때마다―돌아오는 대답은 똑같다. 그래서 암탉은 체념하고 직접 솜씨를 발휘한다. 작고 빨간 닭은 여러모로 라푼첼과 반대다. 외관상 혼자 힘으로 충분한 만능 수완가다. 그러나 속으로는 이를 간다. 작고 빨간 닭의 습성은 곧 순교자의 습성이다. 꾹 참고 끝장을 볼 때까지 멈출 줄 모른다. 어떤 희생을 치르고라도 의무를 다해야 한다는 의식구조에 지배당하며, 영적 파산과 정신적 탈진을 자초해 가면서까지 끊임없이 내준다. 만인의 요구를 채워 줘야 한다는 부담감 때문에 결국 자신을 저버리고 피해자가 된다.

작고 빨간 닭은 나가 노는 일이 거의 없다. 삶은 가혹한 고역이며, 가슴에서 희열이 우러나는 순간이 거의 없다. 이 닭은 장난기가 얼어붙어, 그 내면에 즐거움을 주고받는 아이가 없다. 그러나 내면의 아이는, 때로 터무니없는 시간 낭비가 거룩한 만남을 불러 우리를 참 중심으로, 에크하르트가 말한 바 하나님과 영혼이 "영원히 노는" 자리로 데려감을 안다.

내 삶의 순교자 습성은 충실한 아내, 희생적인 엄마, 야심찬

커리어우먼이라는 역할 속에 가장 분명히 나타났다. 내면의 샘이
바짝 말랐을 때도 나는 계속 일하고 계속 주기 일쑤였고, 때로는
이를 악물고 했다. 지난 세월, 나는 며칠간(아니 단 몇 시간이라도) 떠나
자신을 재충전하고 내 영혼 깊은 곳의 독특한 음악소리를 들어야
할 필요성에 항거해 왔다. 나는 이런 식으로 말했다. "혼자 휴가를
간다고? 그럼 가족들은 누가 보살피고? 요리는 누가 하고? 분명히
식구들이 배를 쫄쫄 곯을 텐데. 또 지금 작업중인 내 프로젝트는
어쩌고? 지금은 못 떠나!" 다시 말해, "나 아니면 안 된다"였다.

순교자 습성에 사로잡힌 한 여자가 언젠가 내게 이렇게 말했다.
"우리는 내 손발이 잘리는 한이 있어도 남한테 주라고 배웠어요. 나
자신에게 준다는 개념은 없지요. 내 이름은 목록에 없어요. 어쩌다
목록에 오른다 해도 맨 꼴찌를 면치 못할 겁니다."

작고 빨간 닭은 우리에게 자신을 희생시켜 의무를 다하는 것으로
묵묵히 만족해야 한다고 가르친다. 내가 제일 좋아하는 게리 라슨
만화 중에 이런 장면이 있다. 목장에 소 두 마리가 있다. 하나가
다른 하나에게 말한다. "남들이 뭐라든 상관없어. 난 만족이 없어."
불만족은 내면의 만족감을 잃을 때 찾아온다. 그러나 불만족은 나쁜
것이 아니다. 불만족을 느끼기에 우리는 내면을 들여다보며 자신의
영혼을 구하게 된다. 이는 **거룩한** 불만이다.

이야기 속의 작고 빨간 닭도 결국 그 상태에 도달한다. 밀알을 심고
거두어 가루를 빻고 빵을 만든—전부 혼자서—후에 암탉은 묻는다.
"빵 먹는 것을 누가 도와주겠니?" 당연히 너나없이 모두 나섰다. 작고
빨간 닭은 속에서 뭐가 불끈 치밀었다.

암탉은 소리쳤다. "너희는 안 돼! 내가 먹을 거야!"

모든 작고 빨간 닭들 속에는 뭔가 부글부글 끓고 있다. 남편과 세 자녀를 두고 화가로서 창의적 재능까지 갖춘 내 친구 하나는 외관상 "만족하며" 살고 있다. 그녀가 한 말이다. "나는 아침 6시에 일어나서 하루 종일 일손을 놓지 않아. 그럼 남편과 자식들의 삶이 모두 척척 잘 돌아가니까. 그들의 필요는 완벽하게 채워지지만 내 필요는 단 하나도 채워지는 게 없어. 나한테 낼 시간, 내 안의 창의적 불꽃을 피워 볼 시간은 전혀 없어. 난 남들을 위해 모든 것을 포기해. 내 안의 모든 것을 억누르는 거지."

말하는 동안 그녀의 감정에서 피어나는 한(恨)이 느껴졌다. 주먹을 부르르 움켜쥐는 것도 보였다. "어떻게든 해봐야겠는데, 내 안팎의 온갖 목소리들이 인생에서 가장 중요한 것은 창의성이나 기쁨이나 온전함이 아니라고, 의무가 가장 중요하다고 우겨대고 있어!" 갑자기 친구가 주먹으로 식탁을 쾅 내려쳤다. "이러다 어느 날 폭발해 버릴 것 같아!"

"지금 폭발한 것 같은데." 나는 속으로 그렇게 말했다. 그녀의 굳어진 순교자 습성에 몇 군데 금이 가고 있었다. 마침내 친구는 자신의 거룩한 불만을 직시하고 있었다. 그 친구를 만나면서 나는 『여자를 아는 지식』이라는 귀한 소책자에서 읽었던 말이 생각났다. "의무와 사랑은 별개다."[16]

어느 여성 집회에서 강연할 때, 나는 그 화가 친구의 이야기를 언급했다. 한 참석자가 끝난 후 나를 찾아와 말했다. "하지만 다른 사람들을 첫 자리에 두고 자기는 맨 끝으로 가는 것이 여자의 소명이랍니다. 무슨 일이 있어도 우리는 항상 베풀고 종이 되어야 해요. 나한테 다른 애길랑 하지 마세요!" 그녀는 말하면서 손으로 귀를 막았다. 우리 삶 속에 파인 당위와 의무의 홈을 문질러 없애는 말은 위협으로 들릴 수 있다.

나도 자신을 건강하게 나눠 주는 것이 거룩한 소명이라 믿는다. 하지만 자신을 돌보고, 하나님이 우리 안에 창조하신 아름다운 신비를 위해 시간을 내는 것도 거룩한 소명이다. 중요한 것은 균형이다. 순교자 가면은 베푸는 삶이라는 덕스러운 이상(理想)을 왜곡한다. 피해자의 마음자세로, 그리고 영혼의 창조적 삶과 자아를 짓누르는 자기부인으로 넘어가기 때문이다.

성경은 우리에게 남을 사랑할 뿐 아니라 자기를 사랑하라고 명한다. "네 이웃을 네 몸과 같이 사랑하라"(마 22:39). 자애(自愛, 자아도취적 사랑이 아니라 건강하게 자기를 수용하는 사랑)를 기르지 않고서 어떻게 진정으로 남을 사랑할 수 있겠는가? 자기를 사랑하지 않는 사람은 대개 자기에게 가장 몰두해 있는 사람, 아주 이기적인 사람이다. 작고 빨간 닭의 과제는 두 가지다. 첫째, 하나님이 우리를 넘치도록 사랑하시는 것처럼 넘치도록 자기를 사랑하는 법을 배워야 한다. 순교자 가면에서 해방되려면, 자신을 긍휼로 대하는 법, 베풀되 균형을 이루는 법을 배워야 한다. 내가 집요한 순교자 의식에 사로잡혀 있을 때, 한 친구가 놀리듯이 말했다. "네가 다른 사람들을 너 대하듯 대한다면, 넌 체포될 거야."

둘째, 작고 빨간 닭은 나가 노는 법을 배워야 한다. 성인이 되도록 따라온 금욕 성향과 엄격한 통제를 내려놓고, 자기 자신은 물론 삶을 마음껏 누려야 한다.

어느 날 나는 친구 베티와 함께 산책을 나갔다. 걸으면서 우리는 업무의 부담과 압박에 대해, 그리고 때로 우리가 뭐든 혼자 다하려고 얼마나 강박적으로 매달리는가에 대해 하소연 아닌 하소연을 했다.
갑자기 우리 앞에 휑하니 빈 놀이터가 나타났다. 우리는 걸음을
늦추다가 멈춰 섰다. 그리고 멋쩍게 그네에 앉아 발을 흔들어댔다.
우리 각자의 깊은 곳에 있는 아이가 나오려 하는 것이 느껴졌다.
한때 운동화 밑창이 구름에 닿도록 하늘 높이 그네를 타며 낄낄대던
그 어린 소녀들이 말이다.
우리는 못할 것도 없다는 듯 서로 어깻짓을 해 보이고는 그네를
굴렀다. 그네는 점점 높이 올라갔고 우리는 하하 웃으며 노래를
불렀다. 잊고 있었던 내면의 소중한 것을 훨훨 풀어냈다. 시간은
정지됐고 순간은 성스런 기쁨 속으로 사라졌다.
지금도 베티와 나는 그때를 생각하면 경이를 느낀다. 그 일을 통해
우리는 하나님과 함께, 삶과 함께 영원히 노는 우리의 그 부분과
재회했다. 이는 우리 안의 작고 빨간 닭을 치유하는 데 도움이
되었다.

양철 나무꾼

우리가 입을 수 있는 더 파괴적인 습성 하나는 자신의 감정, 자신의
마음과 단절된 사람의 모습이다. 조하리아 투어의 말대로 이 습성은
드물지 않다.

정서 차원에서 상처를 입은 여자들이 많다. 우리 문화가 대체로
감정을 외면해 왔기 때문이다. 감정이 생기는 것은 좋지만, 그렇다고
우리가 감정을 인식하고 표현해도 되는 것은 아니다. 사실, 감정을
두려워하는 여자들이 많다.……감정적으로 우리는 마비 상태이며,

인습과 남성 취향에 얽매여 이를 악물고 견디는 편이다.[17]

우리 가운데 많은 사람들은 학습을 통해 자기 내면의 감정을 두려워하게 되었다. 어쩌다 과감히 감정을 표현하면 상대의 경악과 경고가 돌아왔고, 우리는 창피하게 약점을 잡힌 꼴이 되었다. 그래서 점차 우리는 자신의 감정을 차단하는 자아 구조를 쌓았고, 심지어 자신한테도 깊은 자기노출을 꺼리게 되었다.

딸과 함께 프랭크 바움의 『오즈의 마법사』를 읽던 중 나는 양철 나무꾼에게서 이 습성을 보았다. 이 책의 등장인물인 그는 심장이 없다. 그는 감정과 단절된 우리의 일면을 상징한다.

이야기에서 도로시는 완전히 녹슨 채 도끼를 들고 서 있는 양철 나무꾼을 발견한다. 그녀는 급히 기름통을 찾아다 그에게 기름을 듬뿍 쳐 준다. 이윽고 양철 나무꾼은 녹이 풀려 도로시에게 자기의 과거를 들려준다. 한때 그는 뼈와 살이 있는 진짜 사람이었고, 어떤 아가씨와 사랑에 빠져 결혼하려 했다. 그러나 동쪽 마녀가 도끼에 주문을 거는 바람에 그는 자신의 두 다리를 베고 말았다. 그래서 양철 다리를 달았다. 얼마 후 자신의 두 팔마저 베고는 다시 양철로 갈았다. 결국 그는 전신이 다 잘려 나가 양철 인간이 되었다. 더 이상 따뜻한 살에 덮여 있지 않고, 감정 없는 철갑에 갇히고 말았다.

이는 우리 삶의 익숙한 이야기일 수 있다. 우리를 짓밟고 비난하는 내면의 세력에 놀아날 때마다, 우리는 자신의 진짜 감정, 자기 마음의 뜨거운 목소리와 점차 단절된다. 우리는 녹슬어 간다. 우리 인생에도 도로시처럼 급히 기름통을 찾아야 할 시점이 온다.

내 일기장을 읽다가 나는 양철 나무꾼의 목소리, 자기 심장을 찾는 여자의 목소리가 담긴 대목을 만났다.

　　자신에게 묻는다. 내 튤립 속에 벌새가 온 것이 보일 때, 나는 마음껏
기뻐하며 잠시 그 상태로 있을 수 있나? 그러자 내 안의 목소리가
단호히 말한다. 웬 시간 낭비냐? 할 일을 다 못하면 어쩌려고? 다시
내가 묻는다. 나는 회복이 필요한 관계의 고통을 느껴도 되나? 그
목소리가 말한다. 안 돼. 억누르고 없는 척해. 배를 흔들면 뒤집어지는
법이야. 그래서 나는 묻는다. 내 안의 분노는 어쩌나? 느껴도 되나?
그러자 목소리가 말한다. 분노하는 건 좋은 일이 아냐. 나는 다시
묻는다. 두렵고 속상할 때, 내 영혼을 열어 내면 깊이까지 다른
사람에게 보여도 되나? 목소리는 말한다. 이를 악물고 참아. 묻어
버려.
　　오래오래 이런 대답을 품고 살면, 나는 더 이상 내 진짜 감정과
이어질 수 없다. 나 자신과도 다른 사람들과도, 진짜 제자리에서
관계할 수 있는 능력을 잃는다. 나 자신을 잃는다.

머리와 가슴의 이런 분열은 우리 문화에 비일비재하다. 여기에
병행되는 고통스런 분열이 또 있다. 몸과 영혼의 단절이다. 감정과
분리될 때, 우리는 자기 몸과도 분리되는 경향이 있다. 몸이 점차
잘려 나간다. 그렇게 되면 우리는 자신의 육적인 면과 성(性)에서,
우리 영혼과 몸을 하나의 전인(全人)으로 묶어 주는 소통 관계에서
소외된다.
그렇게 분리되면, 인간의 성이 좁은 시각으로 보인다. 하지만 섹스는
단지 행위가 아니라 삶에 대한 반응과 에너지와 본능을 망라하는

폭넓고 자연스런 범주다. 섹스는 우리 안에 흐르는 방대하고 창의적인 생명 에너지의 기류다.

불행히도, 우리 많은 사람들은 학습을 통해 섹스를 두려워하고 불신하게 되었다. 자라면서 나는 내 성과 본능을 나의 나머지 부분과 양극화하는 경향이 있었다. 그 존재는 알았지만 그것과 좀처럼 이어지지 않았다.

물질을 죄악된 것으로, 몸을 타락한 피조물로 보는 시각을 우리는 특히 교회에서 배우기 쉽다. 성경에서 육신이라는 말이 부정적으로 사용되는 것은 사실이다. 그러나 우리는 본의를 잘못 읽어 그 단어를 성과 연결했다. 성경에서 이 단어는 살과 뼈, 아름다운 인체 구조를 가리키지 않는다. 존 웨스터호프는 그것이 몸과 영혼에 두루 미치는 죄와 죽음의 세력을 가리킨다고 했다. 그에 따르면, 육신을 따르는 삶은 우리 몸을 **부인하는** 삶이다.[18]

나는 이 부분에서 상처 입은 여자들을 많이 만난다. 이 상처 때문에 많은 사람들이 자신의 몸, 감각적인 면, 성적인 면을 잘라 내 구석에 밀쳐 두었다. 자신의 그 부분들을 고아로 만든 것이다. 조하리아 투어에 따르면, 우리가 그렇게 할 수 있는 방법은 얼마든지 많다. 문란한 생활, 영적·지적 삶으로의 도피, 본능의 완전 차단 등이 거기 해당된다.[19]

때때로 나는 영혼과 지성의 비현실적인 공간에 삶으로써 내 감정과 성적인 면을 무시하곤 했다. 지성의 활동이 감정보다 우월하고 영혼이 몸보다 훨씬 중요하다는 신념 아래 나는 머릿속에서 사는 경향이 있었다. 그러나 하나님은 나의 여러 부분들에 순위를 정해 놓지 않으셨다. 하나님은 내 영혼과 지성뿐 아니라 내 감정과 본능과 감각과 육체도 창조하셨다. 그리고 그 모두에 대해 "좋다"고 선언하셨다.

성육신이 몸을 통해 이루어졌고 마리아가 자기 **육신**으로 그리스도를 낳아 물질과 영혼의 연합을 보여주었음을 깨달으면서, 나는 내 육체적 자아의 가치를 더 잘 받아들일 수 있게 되었다. 이 개념은 내게 깊은 감동과 치유를 가져다주었다.

우리가 자신의 **전부**와 교류할 때 참 자아, 곧 그리스도 생명을 낳는다는 것을 나는 점점 더 뚜렷이 깨달았다. 에크하르트는 "영혼은 몸을 사랑한다"고 선포했고,[20] 힐데가르트는 그 둘이 상호 존중하며 하나로 결합될 때 오는 기쁨을 노래했다. 그러나 우리 많은 사람들은 자신의 그 부분—몸의 심장부, 춤추고 느끼는 부분, 성적·감각적 부분—을 부정한다. 그간 가두어 온 위대한 생명 에너지의 재발견은 치유의 한 부분이다. 그럴 때 우리는 자신의 그 부분을 도로 받아들여, 하나님이 주시는 건강한 방식으로 대할 수 있다.

나의 억압된 이 부분을 불러내 분리를 치유하는 것이 내 기다림의 일부임을 나는 깨달았다. 그것은 연합의 원—사고와 지성, 영혼과 몸, 영성과 성의 연합—안에서 내 여정을 살아가는 법을 배워야 한다는 뜻이었다. 영적 삶에서 온전해진다는 것은 내 마음에서 솟아나고 쏟아지고 때로 날뛰는 감정들을 인정하는 것, 내 몸의 음악 소리와 본능을 통합하는 것임을 나는 터득했다.

나는 영적 여정이 한편의 시와 흡사함을 깨닫고 있다. 시란 그저 낭송하거나 머리로 분석하는 것이 아니다. 우리는 시를 춤춘다. 시를 노래한다. 시를 운다. 살과 뼈로 느낀다. 시와 함께 움직이고 시의 애무를 느낀다. 시는 눈물방울처럼 우리 위에 떨어지고 미소처럼 우리를 감싼다. 시는 영과 머릿속에만 아니라 몸과 마음속에 산다. 양철 나무꾼의 과제는 돌이켜 자신의 감정을 환영하고, 자신의 몸을 끌어안고, 자신의 **전부** 안에서 하나님을 발견하는 것이다.

치킨 리틀

우리 중 일부가 자신의 연약한 에고를 위협하는 물맷돌과 화살에 대처하는 또 다른 방식은 치킨 리틀 방어를 구축하는 것이다. 치킨 리틀이 느릿느릿 걷고 있는데 머리에 도토리 한 알이 떨어졌다. 두려움에 그는 도토리를 하늘로 확대 해석하고는 동굴로 달아나며 소리쳤다. "하늘이 무너지고 있다! 하늘이 무너지고 있다!" 이는 삶의 뒷전으로 물러나, 거부와 불확실에서 자신을 보호하려고 안전한 동굴을 찾아 숨는 습성이다. 치킨 리틀 가면을 쓸 때, 우리는 늘 하늘이 금방이라도 무너질 줄로 생각한다. 알베르트 아인슈타인은 우주가 우호적이냐 아니냐가 가장 중요한 질문이라고 했다. 치킨 리틀은 거기에 철석같이 아니라고 답했다. 그는 두려워 몸을 사리며, 안팎의 위험한 상황은 모두 피한다. 물론 모험하지 않는 것이 최선일 때도 있다. 그러나 치킨 리틀은 모험을—특히 내면의 모험을—지나치게 꺼리는 우리의 일면이다.

다른 모든 거짓 자아들과 마찬가지로 치킨 리틀은 어딘가에 상처를 입었고, 그래서 고통에 대처하고 자신을 보호하는 수단으로 그런 습성을 만들어 냈다. 어쩌면 그는 과잉보호를 받았을 수도 있고, 경험을 통해 삶을 믿어서는 안 된다고 배웠을 수도 있다. 자기중심적 습성의 치킨 리틀은 프리츠 컹클이 말한 "거북이"와 비슷하다.[21] 이런 사람은 자신의 필요가 무시되고 있으며 삶이 온통 실망뿐이라고 생각한다. 그래서 스스로 움츠러들어 조개껍질 속에 숨어서 삶을 훔쳐본다.

우리도 다 치킨 리틀처럼 될 때가 있다. 어렸을 때 나는 간호사가 되고 싶었다. 그 결심을 사람들에게 알리자, 플로렌스 나이팅게일 전기며 간호사 놀이 장난감들이 생일선물로 들어오기 시작했다. 누가 손가락을 베이면 고정적으로 내가 불려가 밴드를 붙여 주었다. 나는 병원 간호보조원으로 자원봉사를 했고, 간호학 학사학위를 받았고, 다년간 현장에서 일했다. 그러다 내 속 깊은 곳에 간호사가 아니라 작가가 있음을 깨달았다.

대번에 나는 치킨 리틀이 되었다. 안정된 간호사 역할을 버리고 작가가 되는 모험에 나서면 하늘이 무너질 것만 같았다. 나는 이렇게 중얼거리며 다녔다. "괜한 바보짓으로 웃음거리나 되면 어쩌지? 실패하면? 흠잡을 데 없는 직업을 버리면 가족들이 나를 어떻게 볼까? 무엇을 위해서 작가가 되려고? 세상에, 터무니없는 소리도 유분수지!" 표현만 달랐을 뿐 "하늘이 무너지고 있다! 하늘이 무너지고 있다!"는 타령 그대로였다.

당신도 참 자아를 찾으려면 수시로 용기를 내서 정말 터무니없는 세계로 들어서야 한다. 키르케고르는 용기란 절망과 두려움의 부재가 아니라, 절망과 두려움에도 불구하고 앞으로 나아가는 역량이라고 지적했다.[22] 치킨 리틀의 과제는 세상이 따뜻하고 아름답고 안전한 곳이며 그 세상 속에서 하나님이 자기의 사랑하는 길동무이심을 믿고서, 두려움에도 불구하고 앞으로 나아가는 것이다. 우리는 "[어떤 상황에서든] 다 잘될 것이고 일마다 잘될 것"이라고 한 노리치의 줄리안의 신비한 인식을 주장해야 한다. 치킨 리틀은

하늘이 그렇게 위태롭지 않음을 믿고 도토리를 도토리로 놓아
두어야 한다.

성경에 특히 치킨 리틀들을 위한 말씀이 있다. "그가 위의 궁창을
명령하시며 하늘 문을 여시고 그들에게 만나를 비같이 내려
먹이시며"(시 78:23-24). 우리가 하늘에서 우리 위로 떨어진다고
상상해야 할 것은 하나님의 양분, 그것뿐이다. 믿음과 모험이라는
미지의 공간으로 우리 몸을 내밀어야 한다는 말이다.

끌어안기

아서 밀러의 『몰락 이후』에 거짓 자아들의 딜레마와 관련된 잊지
못할 대사가 나온다.

> 나는 밤마다 똑같은 꿈을 꾸었다. 내게 한 아이가 있는데, 그 아이가
> 곧 내 삶이라는 것이 꿈속에서도 보였다. 아이는 백치였고 나는
> 달아났다. 그러다 이런 생각이 들었다. 만약 내가 그 아이에게 키스해
> 줄 수 있다면……어쩌면 나는 쉴 수 있으리라. 그래서 나는 아이의
> 일그러진 얼굴 쪽으로 몸을 굽혔다. 끔찍했다.……그러나 나는
> 키스했다. 인간이란 결국 제 삶을 제 품에 안아야 하나 보다.[23]

거짓 자아의 많은 습성들의 이름을 밝히는 과정에서 우리가 해야 할
일이 바로 그것이다. 끔찍하게 일그러진 자기 내면의 얼굴들 쪽으로
몸을 굽혀 일일이 키스하는 것이다.

이는 필수적인 행위다. 부드럽고도 강력한 그 자기성찰의 행위를 통해 우리는, 참된 씨앗에게 어둠의 켜를 뚫을 길을 터 주기 때문이다. 거짓 자아들을 대면하고 끌어안음으로써만 우리는 참 자아를 해방시킬 수 있다.

그해 봄, 나는 한 친구한테서 카드를 받았다. 카드 안에 메리 하위트의 말이 인용된 쪽지가 끼워져 있었다. "꽃 한 송이에서 지혜를 얻을 줄 아는 사람이 가장 행복한 사람이다." 그 즉시 나는 내 정원의 수선화 알뿌리, 그 노란 꽃잎을 통해 하나님이 내게 주신 지혜가 생각났다. 맞다, 그것은 내게 행복의 이유를 가져다주었다.

P·a·s·s·a
-g·e·o·f·
S·e·p·a·r
-a·t·i·o·n

2부
분리 단계

4. 위기는 기회다

도로시는 토토를 안고 문간에 서서 하늘을 보았다.……

갑자기 헨리 삼촌이 벌떡 일어나 소리쳤다. "엠, 돌풍이 오고 있다."

무서운 바람소리와 함께 집이 와장창 흔들리면서

도로시는 중심을 잃었다.……사방에서 휘몰아치는 세찬 바람에 집은 점점

높이 떠올라 마침내 돌풍 꼭대기에 닿았다.

그리고 그대로 아득히 먼 곳으로 날아갔다. **프랭크 L. 바움**

자아가 모습을 드러낼 수 있는 유일한 길은 갈등을 통해서다. **마리-루이스 폰 프란츠**

춘분 전날 밤, 하늘이 어두운 잿빛으로 변하면서 뒤뜰의 나무들이

잔뜩 휘어 뱅뱅 돌기 시작했다. 나는 뒷문으로 가서 비가 들이치기

전에 개들을 안으로 불러들였다. 베란다의 접의자가 바람에

날아갔고 화분 둘도 잔디밭을 구르고 있었다. 봄은 얌전히 오지 않을 모양이었다.

나는 꾸물꾸물한 하늘과 어두운 바람과 톱니처럼 날 선 구름을 바라보았다. 섬광처럼 한순간, 내 눈앞의 광경―강풍에 날리는 뒤뜰의 물건들―이 곧 내 내면에 벌어지고 있는 일이기도 함을 나는 깨달았다. 내 내면도 뒤뜰 못지않은 생생한 실제 영역이었다.

돌능금나무를 보았다. 내 번데기고치는 테이프로 붙여 둔 가지에 위태롭게 달려 있었다. 나는 첫 빗방울들을 피해 나무로 달려갔다. 그리고 테이프를 풀어 작은 번데기고치를 안으로 가져왔다. 개들이 짖으며 쫓아왔다.

딱히 좋은 자리가 없어 나는 번데기고치가 달린 가지를 내 책상 위 아프리카 제비꽃 화분에 꽂고는, 수건으로 내 몸의 빗물을 닦고 개들도 닦아 주었다. 다시 글을 쓰려고 앉았으나 집중이 되지 않았다. 어느새 나는 고치를, 그 갈색 침묵 덩어리를 바라보고 있었다. 그 단순한 진리가 나를 덮쳐 왔다. **생명체는 낡은 존재 방식에서 분리되어, 변화의 시기에 들어가, 새로운 차원의 존재로 출현할 수 있다.**

기다림의 세 단계

그 순간, 내게 분명히 다가온 것이 있다. 기다림의 과정은 사실상 우리가 거쳐야 할 세 단계 즉 **분리·변화·출현**으로 구분된다. 작은 번데기고치의 심장부를 들여다보며 나는 내가 기다림의 미로 안에 들어와 있음을 깨달았다.

영혼의 삶은 이 세 주기를 지나는 동안 발전하고 성장한다. 이 과정은 일회적 경험이 아니라 평생 걷는 순환 여정이다. 삶은 번데기고치로 가득하다. 우리는 죽고 다시 태어나기를 거듭한다. 분리·변화·출현의 순환에 계속 들어섬으로 우리는 매번 온전함과 참 자아에 더 가까워진다.

나는 성경을 들어 책장을 넘겼다. 시대를 초월하는 그 과정을 하나님이 성경 이야기들 속에 어떻게 계시하셨는지 알 것 같았다. 나는 구약에 나오는 히브리 민족의 출애굽 이야기를 곰곰 생각했다. 그것을 구원 역사의 연대기로만 아니라 영혼의 땅에서 벌어지는 내면 여정의 이야기로 읽었다.

이집트·광야·약속의 땅은 내면의 존재 상태인 **애벌레·고치·나비**에 견줄 수 있다. 두 여정 다―외적인 여정, 내적인 여정―우선 분리 동작이 있은 후, 변화가 일어나는 유보 환경이 있고, 끝으로 새로운 존재로의 출현이 있다.

이스라엘 노예는 내면 발달상 애벌레 상태의 사람에 해당된다. 이때 우리는 자신의 진정한 부분들이 속박된 실존 상태로 살아간다. 참 자아는 아직 해방되지 못했다. 에고의 거짓 자아들에 속박된 채 우리는 이집트가 전부인 줄 안다. 하루하루 우리는 자기 영혼의 지평은 안중에도 없이 짚으로 벽돌을 만든다.

"불붙은 떨기나무" 앞에 선 순간, 내면에 하나님의 불이 당겨지면서 분리 내지 탈출에의 부름이 들려온다. 그것은 위기, 내면의 반란을 재촉한다. 재앙과 회의가 뒤따른다. 나는 이집트를 떠나야 하나 말아야 하나? 어떻게 빠져나갈 수 있나? 가면 무엇이 나를 기다리고 있을까? 현 상태의 강력한 목소리를 상징하는 내면의 "바로 왕"이 수단과 방법을 가리지 않고 우리를 노예로 잡아 두려 한다. 위험을 무릅쓰고 반란을 감수하고 당해 내겠다는 결단이 우리를 이집트 밖으로 몰아낸다. 우리는 거친 홍해를 건너 옛 방식을 마침내 버리고, 과정의 둘째 단계인 광야의 번데기고치로 들어간다.

광야는 우리가 벌거벗은 실체가 되어 부득이 자신의 깊은 심연으로 들어가야 하는 내면의 자리를 상징한다. 우리는 스스로 조달할 수 없는 양식을 하나님이 주시리라 믿고, 보이지 않는 새로운 세계와 언약을 맺으며 해답 없이 기다린다.

그 단계가 끝나면, 우리는 과정의 셋째 단계로 들어가 약속의 땅으로, 새로운 존재 양식과 관계 양식으로 출현한다. 우리 내면에 뭔가 새롭고 거룩한 것이 자유를 얻는다. 우리는 하나님이 우리 안에 지어 주신 약속의 자리에서 살아가기 시작한다.

한밤의 바닷길

나는 성경을 내려놓았다. 밖에는 바람이 사나웠다. 나는 내적 출애굽의 아름다움에 취해 의자에 깊숙이 앉았다. 그리고 분리·변화·출현의 내적 단계들이 동일하게 표현된 성경의 다른 예들을 생각하려 했다.

집을 때리는 빗물에서 감화가 온 것일까. 어느새 나는 요나 이야기를 읽고 있었다. 그것은 내 앞에 기다림과 변화의 생생한 은유적 여정을 열어 주었다. 읽는 내내 눈물이 났다. 내 이야기였던 것이다.

한 음성이 요나의 안전한 세계에 끼어들었다. 새로운 곳, 니느웨로

가라는 거룩한 부름이었다. 내 안전한 세계를 싹둑 잘라 놓고는 나를 새로움으로 손짓하여 부르던, 변화와 위기의 음성이 생각났다.

우리 많은 이들처럼 요나도 낡은 생활방식에서의 분리에 저항했다. 그는 달아나려고 배에 올라탔다. 그러자 폭풍이 불었다. 하나님이 바람을 퍼부으신 것으로 나온다. 이처럼 위기의 바람은 대개 우리가 영혼의 음성에 저항할수록 더 사나워진다. 어려운 상황이 "본격적" 위기로 바뀐다.

폭풍이 심해지자 요나는 배 밑창에 숨는다. 결국 남들까지 다 죽을까 두려워 그는 경험에 항복한다. 숨은 데서 나와 자신을 바다에 던지라며 모든 것을 내려놓는다. 이는 자신의 깊은 심연으로 내려가는 순간이다. 이 행위를 통해 요나는 분리를 끝마치고 변화 단계에 들어선다.

큰 물고기 배에 삼켜지면서 요나는 번데기고치에 들어간다. 그가 변화를 겪는 곳은 수중(水中)의 캄캄한 모태다. 여기서 우리는 자신이 "소화되도록", 즉 본질적으로 변화되도록 내맡긴다(우리가 이 이야기를 아이들을 위한 성경동화로 바꾼 것도 이해가 된다. 우리 어른들한테는 너무 두려운 이야기다).

몇 년 전, 나는 여름성경학교 6세 반 아이들에게 요나 이야기를 해주었다. 아이들은 자기가 요나였다면 물고기 뱃속에서 어떻게 나왔겠는지 토론을 벌였다. 한 아이가 "고래 뱃속에 불을 지르면 기침이 나서 나를 토해 낼 거예요"라고 장담했다. 아무래도 피노키오의 한 장면을 떠올린 것 같았다.

다른 아이가 "나를 뱉어 낼 때까지 물고기 혓바닥을 쾅쾅 구르겠어요"라고 말했다. 시간이 갈수록 방법이 더 과격해졌다.

생각에 잠겨 있던 한 소녀가 갑자기 입을 열었다. "저는 아빠한테 전화해 아빠가 꺼내 줄 때까지 기다릴래요." 오랜 세월이 흘렀지만 그 아이의 단순한 지혜가 아직도 내 안에 메아리쳤다. 하나님을 부르고 기다리라.

요나가 그랬다. 단 그는 탑 속의 라푼첼처럼 무력하게 수동적으로 기다리지 않았다. 그는 **능동적**으로 기다렸다. 버릴 것을 버렸고, 자기 영혼의 심연으로 내려갔고, 경청했고, 변화에 마음을 열었고, 기도했다. 고래 뱃속에서 나온 그의 부르짖음은 그대로 내 중년기 기도의 특징과 주조를 이루었다. "내가 받는 고난으로 말미암아 여호와께 불러 아뢰었더니 주께서 내게 대답하셨고 내가 스올의 뱃속에서 부르짖었더니 주께서 내 음성을 들으셨나이다. 주께서 나를 깊음 속 바다 가운데에 던지셨으므로……물이 나를 영혼까지 둘렀사오며 깊음이 나를 에워싸고"(욘 2:2-3, 5).

기다림은 거룩한 물이 나를 두르고 깊음이 나를 에우도록 가만히 있는 것이다. "한밤의 바닷길"을 가는 것이다.

조셉 캠벨의 책 『천의 얼굴을 가진 영웅』에 보면 "한밤의 바닷길"을 그린 그림 석 점이 나온다. 첫째 그림은 요셉의 형들이 요셉을 우물에 달아 내리는 장면이고, 둘째 그림은 그리스도를 무덤 안에 두는 장면이고, 셋째 그림은 고래가 요나를 삼키는 장면이다. 캠벨에 따르면, 각 그림의 이미지는 사람이 "안으로 들어가 다시 태어나는" 것을 보여준다.[1] 우리가 "중생(重生)의 영역"으로 넘어가는 것은 힘으로 되는 일이 아니라 내려감으로, 삼켜짐으로 되는 일이다.

마지막 출현 단계는 상징적인 사흘 낮밤이 지나고 요나가 물고기 배에서 나온 후에 시작된다. 그는 니느웨 해변에 새사람이 되어 출현한다. 자기 내면의 새로운 지평에 다다른 것이다.

나는 성경을 덮었다. 한밤의 바닷길 이미지가 내 안에 여전히 생생했다. 중년기 격동의 한복판에 선 나 자신이 보였다. 창밖을 보았다. 강풍에 날리는 뒤뜰의 물건들을 보며 상상했던 그대로, **정말** 내 내면에서도 사건이 벌어지고 있었다. 요나처럼 나도 영혼의 강풍지대로 날려갔다.

나는 천천히 긴 숨을 내쉬었다. 처음으로 폭풍 속에 마음이 느긋해졌다. 이제 별로 두렵지 않았다. 하나님의 임재가 나를 에웠다. 그 순간 나는 위대한 진리를 깨달았다. 폭풍의 의미와 신비를 볼 때 우리는 폭풍을 견디고 초월하고 전환시킬 수 있다.

위기의 원인

열 살 때, 내 아들은 오후 내내 간이 차고에 수백 개의 도미노를 늘어놓았다. 연쇄반응을 일으켜 완벽하게 순서대로 쓰러지되 마지막 조각은 좁은 경사로 위에서 양동이의 물속으로 떨어지게 할 참이었다. 물소리와 함께 끝내고 싶다는 거였다.

마지막 도미노를 세운 뒤 밥은 집 안으로 들어와 대사건의 현장으로 나를 불렀다. 차고로 나가 보니 개가 아들의 작품을 망쳐 놓고 있었다. 전부 엉망이 되었다. 나는 빗자루를 들고 개를 쫓아가 최소한 호통이라도 쳐 주고 싶은 생각부터 들었다. 그러나 밥의 반응은 달랐다. 밥은 한숨을 푹 내쉬더니 개한테 가서 머리를 쓰다듬어 주었다. 나는 도미노를 다시 모으고 있는 아들에게 물었다. "속상하지 않아?"

"속상해요. 하지만 그럴 수도 있잖아요, 엄마." 아들이 말했다.

그럴 수도 있다. 나는 하나님이 고통과 위기를 **유발**하신다는 개념을
거부한다. 다만 그런 일이 일어나고 하나님이 그것을 사용하심을
알 뿐이다. 우리는 삶이 깔끔하고 순탄한 상향곡선이어야 한다고
생각한다. 그러나 불가피하게 뭔가 무대에 끼어들어, 우리가
제자리에 맞아들도록 늘어놓은 순탄한 삶을 망쳐 놓는다. 아들이
내게 가르쳐 준 것처럼, 그런 혼란도 삶의 일부다. 그럴 수도 있다.
개를 쓰다듬어 주고, 쓰러진 것을 다시 모으는 편이 낫다.

위기의 원인을 이해하면 도움이 된다. 기본 원인은 세 가지, 곧
발달상의 전환기, 외부 사건의 개입, 내면의 반란이다.

발달상의 전환기

인생의 계절이 바뀌는 자연스런 발달상의 전환기는 밥의 도미노를
망쳐 놓은 개처럼 불가피한 것이다.

삶의 의미를 찾으려 씨름하면서 나는, 내가 겪고 있는 위기가
전형적인 것인지 궁금해졌다. 내 이런 심정을 남들도 겪을까?
발달심리학의 몇몇 사실을 깊이 살펴보니 내 경험이 점점 더 이해가
되었다.

나는 발달상의 전환기가 모래시계의 잘록한 목과도 같아서, 삶의
다음 시기로 출현하기 위해서는 힘들어도 꼭 통과해야 하는
길목임을 깨달았다. 인생의 단계에 대한 대니얼 레빈슨의 유명한
연구를 보면, 자연스런 발달상의 전환기는 유년초기(3세까지),
성인초기(17-22세), 중년기(40-45세), 성인후기(60-65세) 등 넷으로

기술된다.[2] 레빈슨은 이런 전환기가 또한 종료의 시기라고 지적한다. 우리는 각 전환기에 따라오는 상실을 받아들여야 한다. 전환기는 불안정과 격동의 씨앗을 담고 있다. 각 전환기를 통과하는 방식은 인생의 그다음 시기에 부득이 결정적 영향을 미친다.

대학 시절에 공부한 에릭 에릭슨의 유명한 이론도 생각났다. 그는 인생 발달의 8단계를 "위기"의 시기로 보았다.[3] 인간은 인생의 각 단계마다 두 가지 상충되는 가능성에 직면하는데, 각각의 갈등을 성공적으로 해결해야 인생의 다음 시기로 성숙하게 출현할 수 있다는 개념이다.

그가 중년에 대해 한 말은 무엇인가? 이 시기에 해당되는 위기를 에릭슨은 "생산성 대 침체"라 불렀다. 한편으로 인간은 성장을 향한 끌림, 내면의 깊은 자원을 살려내 왕성하게 삶에 참여하고 싶은 끌림을 경험한다. 다른 한편으로 인간은 침체의 인력(引力), "의무만 가득하고 자아실현은 없는 삶에 틀어박혀……꼼짝 않고 정체되려는" 끌림을 느낀다.[4]

62세의 한 여자가 노화에 대한 내 기사를 읽고 편지를 보내 왔다. 자연스런 발달상의 전환기에 기인한 자기 삶의 발달상의 위기를 그녀는 이렇게 적었다.

요리를 맛있게 먹고 나니 웨이트리스가 계산서를 가져옵디다. 그러더니 식당 측에서 내게 노인 할인을 해주었다고 말하더군요. 글쎄요, 그 즉시 나는 뭐라고 말할 수 없는 충격에 빠졌답니다. 나도 할머니가 다 됐구나 하는 생각이 들더군요. 하늘이 무너지는 것 같았습니다. 그 뒤로 나는 현실을 직시하며 앞날을 수용하려 하고 있습니다. 분명히 지금과는 다르겠지만 그렇다고 초라한 시간으로 보낼 수는 없다고 마음먹었지요.

그녀는 무너져 내린 "하늘"의 의미를 엿보았고, 성인후기라는 전환기의 과제를 온몸으로 받아들이기로 결심했다. 에릭슨에 따르면, 그 과제는 죽음을 수용하면서 의미와 가치를 발견하는 것이다. 여기에 어떻게 대처하느냐에 따라 인생의 마지막 시기에 대한 그녀의 경험은 완전히 달라질 것이다.

외부 사건의 개입

위기의 둘째 원인은 외부에서 끼어드는 사건이다. 이 위기는 다양한 형태로 찾아오며 대개 불시에 우리를 덮친다. 죽음, 질병, 사고, 실직, 깨어진 관계, 원치 않는 이사, 꿈의 무산, 자식들이 떠나간 빈 집, 배반 등이다.

이런 일을 당한 사람한테 불행이 변화의 계기가 될 수 있다는 말부터 한다면 그것은 현명치 못한 (그리고 필시 무심한) 일일 것이다. 그런 자각이 들 때까지, 즉 위기를 보는 눈에 유연성이 생길 때까지 충분한 시간이 주어져야 한다. 그러나 어렵사리 그런 자각이 들기만 하면, 거기서 아브라함 매슬로의 "절정 경험"이나 윌리엄 제임스의 "직관"의 영향력이 나올 수 있다.

내 친구 베티는 몇 해 전 외부 사건의 위기를 겪었다. 40대초에 폐암과 유방암 진단을 받은 데다 회복의 예후도 좋지 않았다. 어느 날, 단장의 눈물을 흘리는 그녀와 같이 앉아 있으려니 내 마음도 친구의 마음과 함께 터져 버릴 것만 같았다. 나는 친구에게 "그래,

그렇지만 그냥 기다려. 이 위기가 변화를 가져올 수도 있잖아"라고 말할 수 없었다. 처음에는 생존이 중요했다. "난 죽지 않을 거야! 죽지 않아! 내 말 들려?" 친구는 울부짖었다.

"듣고 있어." 나는 말했다. 그러나 친구가 그 말을 해주고 싶었던 대상은 자신의 깊은 내면이었음을 우리는 둘 다 알았다.

위기에 임하는 친구의 자세는 정말 솔직했다. 몇 주 동안 나는, 자기한테 그런 일이 일어났다는 사실에 한없이 격분하여 주먹으로 베개를 내려치는 친구의 모습을 보았다. 푹 가라앉아 있는 모습도 보았다. 처절한 사랑과 피를 쏟듯 웅얼대는 기도로 자신을 지탱하는 모습도 보았다.

그러던 어느 날, 친구가 달라 보였다. "무슨 일이야?" 내 물음에 친구는 웃어 보였다. 그 순간 그녀의 아름답던 영혼을 나는 110세까지 산다 해도 영영 잊지 못할 것이다. 친구는 말했다. "죽음을 똑바로 쳐다보며 말했지. '난 살고 싶다! 하지만 죽으면 죽으리라. 그래도 괜찮다'라고. 수, 설명은 못하겠지만 그 순간 내 내면 깊은 곳에 뭔가 변화가 생겼어. 암의 경험이 내 평생 가장 큰 변화의 여정이 될 것을 알게 된 거야. 결과가 어떻게 되든 난 괜찮을 거야." 그녀는 자신의 위기 속에 묻혀 있던 "직관"을 만났다. 억지로는 안 되고 발견과 선택으로만 되는 창의적 순간이었다. 위기는 친구의 삶을 변화시키는 도가니가 되었다. 그것을 계기로 친구는 더 새롭고 깊은 여정에 들어섰고, 그 여정은 오늘도 계속되고 있다.

내면의 반란

위기의 셋째 원인인 내면의 반란은 좀더 파악하기 어렵다. 이런
반란은 우리 안에 타오르는 무수한 고뇌다.

내면의 반란은 막연한 불안감, 어렴풋한 자각, "이게 다일 수는 **없다**,
넌 지금 왜 그 일을 하고 있느냐?"고 속삭이는 끈질긴 목소리처럼
단순한 것일 수도 있다.

또는 내면의 반란은 스트레스, 탈진, 만성 피로, 내게 뭔가 말하려
하는 절박한 목소리의 형태로 올 수도 있다. 더 이상 무시할 수 없을
만큼 중독이 심해질 수도 있다. 묵은 상처의 흉터가 터지면서, 그동안
나를 꼼짝 못하게 했던 삶의 자리를 직면해야 할 수도 있다.

하나님과 신앙에 대한 두려움과 회의의 분출도 흔한 반란이다.
캘리포니아 남부의 한 집회에서 나를 찾아온 여자가 그런 경우였다.
그녀는 자신을 "목사의 사모"라 소개한 뒤 내게 대화를 청했다.

"몇 달째 나는 비참한 의식과 싸우고 있습니다." 그녀는 털어놓았다.
"어려서부터 믿어 온 하나님이 더 이상 믿어지지 않아요. 그
하나님은 사라져 버렸습니다. 이전의 삶으로 돌아가려고 계속 애써
보지만 결국 가식만 남습니다. 내 거짓 삶에 숨이 막혀 버릴 것
같습니다. 하지만 내면의 회의를 직시하면 어떻게 될지 겁이 납니다."
그녀는 위기의 가장자리에 서 있었다. 신자들이 계속 성장하려면
사실상 필요할 수도 있는 위기다. 앨런 존스는 『영혼 만들기』라는
책에서, 믿음의 의문들은 우리를 더 깊은 영적 경험으로 초대하는
중재자 역할을 한다고 했다.[5] 그는 그런 의문이 사도들의 경험과
일치함을 발견했다.

첫째 의문의 중심축은 "내 인생을 어찌할 것인가?"다. 이는 사도들이

고깃배를 버리기로 결심할 때 맞닥뜨린 질문이다. 이것은 우리가 잘 아는 회심으로 이어진다. 우리는 그리스도를 따르고 삶은 새로워진다. 그물을 버린 사도들에게 그러했듯이 (무리들이 몰려들었고, 그리스도는 병을 고치며 가르치셨고, 사도들은 그 중심에 있었다) 우리의 회심도 영광스럽다. 일이 틀어질 때 우리는 매번 그 회심으로 돌아가려 한다. 우리는 그것을 재현하기 원한다.

믿음의 다음 의문은 우리 삶이 무너지기 시작할 때 찾아온다. 뭔가가 도미노를 망쳐 놓는다. 사도들에게 그것은 예수님의 죽음이었다. 그분과 함께해 온 그들의 삶은 끝장났다. 그들은 망연자실했고 배신감을 느꼈다. 하나님께 모든 것을 바쳤건만 그분은 사라지신 것 같았다. 그들은 더 이상 전처럼 믿을 수 없었다. 존스는 그들의 자기중심적 태도가 다 타 버리는 것과 같다고 했다. 이제 제자들은 더 깊이 들어가, 예수께서 곁에 계실 때만 아니라 외관상 부재하실 때도 자신들을 살게 해줄 믿음을 찾아야 한다. 자신의 캄캄한 회의 속으로 들어가, **지금의** 자기 자리에 꼭 맞는 믿음으로 나와야 한다. 집회에서 만난 그 여자는 후자의 고뇌를 겪고 있는 듯했다. 자신의 위기를 이런 새로운 시각으로 보면서 그녀는 창의적 전기를 맞았다. 그녀는 더 깊고 정직한 믿음을 향한 여정에 오를 수 있었다.

평생에 걸쳐 우리는 자연스런 발달상의 전환기, 외부 사건의 개입, 내면에서 발생하는 상태 등 다양한 원인의 위기를 겪는다. 위기의 뿌리를 이해하는 것도 유익하지만, 동시에 우리는 원인과 상관없이 모든 위기에 한 가지 공통점이 있음을 알 필요가 있다. 바로 문턱이다.

위기는 분리와 기회다

위기는 문턱을 넘으라는 거룩한 부름이다. 그러려면 뒤엣것은 두고 앞으로 나아가야 한다. 분리와 기회가 함께 있는 것이다.

위기(crisis)라는 말은 "분리"를 뜻하는 그리스어 단어 *krisis*와 *krino*에서 왔다. 단어의 뿌리 자체에 암시되어 있듯이, 우리의 위기는 낡은 존재 방식과 존재 상태를 끊어 내는 시간이다. 우리는 자신이 무엇과 분리되어야 하는지, 두고 갈 것이 무엇인지 자문해야 한다.

나 자신에게 그렇게 묻는 과정에서 나는 성경의 한 이야기에서 용기를 얻었다. 제자가 되고 싶어 예수께 온 한 남자는 "내가 먼저 가서 내 아버지를 장사하게 허락하옵소서"라고 말했다. 예수님이 그에게 주신 대답은 매정해 보인다. "죽은 자들이 그들의 죽은 자들을 장사하게 하고 너는 나를 따르라 하시니라"(마 8:21-22). 그러나 그 대답을 내적 변화의 과정에 적용하면, 의미가 완벽하게 통한다. 이는 분리에의 부름이다. "죽은 자는 두고 오라"는 부름이다. 다시 말해, 내적 여정을 따르려면 우리는 사멸하는 것들, 이미 내게 생명을 잃어버린 충절들을 버려야만 한다.

위기는 분리다. 그러나 동등하게 위기는 기회의 시간이다. 한자로 위기(危機)는 두 글자로 되어 있는데, 첫 글자는 위험을 뜻하고 둘째 글자는 기회를 뜻한다. "위기는 정말 방향 전환의 다른 이름이다"는 말을 그림처럼 보여주는 글자다.

내 친구 중에 위기 상황을 만난 수많은 그리스도인들을 돕고 있는 사역자가 있다. 그는 대다수 그리스도인들이 위기를 맞는 법을 모르는 것 같다고―적어도 창의적인 방식으로 못한다고―말했다. 그 말이 내게 궁금증을 일으켰다. 대체로 우리는 위기에 둘 중 하나로 반응한다. 우리는 위기가 하나님의 뜻이라며, 심령의 깊은 차원에는 영향을 받지 않은 채 겉으로만 억지로 달게 받아들인다. 위기를 이런 식으로 맞는 사람들은 대개 마음의 위안과 평안을 좇는다.

또는 우리는 위기를 거부하며 저항하고 불평한다. 그래서 결국 냉소와 패배감에 빠지거나 신앙을 잃기도 한다. 위기 앞에서 이런 길을 택하는 사람들은 정의를 좇는다.

그러나 위기를 맞는 또 다른 길이 있다. 기다림의 길이다. 이 길은 자신의 심연으로 더불어, 그리고 자기 영혼의 깊은 중심에 계신 하나님으로 더불어 괴로울 정도로 솔직하고 묵상적인 관계를 맺는다는 뜻이다. 이 길을 택하는 사람들은 마음의 평안이나 정의보다는 온전함과 변화를 좇는다. 영혼의 빚어짐을 좇는다. 이 길을 택하면 위기 안에 있는 문턱을, 창의적 순간 내지 직관을 만나게 된다. 폭풍의 경험이 당신을 낡은 의식과 답답한 에고에서 분리시켜 하나님 나라로 더 깊이 끌어들이는 중재자 역할을 할 수 있음을 깨닫게 된다. 쉬운 길은 아니다. 존 샌 포드는 이렇게 말했다.

> 하나님 나라의 접근은 처음에는 뭔가 어둡고 무서운 것의 사나운 공격처럼 보일 수 있다.……그 나라에 들어간다는 것은 옛 성품과 그 답답하고 비창조적인 태도를 죽인다는 뜻이다.……에고가 숨어 있던 요새가 허물어져야 한다. 내면의 변화로 그런 방어가 세게 부서질 때, 처음에는 그것이 사나운 습격처럼 보일 수 있다.[6]

물론 그렇게 보일 수 있다. 그러나 신학자 마틴 마티의 말처럼

"부서지고 다치는 이유는 인간의 존엄성을 무너뜨리기 위해서가 아니라 하나님이 일하실 수 있도록 마음을 열기 위해서다."[7]

예수님은 인간이 참 자아라는 내면의 나라에 들어가는 길에 대해 몇 가지 신기한 말씀을 하셨다. 그분에 따르면 그 길은 곧 "좁은 문"으로 들어가는 것인데, 찾는 자가 아주 적다(눅 13:24). 우리를 나머지 무리와 분리시키는 좁고 어렵고 불편한 자리들을 지나야 거기에 들어갈 수 있다.

다른 성경구절에 보면 예수님은 "내가 불을 땅에 던지러 왔노니"(눅 12:49)라고 선포하셨다. 내면의 나라는 흔히 불같은 경험을 통해 도래한다. 이 구절은 내게 『신곡』의 한 장면을 연상시킨다. 그것은 단테가 하나님의 처소인 낙원에 이르려면 누구나 통과해야 하는 뜨거운 불 속에 들어서는 순간이다.

단테는 불이 두렵지만, 들어가도 괜찮다는 확신이 있다. 불은 붙었어도 태워 없애는 불이 아니기 때문이다. 이 불 속을 걸으면 죽는 게 아니라 변화되고 정화된다. 그것이 그리스도의 불이다.

캔자스에서 오즈로

『오즈의 마법사』를 읽다가 나는 참 자아를 찾는 내면의 추구와 캔자스를 떠나 오즈로 갔다가 다시 캔자스로 돌아온 도로시의 여정이 유난히 닮았음을 느꼈다. 본질상 도로시의 여정은 귀향길을 찾는 추구였다.

귀향 이미지는 가장 깊은 자아, 자신의 영혼으로 돌아간다는 강력한 원형적 상징이다. 집에 간다는 것은 내적 근원지로, 본래부터 내면에 있는 하나님의 흔적으로 돌아가는 것이다. 그래서 귀향은 우리로 제자리에 와 있다는 느낌, 깊은 영적 소속감을 충만케 한다. 우리에게는 알게 모르게 귀향하고자 하는 간절한 열망이 있다. 어쩌면 우리 시대의 근본적인 영적 문제는 그리스도인들을 포함하여 현대인들이 집에 가는 길을 잃었다는 것이다. 그뿐 아니라 우리는 그 길을 찾을 방향감각마저 잃었다. 영혼의 상징적 세계와 잘 통하여 길잡이가 되어 줄 장(場)들이 우리의 과학적·이성적 문화에는 거의 없다. 교회도 때로 귀향길의 보호자요 길잡이로서의 제 역할을 망각해 온 것 같다. 우리 마음 이면의 영혼을 유기적으로 가꾸도록 돕고 더 깊은 내면의 땅에 이르는 길을 밝혀 주는 대신, 당위와 의무라는 큰 양떼를 치는 일·신학적 논제·교리·지식·기관의 방침 따위에 주력하는 경우가 비일비재하다. 융은 종교가 하나님 체험을 막는 방벽이 되기 쉽다고 지적한 바 있다.

지도와 이정표가 없다 보니 사람들은 내면의 귀향길을 직업적 성공·결혼 여부·기관·사람·쾌락 등 엉뚱한 곳에서 찾는다. 그러나 그 가운데 어떤 것도 집이 될 수 없다. 우리는 결국 영적 난민이 되고 만다.

어느 날, 애틀랜타의 어느 노숙자 쉼터에서 일하고 있는 내게 한 노숙자가 말했다. "사람들은 길거리에서 나를 보면 두 가지 반응을 보입니다. 나를 못 본 척하거나 멸시하거나 둘 중 하나지요."

"왜 그럴까요?" 내가 물었다.

그는 고단하고 축축한 눈으로 나를 보며 말했다. "물론 자기 모습이 보이기 때문이지요."

이 방황하는 영혼의 무리 속에서 우리는 영적으로 집 잃은 자신의 상태를 본다. 그래서 그 모습을 보여주는 그들을 멸시하거나, 아예 떠올릴 필요조차 없도록 그들을 못 본 척한다.

도로시의 여정은 자기라는 집으로 돌아오는 내면의 여정이다. 오즈에서의 그녀의 모험을 보면 집을 그리워하는 마음이 어찌나 절절히 그려져 있는지, 마치 그 그리움이 또 하나의 살아 있는 등장인물 같을 정도다.

이야기는 잿빛 지역으로 묘사된 캔자스에서 시작된다. 풀조차 푸르지 않다. 도로시가 살던 집도 초원만큼이나 단조로운 잿빛이다. 게다가 사방이 벽뿐인 단칸방이라서 답답하기까지 하다.

거짓 자아들의 비좁은 공간 안에, 사방이 벽뿐인 단칸방 안에 살아가는 삶은 내적인 캔자스의 삶과 같다. 그곳의 삶은 한정된 역할들과 기대들로 축소되며, 우리 자신의 가장 깊고 참된 부분이 나와서 숨 쉴 여유가 거의 없다. 그런 세계에서는 언제나 색이 사라진다.

도로시의 단칸방 실존을 공중으로 날려 버린 돌풍 부분에 이르러 나는 더욱 이야기에 빨려들었다. 강풍이 몰아칠 때 그녀는 너무 작은 집의 문턱에 서 있었다. 그 순간 그녀는 탐험을 떠나라는 부름을 받았다. 그것은 불시에 그녀를 덮친 위기를 통해 찾아왔다. 도로시에게 그것은 분리의 순간이자 기회의 순간이었다.

우리도 도로시와 비슷한 방식으로 같은 부름을 받을 때가 많다. 우리는 영혼을 옭아매는 생활방식을 끊어 내지 못한 채 문턱에 기대어 있다. 돌풍이 등장하는 것은 대개 바로 그 순간이다. 모종의 소용돌이가 우리의 "집"을 공중으로 날려 세상을 뒤집어 놓는다.

그와 함께 우리는 여정으로 떠밀린다.

내가 도로시의 돌풍에서 발견한 메시지는, 우리가 허락만 한다면 위기는 거룩한 출발이 될 수 있다는 것이다. 귀 기울이면 그 소란 속에서 하나님의 부르심이 들려온다. 하나님이 폭풍 가운데서 욥에게 말씀하신 것처럼 말이다.

돌풍이 닥치자 엠 아줌마는 바닥의 도피구를 열어 지하실로 난 작고 어두운 구멍으로 사라지며 도로시에게도 따라오라고 소리친다. 돌풍을 타고 새로운 곳으로 가기보다 안전한 지하실로 물러서려는 위험은 언제나 존재하는 법이다.

어느 여성 집회를 인도하던 중에 나는 우리 안에도 "엠 아줌마의 목소리"가 살고 있는 것 같다고 말했다. 알코올 중독자 아들로 인해 위기를 겪었던 한 여자가 큰소리로 말했다. "제 삶이 무너졌을 때 저는 조각들을 주워 전처럼 다시 붙였습니다. 아무런 변화도 없었지요. 그럴 때 나는 지하실로 난 작고 어두운 구멍으로 숨어들던 엠 아줌마였습니다. 나는 돌풍을 타지 않았어요. 캔자스를 떠나지 않은 겁니다."

내면의 참 자아가 출현을 희구하는 문턱에 선 순간, 상황은 둘 중 하나로 전개될 수 있다. 우리는 위기에 떠밀려 변화의 심장부로 들어갈 수도 있고, 기존의 낡은 습성으로 물러날 수도 있다. 도로시는 폭풍의 모험을 택했고, 그 결과 캔자스를 떠나 먼 곳으로 날려갔다. 책은 그녀의 반응을 이렇게 묘사한다.

> 아주 캄캄했고 사방에 바람이 사납게 몰아쳤다.……한 시간 두 시간 시간이 흐르면서 도로시는 서서히 두려움을 이겨 냈다. 처음에는

집이 다시 내려앉을 때 자기가 산산조각이 나지 않을까 하는 생각도

들었으나 시간이 가면서……도로시는 걱정을 버렸고 침착하게

기다리며 앞에 무슨 일이 닥칠지 보기로 했다.[8]

우리를 사랑하시는 하나님을 신뢰하는 가운데 용감히 혼란에

맞서 침착히 기다릴 때 희망이 있다. 우리도 도로시처럼 기다리면,

하나님이 우리를 어딘가 놀라운 곳—유채색으로 활기가 넘치는 곳,

영혼을 만나 놀랄 곳—으로 데려가실 수도 있다.

도로시가 도달한 곳에는 뇌를 잃어 스스로 생각하는 법을 배워야

했던 허수아비, 심장을 잃어 감정을 느끼는 법을 배워야 했던 양철

나무꾼, 용기를 잃어 자기다운 내면의 기개를 찾아야 했던 사자 등

그녀의 일부분들이 기다리고 있었다.

그런 내면의 소용돌이 속을 걷는 것만이 집으로 가는 유일한 길이다.

도로시는 그 소용돌이 속을 걸어 자기가 처음 떠났던 캔자스로

돌아갔다. 그러나 이제 캔자스는 똑같은 곳이 아니었다. 그녀가

돌아가니 집은 널찍한 새 집으로 바뀌어 있었다.

마찬가지로 우리도 기다림의 여정을 통해 집에 이른다. 더 넓은

새사람, 보다 진정한 자아로 살아가게 된다. T. S. 엘리엇은 이렇게

썼다.

우리는 탐험을 멈추지 않으리.

그리고 모든 탐험이 끝나면

처음 떠났던 자리에 이르러

처음으로 그곳을 알게 되리.[9]

믿음의 기도

닥쳐오는 위기와 고난을 통해 "집"에 가는 길을 찾을 수 있다고
믿으려면 그것도 고난의 한복판에서 그렇게 믿으려면 시각의 변화가
필요하다. 믿음이 필요하다.

예수회 사제이며 고생물학자이자 철학자인 테야르 드 샤르뎅은
기도할 때 그런 믿음을 구했다. "오 하나님, 모든 캄캄한 순간들에
저로 깨닫게 하소서. 제 실체의 골수까지 찌르고자 제 존재의
세포를 아프게 가르시는 분이 하나님임을 알게 하소서."[10] 사랑으로
치유하고 인도하는 하나님의 능력이 우리 안에 있음을 믿을 수
있도록 도와주는 심오하고 아름다운 기도다.

고통과 위기의 한복판에서 하나님이 우리를 온전함으로 이끄신다는
그 진리에서 나는 숨가쁘리만큼 거룩한 기운을 느낀다. 하나님이 내
경험을 통해 내 존재의 세포를 가르고 계심을 보고, 또 그렇게 믿을
수 있는 믿음을 달라고 나는 기도하곤 했다. 내가 타고 있는 폭풍이
신성한 기회이며 그것이 나를 어딘가로 데려가려 함을 믿으려
애썼다.

마음의 신음소리

위기는 변화의 부름이지만 우리는 또 위기가 얽히고 설킨 감정의
도래임도 인식해야 한다. 위기를 창의적으로 살아 내려면 따라오는
감정들을 파악하고 이해해야 한다. 그렇지 않으면 우리가 위기를

맞는 것이 아니라 위기가 우리를 삼켜 버린다.

어렸을 때 내 아들은 당시 유행하던 노래 한 소절을 부르며 다니곤
했다. 그것이 늘 입에서 떠나지 않았다. "감정들, 워, 워, 워, 감정들."
단어들의 흥미로운 조합이다. 우리 대부분은 위기를 탈 때 감정의
고삐를 확 잡아당긴다. 어떻게든 감정을 막아 고통이 사라지기를
바라면서 말이다.

위기에 대한 내 첫 반응도 그랬다.

그해 3월, 딸 앤이 자기 머리 리본을 넣어 둔 상자를 내게 가져왔다.
조그만 상자에 몰아넣다 보니 머리 리본들이 서로 엉키고 꼬여
있었다. "엄마가 풀어 줄래요?" 딸이 물었다. 뒤엉킨 색색의 머리
리본을 풀어 정리하면서 퍼뜩 깨달은 것이 있다. 내 뒤엉킨 감정에도
똑같은 작업이 필요하다는 것이었다. 나는 상자를 열고 정리할
필요가 있었다.

대부분의 위기와 마찬가지로 중년의 시련도 복잡하고 미묘하게
얽힌 감정이라서 잘 풀어내야 한다. 내가 풀어낸 감정의 첫 가닥은
막연한 비애와 상실감이었다. 거짓 자아들—프리츠 컹클이 말한
"유사 자아"[11] —이 허물어지면, 내 발밑의 땅이 꺼질 것 같은
두려움이 찾아온다. 그다음은 어떻게 될까? 나는 궁금했다. 그것은
허탈감이었고 이상한 서글픔이었다.

변화되어야 한다는 압박감을 느끼면서도, 동시에 지금 이대로
머물고 싶은 강한 욕구를 느꼈다. 윤곽을 잃어 가는 내 옛 정체를
보며 나는 불안해졌다. 어린아이가 허물어지는 모래성을 손으로
다지듯이, 나도 한편으로 그것을 떠받치고 싶었다. 또 한편으로는
옛 정체를 당장 벗고 싶었다. 곱슬머리 소녀도 버리고, 작고 빨간

닭도 버리고, 양철 나무꾼도 버리자. 허물을 벗듯 벗어 버리자. 나는
나가고 싶다!

e. e. 커밍스의 너무도 정확한 묘사처럼 "내 영혼의 험한 초장"[12]을
걷다가 나는 더 넓어진 내 자아의 실체를 만났다. 보석처럼 빛나는
부분도 있었지만 전부가 반짝인 것은 아니다. 나는 그늘진 곳들도
지났다. 실체들, 에고의 욕구들, 착각들에 부딪힐 때는 여기저기
깊이 찢기는 고통이 있었다. 어느 날 나는 내 상담자에게 말했다.
"정말이지 인생에서 가장 힘든 일들 중의 하나는 자신을 속이지 않는
법을 배우는 것이군요."
"어쩌면 그것이 가장 힘든 일인지도 모릅니다." 그는 웃으며 말했다.
어쩌면.

감정의 또 다른 가닥은 내 결혼생활을 타고 꼬여 있었다. 우리
관계에 더 이상 생기가 돌지 않는다는 사실이 너무나 선명해서
남편 얼굴을 보는 것조차 괴로운 날들이 있었다. 결혼생활이 공허한
서약처럼, 채울 방도를 찾아낼 수 없는 속 빈 껍데기처럼 느껴지는
날들도 있었다. 어디선가 물살이 바뀌어 있었다.

어쩌면 우리가 맺어 온 낡은 관계 방식으로는 부족하다는 그 단순한
사실로 귀결될 수도 있었다. 나는 내면의 성장에 떠밀려 진정한
"나"가 되어야했다. 스스로를 다스릴 줄 알고, 영적 중심에서 삶을
선택하고 결정하며 처리해 나가는 그런 여자 말이다. 하지만 동시에
우리 부부관계에는 보다 깊은 "우리" 의식, 즉 내면의 여정을 함께
간다는 동반자 의식도 필요했다. 영혼을 열어 가장 깊고 여린 부분을
서로 흐르게 할 때 찾아오는 친밀함은 어디로 갔나? 나는 영혼과
영혼이 참으로 만날 때 찾아오는 솔직한 교류가 필요했다.

하지만 18년이나 계속되어 온 결혼생활의 틀을 어떻게 재협상할 것인가? 자율과 개성을 바탕으로 어떻게 새롭고 보다 깊은 친밀함의 끈을 꼴 것인가? 이것이 중년기 결혼생활의 질문이다. 그와 더불어 무서운 감정들이 찾아올 수 있다. 덫에 갇힌 기분, 절망감이다. 영혼의 위기는 중간에 낀 기분이 들게 한다. 앨런 존스는 그것을 "새로운 방식으로 '나는 존재한다'고 말할 수 있는 상태와 그러면서도 거기서 달아나고 싶은 상태의 가운데 자리"라면서, "우리는 자기 정체의 '지금'과 '아직 아닌 것' 사이에 끼어 있다"고 했다.[13] 중간에 낀 기분이 정확히 우리 심정이다.

융은 중간에 낀 기분을 "공중에 매달린" 상태에 비유했다.[14] 그러나 최고의 그림 언어는 중간에 낀 경험을 "영혼의 어두운 밤"이라 한 십자가의 요한의 표현이 아닌가 싶다. 그는 "역시 이 시련을 경험했던 다윗의 시에 그것이 아주 분명히 나온다. **내가 피곤하고 심히 상하였으매 마음이 불안하여 신음하나이다**"라고 썼다.[15] 가장 어두운 순간이면 내 마음도 정말 신음하는 것만 같았다. 그 처절한 신음소리에 대해 쓰려고 하면, 사람들 앞에 인간적 모습을 보일 때 찾아오는 이상한 공포가 느껴진다. 최근에 나는 한 독자에게서 편지를 받았다. 그녀는 내가 쓴 어느 기사에 중년의 감정들이 표출되어 있어 내게 "놀랐다"면서, "그리스도인들은 그런 감정을 느껴서는 안 된다"고 썼다(함축된 의미는 꽤 분명했다). 그러나 사실은 그리스도인들도 모든 종류의 감정을 느낀다. 우리의 마음은 이 모양 저 모양으로 신음한다. 그리고 솔직히 나는, 우리가 종교적 가면들을 벗고 좀더 인간적으로 변한다면 우리 모두 훨씬 나아질 거라고 믿는다. 그럴 때 우리는 정말 중요한 일—긍휼을 품고 서로의 마음에 귀를 기울이는 행위—을 잘할 수 있다.

내 컴퓨터 옆에 붙여 놓은 문구가 있다. 내게 위안을 주는 말이다. "어두운 밤을 받아들이는 것은 인간이기를 받아들이는 것이다. ……내 참모습을 받아들이는 것이다. 그것이 거룩함이다."[16]

감정 표현

위기 때의 감정들을 추려 내고 정리하는 일과 아울러 똑같이 중요한 작업은 그것을 표현하는 것이다. 기다림 속에서 나는 내 영혼의 기후인 감정을 표현할 시간과 공간을 얻었다.

나는 시간을 내서 일기장에 내 감정을 기록했다. 상담자에게 말했다. 기도했다. 감정을 꿈꾸고, 감정을 춤추었다. 그림으로 그렸다. 우리는 각자 내면의 폭풍을 표현할 자기 나름의 방법을 찾을 필요가 있다. 감정을 들어 줄 "상담자"를 찾는 일이 중요하다는 것은 우리도 아는 것 같다. 감정을 기록하는 것이 얼마나 유익한지도 우리는 안다. 그러나 상징을 통한 감정 표현에서 오는 치유를 아는 사람은 적은 것 같다.

상징은 영혼의 언어다. 상징은 우리에게 영혼과 소통하는 길을 내주며, 그리하여 변화의 문을 열어 준다. 안타깝게도 상징주의는 많은 사람들에게 외국어가 되었다. 신학자 폴 틸리히는 특히 개신교도들이 상징을 문자화하거나 피폐화하는 중대한 위험에 처해 있다고 보았다. 융과 마찬가지로 그는 그리스도인들에게 상징의 회복을 통해 내면생활을 소생시킬 것을 촉구했다.

예수님도 상징에 담긴 영적인 위력을 믿으셨다. 나는 포도나무다,
나는 문이다, 이 떡은 내 몸이다, 이 포도주는 내 피다. 이런 말씀들로
그분은 상징으로 훨씬 깊은 실체들을 보여주는 이미지를 만들어
내셨고, 그 실체와 접촉할 길을 우리에게 보여주셨다.

상징을 수용하면 그 깊은 의미가 우리를 감싸고 꿰찌른다. 우리 안의
잃어버린 부분, 말로 표현할 수 없는 부분이 상징을 통해 살아나
가까이 다가온다. 융은 "상징을 탐색하는 사이, 사고는 이성의 이해를
넘어서는 개념들에 이르게 된다"고 했다.[17]

나무의 번데기고치를 통해 나는 우연히도 개인적 상징물의
치유력을 발견했다. 상징물을 발견한다는 것은 상징물이 나타날
때 자신이 거기에 붙들린다는 뜻이다. 예를 들어, 요나 이야기를
읽은 지 얼마 안 되어 나는 어떤 카탈로그를 넘기다가, 사나운 바다
한가운데서 고래 뱃속으로 들어가는 요나를 그린 중세의 그림 한
점을 만났다(설명할 수 없는 또 한 번의 "우연의 일치"였다). 나는 그림을
오려 액자에 넣어 내 서재 벽에 걸었다. 그림에 눈길 한 번만 주면
내 내면에 벌어지고 있는 일을 알 수 있었다. 내 안에 떠다니는 거의
표현할 수 없는 정서, 차마 글로 담아 낼 수 없는 어떤 아름다운
아픔과 대담한 희망이 그 그림에 그대로 구현되어 있었다. 그
이미지는 내 고통에 의미를 가져다주었고 나를 하나님의 임재로
감싸 주었다. 번데기고치처럼 그 그림도 내 영혼 이야기의 일부가
되었다.

한밤의 바닷길 그림, 번데기고치, 케이스에 넣어 내 책상에 둔
나비들, 목탄으로 그린 펄럭이는 텐트, 집에서 구운 빵. 이 모두와 그
밖의 다른 이미지들에 힘입어 나는 내 넘실대는 감정을 표현할 수

있었고, 감정을 변화시키는 데 필요한 영적 에너지를 낼 수 있었다. 그것들은 내가 살아갈 하나의 이야기를 창조해 내는 길이었고, 그 이야기는 두 팔처럼 나를 떠받쳐 주기 시작했다. 내 상징물들은 내 감정의 명암과 기복을, 희망과 변화의 이미지를 그대로 비쳐 주었다. 각 상징물마다 내면의 보다 깊은 길, 결국 나를 내 고뇌의 저편으로 데려다 줄 길을 터 주는 것 같았다.

고통과 기쁨

철학자요 교육가인 진 휴스턴은 말했다. "영혼 만들기란 반드시 즐거운 일은 아니다. 결정적인 부분들은 즐겁지 않다. 괴로운 고통의 여행이 거의 언제나 수반되며 그 고뇌는 엄청나다."[18]

어느 날 나는 책상에서 "고통의 여행"의 강도를 느끼며 여태 아프리카 제비꽃 화분에 꽂혀 있는 번데기고치를 물끄러미 바라보았다. 나도 분리 단계에 있음이 뼈저리게 느껴졌다. 무엇이 애벌레로 하여금 유충의 옛 삶을 버리고 번데기를 짓게 했는지 궁금했다. 변화와 반란이라는 내면의 목소리를 따랐던 것일까? "때가 찼다"는 느낌이 절박하게, 나아가 고통스럽게, 생물 안에 모습을 드러냈던 것일까?

전화벨이 울려 내 생각이 끊겼다. 수화기를 드니 남편 샌디였다. 나는 궁금증을 떨치지 못하고 남편에게 물었다. "애벌레는 번데기고치를 짤 때가 된 것을 어떻게 알까요?"

남편이 적당한 말을 생각하느라 침묵이 흘렀다. "모르겠는걸. 정말

애벌레는 번데기고치를 짤 때가 된 것을 어떻게 알지?” 남편이
말했다.

내가 어찌나 웃었던지 부엌에서 낮잠 자고 있던 개들이 서재
문간으로 와서 무슨 일이냐는 듯 고개를 쳐들고는 나를 보았다. 웃고
나니 속이 후련했다.

전화를 끊고서 떠오른 생각이 있었다. 웃음도 영혼 빚기이며,
위기가 아무리 어둡고 심각해 보여도 내 기쁨을 버려서는 안 된다는
것이었다. 전화상의 그 짧은 인간적 순간을 통해 나는 위기의
한복판에서의 고통과 기쁨의 역설을 생각하게 되었다. 둘은 공존할
수 있을까?

앤이 네 살 때, 자기를 보라고 내 치마를 잡아당기며 “엄마, 하나님도
웃으시나요?”라고 묻던 일이 떠올랐다. 하나님이 **웃으신다**? 내가 한
번도 생각해 본 적이 없는 것이었다. (그래서 아이들이 있는 것이 아닐까.
우리로 하여금 불가해한 것들을 생각하게 하기 위해서 말이다.) “그건 왜
묻니?” 내가 물었다.

“오늘 하나님의 웃음소리가 들린 것 같아서요.” 앤이 말했다.

나는 딸을 품에 안으며 나직이 말했다. “암, 그렇고 말고. 하나님도
웃으셔.” 웃으시는 하나님, 기뻐하시는 하나님, 그것이 삶이 아닐까
하는 생각이 들었다.

에크하르트는 하나님이 우리 영혼을 보고 웃으시며 우리에게 기쁨을
가져다주신다고 했다. 그는 또 하나님이 고난당하신다고 믿었다.[19]
그분의 고난은 나도 어렵지 않다. 내가 울고 있을 때면 번번이
하나님의 울음소리도 들렸던 것 같다. 어쩌면 앤처럼 나도 하나님의
웃음소리를 들어야 하는지도 몰랐다.

웃으시는 그리스도의 그림을 본 적이 있다. 마음에 깊이 와 닿았다. "간고(艱苦)를 많이 겪은" 사람이 곧 웃으시는 그리스도이기도 했다. 창의적인 고난의 땅과 깊은 환희의 땅을 둘 다 밟으신 분이었다. 내 마음이 가장 끌리는 성경구절은 "예수께서 눈물을 흘리시더라"이다. 그분은 눈물과 고통을 아셨다. 그러나 그분은 충일한 삶이라는 축제 속에서 크게 기뻐하신 분이기도 하다.

위기와 분리의 단계에 선 나는, 영혼 빚기가 눈물로 점철될 수 있지만 그렇다고 기쁨을 버릴 필요는 없다는 역설을 깨우쳐야 했다. 이따금씩 웃음의 빛이 새나올 수 없을 만큼 고통스런 일이란 없는 법이다.

시아버지가 돌아가시던 때가 생각났다. 당시 나는 첫아이를 임신한 지 9개월째였다. 성경의 표현대로 "큰 아이"였다. 아주 컸다(사람들은 내게 늘 쌍태냐고 물었다). 가족들이 장례식장에 모여 관에 예를 표했다. 낮은 의자에 앉아 있던 내가 가까스로 일어나는 동안 다른 사람들이 기다려 주었다. 얼마 후 누가 말하기를, 내 신발 밑에는 바나나 껍질들이 있고 내 무릎에는 수박 한 통이 있는 것 같더라고 했다. 결국 한 사람도 아닌 두 사람이 와서 나를 일으켜 주었다. 슬픔에 잠겨 있던 시어머니가 웃음을 터뜨리며 말했다. "삶에 여전히 기쁨이 있음을 네가 일깨워 주었구나."

위기를 당했을 때 우리는 하나님의 작은 농담들을, 공 같은 것이 우리 위에 즐겁게 톡톡 튀는 값진 순간들을 붙들 필요가 있다. 형성의 축제를, 자신이 두드리고 있는 더 깊은 곳들에서 솟아나는 기쁨을 붙잡을 필요가 있다.

영적 춘분

춘분 전날 밤, 내가 잠자리에 들 즈음에는 조용히 비가 내리고 있었다. 얼마 전까지 뒤뜰을 장악했던 폭풍우는 찢어진 나뭇가지며 뭉그러진 관목을 흔적으로 남긴 채 사라졌다. 일기예보에서는 그것을 춘분 강풍이라 불렀다. 태양이 적도를 넘어가는 춘분에 한랭 기단(氣團)과 온난 기단의 형세가 바뀌면서 대기를 휘저어 놓는 경우가 있다는 설명이었다. 폭풍우는 오는 법이다.

바깥 우주도 그렇고 내면의 우주도 그렇고, 그것이 우주의 순리가 아닐까. 영적 자오선을 넘노라면 내면의 대기가 휘저어진다. 춘분의 폭풍우는 인간에게도 있다. 우리는 그것을 새 계절로 넘어가는 과정의 일부로 받아들여야 한다.

시계를 보니 밤 11시가 다 되었다. 춘분점은 새벽 4시 39분이었다. 정확히 그 순간, 태양은 적도를 넘고 봄이 시작된다. 그때부터 밤이 짧아지고 낮이 길어진다.

그 생각을 하니 힘이 났다. 나는 우리에게 닥쳐오는 어두운 위기, 우리가 통과하는 고통의 캄캄한 궤도를 생각했다. 내 안에도 영적 춘분이 있는지, 그 시점만 넘어가면 새 계절이 와 어둠이 점차 걷히기 시작하는지 하나님께 물었다.

나는 남편에게 잘 자라고 입맞춤을 한 뒤 밤의 속삭임을 들으며 잠을 청했다. 나중에 잠이 깼을 때는 방 안에 그림자가 가득했다. 시계는 새벽 4시 38분을 가리키고 있었다.

그 신비를 의식하는 데 몇 초 걸렸다. 나는 춘분점을 보려고 깨어났던 것이다. 이불 속에서 살짝 빠져나와 까치발 걸음으로

뒷문으로 갔다. 두근거리는 가슴으로 밤을 응시했다. 내 이해의
한계를 훌쩍 넘어선 저 위에서, 하나님이 봄으로 밤을 수놓고 계셨다.
내 안의 어둠도 흘러가도록 나는 가만히 서 있었다.

5. 내려놓기

나는 애벌레다. 내가 먹는 잎사귀는 쓰다.

그러나 나는 커다란 변화가 오고 있음을 희미하게 느낀다.

내가 그대 인간들에게 권하고 싶은 것은

해체되어 변화되려는 내 자발적 의지다.

나는 최종 결과가 어찌 될지 알지 못한 채 그리한다.

조애나 메이시, 존 시드, 팻 플레밍, 안 모스

하나님의 뜻에 완전히 다 맡기는 것,

영성의 정수는 그 말에 들어 있다. 장 피에르 드 코사드

3월 내내 날씨는 종잡을 수 없이 빛과 어둠 사이를 오락가락했다.

오늘 해가 났다가도 내일이면 구름 속으로 물러났다.

나도 오락가락했다. 오늘 내 중년의 위기를 따라 새로운 곳으로 가고 싶고 옛 자아들과 분리되어 번데기로 진전하고 싶다가도, 내일이면 물러나고 싶었다.

분리 단계는 초봄의 변덕스런 날씨와 아주 비슷하다. 거기를 통과할 때 우리는 빛과 어둠, 휴경(休耕)과 성장, 집착과 내려놓기 사이를 종잡을 수 없이 오락가락한다.

우리 안에는 성장하여 새 피조물이 되고 싶은 간절한 열망이 있다. 그러나 이대로 있고 싶고 안전하고 든든한 곳에 숨어들고 싶은 강박도 똑같이 강하다. 사실 우리는 퀘이커교도인 작가 토머스 켈리가 말한 "내 작은 자아들의 증대"와 "하나님께 사로잡힌 의지" 사이에서 갈팡질팡하는, 빛과 어둠의 땜질 조각이다.[1]

자기중심적 초점에서 좀더 하나님 중심적 초점으로 옮겨 가기란 너무도 어렵다. 그저 내뱉듯이 하는 한두 마디 헌신 기도로 이런 근본적 이동이 가능하다는 우리의 짐작은 착각이라고 본다.

내려놓기란 단번의 사건이 아니라 수없이 반복된다. 깊은 차원에서 이루어지는 꾸불꾸불한 순환 과정이다. 우선 처음부터 시작해야 하는데, 그것은 바로 자신의 그러한 양가감정을 직시하는 것이다.

휴면기

하루는 남편이 나비에 관한 책을 들고 퇴근했다. 그리고 싱긋 웃으며 말했다. "애벌레가 번데기고치를 짤 때를 어떻게 아는지 알 수 있을 거요." (전에 내가 전화로 물었을 때 자신이 수수께끼로 잘못 알아들었던 그 질문을 두고 하는 말이었다.)

그날 밤 나는 서재에 앉아 변태(變態)의 신기한 과정에 대해 읽었다. 가장 놀라웠던 것은 번데기고치를 치는 시기가 애벌레마다 다르다는 것이었다. 번데기를 짤 순간이 오면 어떤 애벌레는 실제로 저항하며 유충 생활에 집착한다. 그들은 번데기고치에 들어앉기를 이듬해 봄까지 미룬다. 변화를 1년이나 그 이상 연기하는 것이다. 이 집착 상태를 일컬어 "휴면기"라고 한다.

나는 웃으며 책에 파묻었던 고개를 들었다. '너도 그렇구나'라는 생각이 들었다. 하나님의 모든 생명체는 내려놓는 데 어려움을 겪는다.

인간의 변화 여정에도 당연히 휴면기가 있다. 기존의 자아에 집착하는 시기가 그것이다. 가능성이 가장 큰 순간에 우리 안에 집요한 집착이 일어나는 것 같다. 우리는 씩씩하게 옛 생활을 "지키려" 한다. 다니엘 데이 윌리엄스의 말로, "우리는 그것이 나의 전부일까 싶어 벌벌 떤다. 뻔히 고생할 줄 알면서도 우리는 거기에 매달린다. 뻔히 보여서 오히려 위안이 되기 때문이다.……그러나 이 기존의 자아, 현재 품고 있는 자아를 지키려 하는 한 우리는 태어나려고 몸부림 치는 더 큰 자아를 가질 수 없다."[2]

나비에 관해 읽으며 휴면기를 생각하노라니(그리고 인간을 묵상하노라니) 의문이 꼬리를 물었다. 나는 지금 영적 휴면기에 있나? 내 모든 집착의 배후에는 무엇이 있을까? 나는 옛 자아를 지키려 하고 있나? 무엇이 출현할지 몰라 번데기고치를 겁내고 있나? 나는 변화를 두려워하고 있나?

의문 끝에 나는 옆에 놓인 책장으로 가서 내가 어려서부터 특별히 아끼는 책 한 권을 뽑았다. 루이스 캐럴의 『이상한 나라의 앨리스』 초기 판이었다. 삶에 변화의 시기가 오면 나는 이 책이 자주 생각난다. 다시 의자로 돌아와 책을 펼쳤다. 느낌과 윤곽과 빛깔이 모두 떠오를 만큼 아주 생생한 기억이 내 안에 되살아났다. 당시 열 살이던 나는 여름날 내 방 창밖의 자귀나무 그늘에 누워 새 책 『이상한 나라의 앨리스』를 읽고 있었다. 근처 뒷마당 빨랫줄에 엄마가 널어 놓은 침대보들, 옆집 마당에서 들려오던 윙윙 잔디 깎는 소리, 내 다리에 기대어 잠든 우리 개 진저의 따뜻한 체온이 기억난다. 자귀나무의 굴곡진 선, 낮게 휙 부는 바람에 떨어져 날리던 분홍색 꽃잎도 기억난다. 그 꽃잎을 내 책에 책갈피로 꽂아 두던 일도 기억난다(나는 늘 그것만 보면 할머니 방 블라인드에 달려 있던 분홍색 술들이 떠올랐다).

나는 그 책을 온종일 읽으며 앨리스의 신비에 빠져들었다. 앨리스의 모양과 크기가 자꾸 바뀌는 것이 특히 신기했다. 그런 전개는 앨리스 못지않게 나를 놀라게 했다. 앨리스는 나무처럼 커졌다가 열쇠구멍에 들어갈 만큼 작아졌다. 한번은 머리가 방 천장에 닿고 팔꿈치가 창밖으로 나갈 만큼 커진 적도 있다. 그러자 앨리스는 자기가 지붕을 뚫고 나갈까 두려워 3인치 길이로 오그라들었다. 내가 소장하고 있는 판에는 그렇게 오그라든 앨리스가 점잖은 척 담배를 피우고 있는 애벌레를 버섯 뒤에서 훔쳐보고 있는 그림이 나온다. 앨리스는 애벌레에게 그 모든 변화의 경험이 얼마나 두려웠는지 설명하지만 애벌레는 알아듣지 못하는 것 같다. 그래서 앨리스는 애벌레에게 이렇게 말한다. "너도 번데기가 되었다가— 언젠가는 될 거잖아—그 후에 다시 나비로 바뀔 때면 기분이 약간 이상하겠다, 그치?”

“전혀.” 애벌레가 말했다.

“분명히 **나라면** 기분이 아주 이상할 거야.” 앨리스가 말했다.[3]

나는 책을 덮고 아늑한 나무 그늘 아래 누웠다. 그날 나는 본의
아니게 삶의 불확실성, 변화의 불가피성에 부딪힌 아이였다. “변하지
않는 것은 없구나”라는 생각과 함께 뱃속이 이상하게 울렁거렸다.
바로 그때 나는 내가 자라서 이 나무를 떠나리라는 것을 알았다.
우리 개 진저, 할머니 방, 여름날 나부끼는 엄마의 깨끗한 흰
침대보와도 작별하게 되리라. 그 순간, 내 순수가 얼마큼 햇빛 속으로
증발해 버렸다.

세월이 흘러 대학에 들어가면서 짐을 꾸릴 때—떠날
생각뿐이면서도 한편으론 그냥 있고 싶은 마음으로—나는 『이상한
나라의 앨리스』 책을 들고는 넣어 가야 할지 말아야 할지 망설였다.
침대에 앉아 책을 펼쳤다. 책장 사이에 바싹 마른 자귀나무 꽃잎이
끼어 있었다. 잃어버린 내 유년의 편린이었다. 눈에 눈물이 고였다.
“정말, 변하지 않는 것은 없구나”라는 생각이 들었다. 우리는 모습이
변한다. 내려놓는다. 옛것을 뒤로한다.

나는 그 책을 함께 꾸려 넣었다. 중년인 지금, 그 책은 내 무릎 위에
놓여 있다.

다시금 나는 모든 변화가 두렵고 당혹스러워, 버섯 뒤에서 애벌레를
훔쳐보는 앨리스였다. 나는 내가 지붕을 뚫고 자랄까 두려웠다.
3인치 길이로 오그라들고 싶었다.

집착

어느 날 아침 서재에서, 나는 사전을 꺼내 **집착**이란 단어를
찾아보았다. "오그라든다"는 뜻의 앵글로색슨 단어 *clingan*에서 온
말이었다. 과연 집착과 위축 사이에는 부인할 수 없는 연관성이
존재한다.

어느 해엔가 나는 꽃밭 가장자리에 담쟁이를 심기로 했다. 작은
덩굴들을 꽃밭 둘레에 심었다. 몇 주 후 담쟁이는 작은 밀림을
이루어 다른 꽃나무들에 달라붙어 있었고, 덩굴 때문에 꽃들이
오그라들어 시들고 있었다. 꽃들 앞에 서서 나는 집착의 치명적
영향을 터득했다.

이제 나는 집착이 영적 삶에 미치는 영향을 터득하는 중이다. 집착은
영혼 안에 위축을, 가능성과 성장의 위축을 가져온다.

휴면기에 갇혀 있을 때, 우리는 어떻게든 변화를 피해 오그라들고만
싶어진다. 성장의 시기가 되어 우리 머리와 팔꿈치가 여태
살아온 내면의 작은 방에 부딪히기 시작할 때, 앨리스처럼 우리도
오그라들고 싶어진다. "관성"에 집착하고 싶은 욕구 는 엄청날 수
있다.

내려놓기의 단계들

우리는 내려놓으려 애쓰고 또 애쓰지만 어느새 다시 집착하고 있다.
그러니 어찌하면 좋은가? 우선 자신의 휴면기의 현실을, 그 당위성은

물론 그 위력까지 인식해야 한다.

그다음에 양도 과정에 들어간다. 토머스 켈리는 "우리의 뜻은 조금씩, 차근차근, 점차로 하나님 뜻에 굴복해야 한다"고 썼다.[4]

켈리는 양도 과정의 네 단계를 말했다. 첫째, "그 경이로운 삶의 불타는 비전"에 애써 눈떠야 한다. 둘째, 현재의 자기 자리 에서 바로 지금 시작해야 한다. 셋째, 중간에 넘어져 "자신의 교만한 옛 자아를 주장하게" 되거든(그렇게 된다), 후회와 자책으로 시간을 허비할 게 아니라 그저 다시 시작하면 된다. 이 세 단계에는 우리의 주도권, 어느 정도 우리 스스로 통제하고 수행할 수 있는 것들이 들어간다. 그러나 넷째 단계는 완전히 다른 방향으로 움직인다. "주먹을 쥐고 이를 갈면서 '내가 하겠다! 해내고 말겠다!'고 말하지 말라. 힘을 빼라. 손을 떼라. 하나님께 자신을 맡기라.……자신을 통해 삶이 뜻을 이루게 하라."[5]

나는 이 말을 여러 번 읽었다. 힘을 뺀다? 손을 뗀다? 과정을 하나님께 맡긴다? 또 "자신을 통해 삶이 뜻을 이루게 하라"는 말은 도대체 무슨 뜻인가? 내려놓는 과정에 능동적 입장에서 수동적 입장으로 옮겨 가는 시점이 있나?

이 모두가 잔뜩 호기심을 자극했다. 더 공부하다가 알게 된 것인데, 토머스 머튼은 자아의 뜻을 버리고 하나님께 온전히 굴복하는 과정에 두 가지 차원이 있다고 했다. 첫째, 우리 삶의 의식적·표면적 애착들—우리가 인식하고 있고 대항할 수 있는 습성들—에 대한 우리의 능동적 노력이 있다. 머튼은 이것들을 내려놓기 위해 "당신은 기도하고 힘쓰고 버티고 포기하고 희망하고 땀 흘린다"고 썼다.[6]

이는 켈리의 첫 세 단계에 해당하는 것 같았다. 이 차원에서 우리는 내려놓기에 능동적으로, 즉 주도권과 의지와 노력을 통해 접근한다. 시작하고 다시 시작한다. 주로 표면에 드러난 애착들을 우리 자신의 땀과 노력으로 내려놓으려 애쓰는 것이다.

둘째 차원은 보다 깊고 무의식적인 습성을 다룬다. 머튼은 그것을 우리의 "은밀한 애착들"이라 했다. 그는 이것을 뿌리 뽑으려면 "고갈과 환난의 밤에 우리 영혼 안에서 직접 일하시거나 아니면 사건들과 다른 사람들을 통해 일하시는 하나님의 손에 우리의 주도권을 넘겨드려야 한다"고 경고했다.[7]

머튼에 따르면, 이 차원에서 우리는 다른 방식의 내려놓기로 넘어간다. 신기하게도 켈리의 넷째 단계와 비슷한 방식이다. 이제 접근은 더 신비로워진다. 우리는 내려놓기마저 내려놓는다. 노력도 멈추고, "내가 내려놓겠다, 하고야 말겠다"는 말도 그친다. 대신, 자신의 할 바를 다한 우리는 이제 자아에 대한 우리의 보다 은밀하고 더 뿌리 깊은 애착들을 하나님이 직접 다루시게 해드린다. 우리에게 닥쳐오는 **경험과 만남과 사건들을 통해** 우리를 자유케 하시도록 그분께 넘긴다.

우리의 내려놓기가 왜 그토록 자주 실패로 끝나는지 갑자기 퍼뜩 깨달았다. 우리가 첫째 차원에 머물러 있기 때문이다. 머튼은 이렇게 썼다.

> 수많은 거룩한 사람들이 여기서 무너진다.……더는 길이 보이지 않고 자신의 빛으로 찾아갈 수 없는 지점에 이르는 순간, 그들은 더 이상 진행하지 않는다.……바로 이 어둠 속에서 우리는 참 자유를 얻는다. 바로 이 위탁 속에서 우리는 강해진다. 이는 우리를 비워 주는

밤이다.[8]

당신과 나는 첫째 차원에서 살아왔다. 적극 기도하고, 버티고, 힘을
빼고, 땀 흘리고, 시도하고, 또 시도하는 시기도 있어야겠지만,
우리가 던져야 할 질문은 이것이다. 우리는 거기서 멈추었는가?
궁금하다. 나는 거기서 멈추었을까?
기다림 속에서 우리는 또한 둘째 차원으로, 우리의 집착을 비워
주는 밤으로 들어가야 한다. 우리의 내려놓기조차 내려놓아야 한다.
억지를 그만두고, 참 자유의 어둠 속에 들어서야 한다. 자신의 노력을
포기하고, 하나님이 개입하셔서 우리를 준비된 순간으로 이끌어
가시도록 해드려야 한다.

움켜쥔 손가락 풀기

오래전 어느 겨울밤, 나는 앤이 이불을 잘 덮고 자나 보려고 그
방으로 갔다(딸은 이불 차기 선수였다). 딸은 커튼을 내린 침대 위에
곤히 잠들어 있었고, 꼬마전등이 얇은 천으로 만든 주름장식 속에서
빛나고 있었다. 아니나 다를까, 딸의 이불은 발치에 가 있었다.
이불을 덮어 주다가 딸의 손에 꼭 쥐어진 반쯤 먹다 만 포도색 막대
사탕이 눈에 띄었다. 딸의 생일 날 할머니가 주셨던 것인데, 하루
종일 빨다가 잠든 모양이었다. 베갯잇에 벌겋게 얼룩이 져 있고, 딸의
머리카락까지 몇 가닥 엉겨 붙어 있었다. 꼴불견이었다.
'자기 전에 사탕을 치우지 않고서' 하는 생각이 들었다. 딸의 작은

손가락들이 아직도 막대를 꼭 움켜쥐고 있어 내가 하나 하나 펴서
떼어내야 했다. 결국 빼낸 포도색 사탕을 나는 쓰레기통에 던져
버렸다.

이튿날 아침, 앤은 의분에 불타 내게 따졌다. "하지만 **내 거**잖아요. 난
버릴 준비가 안 됐다고요!" 물론 맞는 말이었다. 나는 딸의 동의도
구하지 않았었다. 결국 나는 딸에게 다른 사탕을 사 주었고, 우리는
전 과정을 다시 밟았다.

이 경험이 내게 남겨 준 교훈이 하나 있다. 내려놓기에 관한 한,
우리는 참으로 준비된 순간을 기다려야 한다.

머튼의 둘째 차원에 들어가 하나님께 굴복할 때, 우리는 자신의
움켜쥔 손가락을 완력으로 풀지 않는다. 하나님도 그러시지 않는다.
오히려 하나님은 사랑으로 무한한 자유를 주시며, 우리에게 용기를
줄 만한 경험과 사건과 만남들을 주셔서, 우리 스스로 손가락을
스르르 펼 수 있게 하신다.

존재하는 용기

롤로 메이는 "존재와 변화가 가능하려면 반드시 용기가 필요하다"고
했다.[9] 내려놓고, 번데기 안에서 일어나는 변화에 자신을 맡기려면
용기가 필요하다. 자신의 참모습이 되려면 용기가 필요하다. 머튼은
우리로 "두 마음을 품게" 하고 자아의 세상과 하나님 사이에서
망설이게 하는 것은 비겁함이라 했다.

용기의 반대는 두려움만이 아니라 안전이다. 어느 날 교회에서, 부자

청년에게 주신 예수님 말씀에 관한 설교를 들었다. 영생 얻는 방법을 묻는 그에게 예수님은 "가서 네게 있는 것을 다 팔아……그리고 와서 나를 따르라"(막 10:21)고 일러 주셨다. 그 부분을 듣는 순간, "나에게 주시는" 말씀으로 들렸다. 가서 네 안전을 팔라. 집착을 거두라. 내려놓고 너 자신의 심연 속으로 나서라. 영생을 받는다는 것은 그런 뜻이다.

그 일요일, 설교자는 안전이란 삶의 부정(否定)이라고 했다. 절대적 안전은 일체의 모험을 일소한다는 점에서 맞는 말이라 생각된다. 모험이 없는 곳에는 형성도 없고, 형성이 없는 곳에는 삶다운 삶도 없다. 참된 영적 나그네들―삶의 복판만 아니라 가장자리까지 가는 이들―은 내려놓고 모험하는 사람들이다.

몇 년 전, 나는 학대 아동 보호소에서 자원봉사를 한 적이 있다. 하루는 거기서 빌리를 만났다. 갈색 머리털이 밤송이 같고, 창백한 안색에 걸맞게 눈썹이 희미한 소년이었다. 아이 안의 생명이라곤 반달형 눈의 목마른 눈빛이 전부였다. 처참한 상처를 지닌 그는 안전한 자기 방 밖으로 통 나가려 하지 않았다. 크리스마스 파티가 있던 날도 그는 베개를 끼고 잔뜩 웅크린 채 도무지 방을 뜨지 않았다. "파티에 안 갈 거야?" 내가 물었다. 소년은 고개를 끄덕였다. **"갈 거지."** 내 옆의 자원봉사자가 아이에게 말했다. "용기의 옷만 입으면 되잖아."

아이의 희미한 눈썹이 치켜 올라갔다. 내 눈썹도 올라갔다. 아이의 목마른 눈빛이 가능성을 들이마시는 것 같았다. "좋아요." 이윽고 아이가 말했다. 내가 보는 가운데 그녀는 아이에게 보이지 않는 "용기의 옷"을 입혀 주었고, 아이는 파티 장소로 달려갔다. 안전한 곳을 벗어나는 위험을 감수한 것이다. 예수님은 "가서 네게 있는 것을 다 팔고 와서, 나를 따라 삶에 들어서라" 하셨다. 모든 것을 얻으려면 모든 것을 걸어야 한다. 작게나마 빌리가 한 일이 바로 그것이다.

참되게 살고 내 안의 더 깊은 자아로 살아야 한다는 도전이 너무 벅찰 때면, 때로 나는 빌리를 떠올리며 용기를 얻는다.

용기(courage)는 "마음"을 뜻하는 불어 단어 *coeur*에서 왔다. 집착에서 내려놓기로 옮겨 가려면 "마음을 다잡아야" 한다. 마음은 의지의 소재지다. 마음은 하나님이 우리를 깨우시는 곳, 가만히 뿌리 뽑기가 이루어지는 곳이다.

어느 날, 나는 연필을 들고 되는 대로 기도문을 썼다.

> 온전히 인간다워지고, 온전히 나다워지는 것,
>
> 제 모습의 전부, 주께서 보시는 전부를 받아들이는 것,
>
> 그것이 제 기도입니다.
>
> 안전을 넘어 삶의 가장자리까지
>
> 저와 동행하여 주소서.
>
> 용기의 절묘한 난간으로 인도하여
>
> 거기서 저를 놓으소서. 저로 형성되게 하소서.

내려놓기는 점진적 과정인데, 지금 내게 필요한 것은 하나님의 시간과 방법을 따라 내 준비된 순간에 이르는 것임을 깨달았다. 그래서 나는 내려놓는 일조차 내려놓고, 내 안에서 일하실 하나님을 기다리기로 작정했다. 내 용기를 깨우는 데 필요한 경험과 만남과

사건들을 하나님이 주시도록 나는 뒤로 물러나고 싶었다.
돌아보면, 함께 어우러져 나를 내려놓음의 자리로 조용히 데려다준
경험들이 몇 가지 보인다. 그런 일들을 통해 내 움켜쥔 손가락은
서서히 하나씩 스르르 풀렸다.

그대로 두라

첫 번째 경험은 내가 사진액자를 찾아 다락을 뒤질 때 찾아왔다.
한 상자를 여니 1975년에 받았던 크리스마스 카드 뭉치가 나왔다.
(내가 왜 10년이 넘도록 크리스마스 카드를 간직하는지 알다가도 모르겠다. 너무
감상적이거나 아니면 쓸모없는 잡동사니를 무조건 모아 두거나 둘 중 하나일
텐데, 어느 쪽인지는 나도 모른다.)
나는 서까래에 달아 놓은 전구 밑에 앉아 카드를 쭉 훑어보았다.
반쯤 보았을 때, 그해 내게 큰 의미를 주었던 카드 한 장이 나왔다.
그해 크리스마스 때 나는 임신 7개월이었다. 어떤 때는 내가 평생
임산부로 살아가는 사상 초유의 여자가 될 것만 같았다. 기다리는 데
정말 신물이 났다. 어서 내 품에 아기를 안아 보고 싶었고 발가락도
세어 보고 싶었다. **보고 싶은 건 말할 것도 없었다.** 하루하루가 왜
그리도 길던지 정말 비참했다.
그때 그 카드가 왔다. 만삭의 마리아가 그려져 있었다. 온 인류를
위해 기다린 여인이었다. 카드 안쪽에는 "그대로 두라"는 글귀가
있었다. 갑자기 마리아가 친근하게 느껴졌다. 임신 중에 끝까지
기다리는 법을 일러 주려고 마리아가 나를 찾아온 것 같았다. 너무
안달하지 말라고 카드가 말하는 것 같았다. 네 안의 생명을 네가
좌우할 수 없다. 때가 되면 자라서 나온다.

인내심을 가지고 사랑과 관심을 다하여 잘 키우라. 가만히 있어, 하나님이 네 안에 펼치시는 신비에 협력하라. **그대로 두라.**

"말씀대로 내게 이루어지이다"(눅 1:38). 하나님의 아들을 낳을 거라는 천사의 고지를 듣고 마리아는 그렇게 고백했다. 이 고백을 통해 마리아는 신성을 수태하고 기다림의 경험에 들어섰다. 그 고백을 통해 마리아는 자신의 뜻과 안전한 옛 생활방식을 내려놓고 하나님의 뜻에 복종했다.

세월이 흘러 그 크리스마스 카드는 다락에서 내 손에 들려 있었다. 왠지 내가 바로 그 순간 다락에 있기로 **되어 있는** 것 같은 기분이 들었다. 그 카드를 찾아 다시금 마리아의 말을 만나도록 말이다. 나는 "그대로 두라"는 말이 내 안에 둥지를 틀고서, 내려놓음의 신성한 아리아를 부르리라는 느낌을 받았다.

나는 큰소리로 그렇게 말해 보았다. 다락의 뿌연 먼지 속에 속삭여도 보았다. "그대로 두라." 얼마나 아름다운 말인가. 우리 자신의 성육신의 여정에 오르는 법을 보여주는 말이다. 우리는 우리 안에 심겨진 하나님의 성품이라는 씨앗을 잘 키워 자신의 영혼 안에 낳아야 한다. 우리는 각자 다 마리아다.

곧잘 간과되는 베드로후서 말씀이 생각났다. 하나님의 "보배롭고 지극히 큰 약속"으로 말미암아 우리를 "신성한 성품에 참예하는 자가 되게" 하신다는 말씀이다(벧후 1:4). "사랑하는 하나님, 이 말씀을 **진정으로** 받아들인 사람이 우리 중에 정말 하나라도 있을까요?" 그런 의문이 들었다.

우리가 이 말씀에 좀더 주목하면 어떻게 될까? 성육신의 여정을 떠날 사람들이 더 많아질까? 내면의 그리스도—자아 곧 참 자아의 출생에

필요한 태(胎)—어둠 속에 가만히 있어 수용하는 자세—를 내드리는
데 더 관심을 두게 될까?

얼마 전 나는 사우스캐롤라이나주 저지대의 이끼 낀 떡갈나무들
속에 숨어 있는 스프링뱅크 기도원을 방문했다. 문간에
들어서자마자 임산부 마리아의 그림이 있고, 그림 옆에 이런 글이
적혀 있었다. "이 그림은 참 자아, 즉 내면에 형성중인 하나님의
형상을 해산하려 하는 모든 사람을 가리킵니다. 그 잉태가 산기에
이르려면 우리 모두 조용히 묵상하는 시간, 자신의 깊은 내면에
집중하는 시간이 필요합니다."

다시 말해, 우리는 기다리는 시간이 필요하다.

다락의 경험을 통해 나는 마리아의 내려놓음을 생각했다. "그대로
두라"는 간단한 말이 어떻게 기다림과 해산의 길을 열어 주는지도
생각했다. 내려놓음은 늘 거기로 이어진다. "내려놓음의 열매는
해산"이라고 에크하르트는 말했다.[10] 크리스마스 카드를 들고
사다리를 내려오면서, 내 잉태한 영혼도 마리아처럼 복종하고
싶었다. "그대로 두라"는 말이 새로 얻은 평화와 함께 내 안에 둥실
떠다녔다.

자신을 넘겨드리라

다락 경험이 있은 지 얼마 후, 성경에서 만난 한 사건도 나를
내려놓음에 더 가까이 데려다주었다. 예수께서 겟세마네에서
잡히시던 장면이다. 이 부분을 묵상하며 헨리 나우웬은 이렇게 썼다.

　　　예수께서 잡히신 기사의 핵심 단어는 내가 한 번도 깊이 생각하지

않았던 '넘겨주다'는 단어다. 유다는 예수를 넘겨주었다.……
놀랍게도, 유다에게만 아니라 하나님께도 같은 단어가 사용되고
있다. 하나님은 예수를 아끼지 아니하시고 우리 모든 사람을 위하여
내[넘겨]주셨다(롬 8:32 참조). 이렇듯 '넘겨주다'는 단어는 예수의
일생에서 핵심적 역할을 한다. 사실, 이 넘겨짐의 드라마가 예수의
삶을 근본적으로 둘로 나누었다.[11]

나우웬의 지적대로 예수님의 삶의 특징은 앞부분은 활동이고
뒷부분은 기다림이다. 앞부분에서 예수님은 이 마을 저 마을
다니시며 가르치시고 병을 고쳐 주셨다. 주도적으로 일하셨다.
그러나 넘겨지신 뒤에는 "외부에서 가해지는 일을 당하는 입장이
되셨다."[12]
넘겨짐을 분기점으로 예수님은 수동 모드로 넘어가셨다. 다가오는
고난, 견뎌야만 하는 엄청난 긴장에 그분은 저항하시지 않았다.
그분은 내려놓고 수난에 들어가셨다. 수동적으로 견디는 기다림의
경험이었다. 예수님 생애의 가장 중요한 부분이 그분의 기다림 속에
이루어졌다는 사실 앞에 나는 깜짝 놀랐다. 기다림의 거룩한 시간
속에서 우리가 하나님의 가장 깊은 뜻을 발견하게 되다니, 얼마나
기묘한 일인가!
예수님의 기다림도, 그것이 낳은 생명과 변화도, 그분이 자신을
넘겨주신 바로 그 시점에 시작되었음을 나는 깨달았다. 우리의
경우도 자신을 넘겨드릴 때 시작된다. 우리도 그분의 기다림과
수난을 포함해 그분의 삶을 따라야 한다. 우리도 자신을 넘겨드려야
한다. 그래야 우리 자신의 기다림을 기다리고, 우리 자신의 긴장을

견디고, 우리 자신의 고난에 들어가고, 우리 자신의 무덤에서 나와,
살아 있음의 의미를 처음으로 알게 된다.

예수님의 수난을 생각하고 그 안에 거하는 방식이 이렇게
새로워지면서 내 안에 새로운 용기가 생겼다. 나는 기다림의 경험,
"나 자신을 넘겨드리는" 경험에 더 깊이 끌렸다. 비록 내 기다림과
넘겨드림이 겨우 조각조각인 것 같을 때도 있었지만 말이다.

관건은 내려놓는 것이다

그해 이른 겨울에 겟세마니 수도원에 갔을 때, 나는 남편과 앤서니
수사와 함께 숲속을 걸어 머튼의 암자에 갔었다.

그곳에 있자니 말도 못하게 마음이 설레었다. 머튼의 책들은 내게
깊은 감화를 끼쳤고, 오래전 처음으로 수도원─인디애나주의
성 메인래드 대수도원─에서 휴가를 보낸 뒤로 나는 수도원의
정적인 아름다움에 걷잡을 수 없이 마음이 끌렸다. 어떤 사람들은
나같이 "준수한 개신교 여자"가 그런 데서 뭐 볼 게 있느냐고
묻는다. 나는 웃으며, 나도 어쩔 수 없다고 대답한다. 결혼 전의 내
성이 몽크(Monk, 수도사)가 아닌가. 사실, 내가 거기 가는 이유는
수도원이야말로 삶 전체를 기도의 리듬에 맞추어 오직 하나님
한분만을 위해 살아가는, 지구상의 마지막 실례 중 하나이기
때문이다. 나는 수도원 공동체가 내게 뭔가 가르쳐 줄 것이 있다고
믿는다. 그리고 가면 언제나 은혜를 얻어 돌아온다.

그날도 나는 그런 상념에 젖어 숲속을 걸었다. 이번에는 하나님이
어떻게 내게 오실지 궁금했다. 굽이굽이 소나무 숲을 걸으며 우리는
영적인 삶에 대해 조금 얘기했다. 암자에 이르자 앤서니 수사는

앞마당의 십자가에 기대어 놓은 수레바퀴 옆에 멈춰 서서 말했다.
"전체 목적은 내려놓는 것입니다. 하나님 쪽에서 행동하시도록 이 바퀴처럼 가만히 있는 것입니다. 그럴 때 깊은 중심을 향해 우리 마음이 열립니다."

우리 모두는 잠시 말없이 수레바퀴를 바라보았다. 시간은 깊어져 사방에 그 빛을 발했다. 머리 위 소나무에서 까마귀 한 마리가 까악까악 울어 제 존재를 알렸다. 나는 눈을 들어 까마귀를 보았다. 얼마 후 어느 저녁 때, 남편과 나는 그 순간들에 대해, 앤서니 수사의 말과 나무 속의 까마귀에 대해 대화를 나누었다. 샌디는 말했다. "우리 위에 앉아 있던 까마귀를 보면서 내가 무슨 생각을 했는지 알아요? 우리 각자 안에 독수리와 까마귀가 있다는 인디언 원주민의 속담을 생각했다오. 독수리는 제멋대로 부는 바람을 따라 여기저기 아무 데나 날아다니지만, 까마귀는 옥수숫대 사이에 가만히 앉아 기다리지요."

나는 그 속담이 좋았다. 그날 앤서니 수사가 했던 말과 잘 맞아들었다. "전체 목적은 내려놓는 것입니다." 나는 그 말을 머릿속에 몇 번이고 다시 되뇌어 보았다. 전보다 깊은 차원에서 그 말을 들었다. 내 안의 뭔가가 "풀려나는" 기분이었다. 나는 내려놓고 싶었다. 앤서니 수사의 말대로 가만히 있어 침잠하고 싶었.

내가 방문한 바로 그 암자에서 머튼은 이런 기도를 썼다. "주님은 저의 참모습을 보기로 뜻하셨나이다. 죄 많은 자아는 저의 참 자아, 곧 주께서 제게 주시려 한 자아가 아니라 오직 저 스스로 원했던 자아이기 때문입니다. **이 거짓 자아를 저는 더 이상 원치 않습니다.**"[13]
충분히 알 것 같았다! 제멋대로 부는 내 마음을 따를 것이냐 아니면 하나님 안에 침착하게 가만히 앉아 있을 것이냐, 그것이 문제다.
내려놓기란 자기 속마음의 팽팽한 용수철, 평생을 들여 감고 간수해
온 그 용수철을 놓는 것과 같다. 내려놓으면, 가만히 있어 침묵하게
된다. 옥수숫대 사이에 앉아 하나님을 기다리는 법을 배우게 된다.
언젠가 나는 대학생 소그룹을 창의적 예배 형태로 인도한 적이 있다.
나는 각자에게 실을 얼마씩 나누어 주면서, 그 실로 자신의 영적
여정의 현주소를 상징하는 모양을 만든 다음 그 의미를 소그룹 앞에
나누도록 했다. 한 여학생은 실 끝에 매듭을 지어서 들어 보이며
말했다. "요즘 들어 하는 일마다 꼬이고 되는 일이 없어요. 줄 끝에
매달린 심정입니다. 그래서 매듭을 묶어 놓고 그것만 꼭 붙잡고
있습니다."
계속 돌아가면서 나누었다. 다른 여학생의 실은 처음 나누어 줄 때와
똑같아 보였다. "저도 줄 끝까지 왔지만 매듭을 묶진 않았어요. 그냥
놓고 떨어지기로 한 거죠. 놀랍게도 하나님이 저를 잡아 주셨어요."
예배로 인도받은 사람은 나였다. 이 여학생의 나눔은 앤서니 수사의
말과 똑같았다. 매달리려는 절박한 노력을 그만두고, 내려놓고,
언제나 팔로 밑을 받치고 계신 하나님 안에 가만히 있는 것이었다.

죽음으로써 형성되라

3월이 끝나갈 무렵, 나는 꿈을 꾸었다. 다음날 아침, 일기장에 이렇게
적었다.

나는 미로처럼 구불구불한 동굴 속을 걷고 있다. 가다가, 커다란 나무
들보에 뭔가 새기고 있는 남자를 만난다. 멈추어 그를 보다가 다시

걸음을 뗀다. 그때 남자가 문짝처럼 들보로 내 길을 막는다. 나무에 새긴 글귀가 보인다. "죽음으로써 형성되라"고 적혀 있다. 계속 길을 가고 싶지만 들보를 피해 갈 수 없다.

보다 온전해지는 것은 결국 피해 갈 수 없는 죽음의 경험이라고 그 꿈은 내게 말해 주었다. 엘리자베스 오코너는 "변화에 참여하는 사람들은 죽음에 참여해야 한다"고 말했다.[14]
내 거짓된 이기적 습성들—의미와 성공과 안전과 인정을 찾아 매달려 온 모든 것들—을 버리고 싶은 마음이 간절해졌다. 이런 습성에는 나의 자아상뿐 아니라 다른 사람들이 본 내 이미지도 들어 있음을 나는 알았다. 이제 그것은 죽어야 했다.
아빌라의 성 테레사는 영혼을 누에에 비유하여 이렇게 썼다.

> 누에는 반드시 죽어야 한다. 우리도 이 일을 속히 하여 작은 고치를 치자.……누에를 죽게 하라. 죽어서 누에의 본분을 다 이루게 하라. ……작은 흰나비가 나온다. 하나님은 얼마나 위대하신 분인가!…… 진실로 말하거니와 영혼은 자신을 알아보지 못한다.[15]

"누에를 죽게 하려면" 우리 앞에 늘 작은 흰나비의 이미지를 간직해야 한다. 줄무늬 애벌레와 노랑 애벌레가 깨달은 것처럼 말이다. 노랑 애벌레는 늙은 애벌레를 만나 나비에 대해 듣고서 물었다. "어떻게 나비가 되나요?"
"애벌레 상태를 기꺼이 포기할 수 있을 만큼 절실히 날고자 해야 한단다."

"죽어야 한단 말인가요?" 노랑 애벌레가 물었다.

"그렇기도 하고 아니기도 하지. 네 **겉모습**은 죽지만 네 **참모습**은
여전히 살아 있을 거란다."[16]

당신과 나의 **참모습.** 그것이 가장 중요하지 않은가?

예수님은 "나를 위하여 네 목숨을 잃으면 얻으리라" 하셨다(마 10:39).

죽음으로써 형성되라. 그것이 신약의 근본 주제가 아닐까?

지난 여름 나는 사우스캐롤라이나주 어느 해변에서 접의자에 앉아,
모래를 쪼는 갈매기를 지켜보고 있었다. 네 살쯤 된 한 사내아이가
어느새 새 뒤로 살금살금 다가갔다. 갈매기가 푸드덕 날아가자
아이는 두 팔로 파닥파닥 흉내를 내며 새를 쫓아갔다.

지금은 열여섯 살 된 내 아들이 어렸을 때 꼭 그러고 놀았다. 남들이
다 물속에서 놀 때도 밥은 해변에서 갈매기 뒤를 쫓곤 했다(나는 아들
뒤를 따라다니고). 내 어린 아들이 이제는 영영 사라졌다는 사실이
비수처럼 내 마음을 찔렀다. 그때의 나도 사라지기는 마찬가지였다.
나는 밑으로 내려가 바닷물에 발목까지 담그고 섰다. 수면에 굴곡을
이루며 파도가 밀려왔다. 엷은 베일처럼 퍼지는 파도는 마치
거품으로 주름장식을 한 것 같았다. 파도가 바다로 물러가면서
발밑의 모래가 쓸려 나갔다. 모든 것이 쓸려 나가 꼭 내가 넘어질 것
같은 기분이었다. 변하지 않는 것은 없다고 그 순간들이 내게 말하는
것 같았다. 1년이면 내 아들은 대학생이 되어 집을 떠날 것이다.
침대에 앉아 『이상한 나라의 앨리스』 책 속에서 자귀나무 꽃잎을
찾아내던 그날, 내가 그랬던 것처럼 말이다. 이제 나는 아들과의
관계에 있어 나 자신의 낡은 역할과 이미지에 대해 죽어야 한다.
평생 아들 뒤를 따라다닐 수는 없다.

밀려왔다 밀려가는 물거품마다 가득한 속삭임, **죽음으로써 형성되라,
죽음으로써 형성되라.** 크고 작은 방식으로 우리는 변화의 불가피성에
협력해야만 한다.

앨런 존스는 물었다. "사랑이란 상대를 떠나보내야 할 때를 아는
것이기도 하다는 사실을 배울 때, 당신의 마음에 울리는 음악은
무엇인가?"[17] 어떤 음악인지 내가 말하겠다. "그대로 두라"는
달콤하고도 쓰라린 작은 아리아다.

그해 봄, "죽음으로써 형성되라"는 말과 "그대로 두라"는 말이
섞여 들었다. 그 둘은 다시 자신을 넘겨주시는 예수님의 이미지와
옥수숫대 속 까마귀의 이미지와 섞여 들었다. 그렇게 하나님은 한
번의 기도마다, 한 번의 파도마다 조금씩 조금씩 우리를 이끄신다.
마침내 우리가 단호히 손을 펼 때까지 말이다.

다리

봄이 한창일 때 나는 강연차 캘리포니아 북부에 갔다. 거기 있는
동안 하루는 오후에 삼나무 숲으로 혼자 모험에 나섰다. 바람이 차고
안개가 자욱한 가운데 산길을 걸었다. 산세는 각이 져 있고 밑으로는
깎아지른 벼랑이었다. 어슴푸레 움직이는 작은 흰나비 떼 옆을
지났다.

위로는 나무들이 하늘을 모두 가렸고 잎새들 사이로 뿌연 빛줄기만
새어들었다. 짙어졌다 옅어졌다 하는 빛을 벗 삼아 조금씩 산을
내려갔다. 세차게 흐르는 개울 물소리에 걸음을 멈췄다. 바로 앞

계곡 위로 기다란 목교(木橋)가 걸려 있었다. 저 아래로 안개에 싸인 개울이 쏴 소리를 냈다. 거의 안개 속에 떠 있는 것 같았다.

내 모든 기도와 추구가 끝에까지 온 듯한 기분이 들었다. 내려놓기란 다리를 건너는 것과 같다는 생각도 들었다. 나는 다리 앞으로 갔다. "'너도 번데기로 바뀔 때면 기분이 약간 이상하겠다, 그치?' 앨리스는 물었다."

다리를 건너려니 두 다리가 후들거렸다. 그것이 절경 속의 산책 이상임을 나는 마음으로 알았다. 그것은 나만의 내려놓는 의식이었다. 이제 나도 준비된 순간에 이르렀다고 뭔가가 내게 말해 주었다.

나는 다리를 건너는 것이 내 안의 움직임을 표현하는 방식이라고, 즉 내 아집과 이기적인 습성들과 문화적으로 배어든 이미지들과 지난 일들과 낡은 환영(幻影)들과 무너진 신화들과 두려움들과 거짓들을 내려놓는 방식이라고 하나님께 말씀드렸다.

나의 내려놓음은 완전하거나 완벽하지 않았다. 나도 안다. 그 과정은 우리 안에 영원히 계속될 것이다. 그러나 바로 그때가 내 내면에 느껴지는 전환을 **표현할** 순간임을 나는 감지했다. 이는 내 인생의 전반부를, 더는 통하지 않는 생활 방식들을 버리는 출발점이었다. 건너편에 무엇이 있을지는 나도 몰랐다.

다리를 반쯤 건넜을 때 나는 걸음을 멈추고 계곡 밑을 내려다보았다. 절절한 아픔이 되살아났다. 내려놓는 일은 정말 가슴 저리는 아픔일 수 있다. 그때까지도 내 신발은 천근만근 무겁기만 했다.

다리 저편을 보았다. 도로 돌아가고 싶었다. **제발, 하나님.** 내 발을 보았다. 마침내 고개를 들었을 때, 무수한 나비 떼 중에서 흰나비한 마리가 다리 저편에서 훨훨 나는 모습이 보였다. 나는 그 나비만 쳐다보며 다리를 건넜다. 우리가 보기만 한다면, 하나님은 이렇게 저렇게 우리에게 용기를 주신다.

다 건넌 후 삼나무 밑에 앉았다. 지쳤지만 이상하게 가뿐했다. 가뿐함은 내 안에서 솟아올라 웃음이 되어 숲속으로 퍼져 나갔다. 옛말이 생각났다. "마음이 그 잃은 것을 인해 울 때, 영혼은 그 찾은 것을 인해 웃는다."

나는 하나님께 "감사합니다, 감사합니다, 감사합니다!"라고 말씀드렸다. 그러고는 말없이 앉아 고치를 치는 것이 어떤 것일지 생각했다.

P·a·s·s·a
-g·e·o·f·
T·r·a·n·s
-f·o·r·m-
a·t·i·o·n

6. 너희는 가만히 있어

그리스도인의 기도에는 언제나 애씀보다 기다림이 더 많아야 한다. 이블린 언더힐

천지만물 가운데 정지 상태보다 더 하나님을 닮은 것은 없다. 마이스터 에크하르트

캘리포니아 삼나무 숲에서 집으로 돌아올 때 나는 번데기를 치는 기술을 배울 준비가 되어 있었다. 하지만 어디서부터 시작할 것인가? 영적 변화를 위한 고치 치기에 대해 우리 인간들이 알고 있는 것은 무엇인가? 벌거벗고 가만히 있을 환경, 평생의 에고 습성들이 중심에서 물러나고 가장 내밀한 영적 삶이 재창조될 환경을 우리는 어떻게 조성할 것인가? 우리를 기다림의 괴롭고 불확실하고 외로운 어둠 속에 품어 줄—그것도 기다림 **중에만** 아니라 기다림이 **끝날** 때까지 품어 줄—실밥을 어떻게 짜낼 것인가?

내가 자신에게 던진 질문들이다. 기다림의 가치를 거의 거들떠보지

않는 우리 문화로 인해 답 찾기가 더욱 어려워졌다. 나는 기다림

여정의 과정에 대한 어떤 책도, 번데기에 관한 어떤 청사진도,

기다리는 방법에 대한 어떤 강좌도 찾을 수 없었다. 어느 저녁 나는

에모리 대학교 캔들러 신학부의 제임스 파울러 교수의 강의를

들었다. 그는 "우리는 언제나 사람들을 에스컬레이터에 태워

최대한 빨리 신앙의 다음 단계로 보내 주려 한다"고 탄식했다. 깊이

공감이 가는 말이었다. 이렇게 기독교가 번데기고치 영성 대신

에스컬레이터 영성을 지향할진대, 나는 번데기 치는 법을 어디서

지도받을 것인가?

"그렇다면 하나님께 가자. 내면을 보자." 나 자신에게 말했다.

그리스도는 속에서 우리를 가르치시는 분이요 성령은 내면의

인도자라는, 퀘이커교에서 강조하는 개념은 내게 늘 깊은 감화를

주었다. 우리가 이 개념을 진지하게 대한다면 어떻게 될까? 기다림이

다하도록 내면의 길잡이의 인도를 받는다면 어떻게 될까?

이 길잡이에 대해 토머스 머튼은 이렇게 말했다. "우리는 그 뒤를

정신없이 쫓아다니지 않아도 된다. 그것은 언제나 거기 있었다.

우리가 시간만 준다면 그것은 우리에게 자신을 내보일 것이다."[1]

다리를 건넌 후 몇 주, 몇 달 동안 나는 그 말이 사실임을 깨달았다.

고치 치기보다 더 하나님이 은혜와 인도를 부어 주시는 일은 거의

없음을 나는 배웠다. 번데기고치라는 개념을 고안해 내신 분은

하나님이다. 어떤 생명체든 고치에 들어가 기다릴 때마다 하나님

마음도 거기 있다고 나는 믿는다. 직관—섬광처럼 우리를 인도하는

신성한 통찰—에 우리의 주파수만 맞춰져 있다면, 직관은 올 뿐

아니라 대개 우리에게 가장 요긴할 때 온다.

앤은 여섯 살 때 신디라는 인형을 잃어버린 적이 있다. 우리는 며칠씩 찾았다. 신디는 우리 집 취침 기도에 단골로 등장했다. 하루는 황당하게도 앤이 점심을 먹다 말고 포크를 놓더니 뒤뜰로 가서 개나리 덤불 밑으로 기어들어갔다. 거기 신디가 있었다. 아마도 개가 거기다 물어다 놓았던 모양이다. "어떻게 알고 개나리 덤불 밑을 보았니?" 내가 물었다. 딸은 어깨를 으쓱해 보이며 말했다. "그냥 속으로 알았어요." 내면을 인도하는 은혜. 그 누가 측량할 수 있으랴. 하지만 그것은 우리 모두에게 있다. 특히 기다림과 변화의 과정에 반드시 있다.

그런 은혜는 내면의 귀띔과 인도를 통해서만 아니라 주변 바깥세상을 통해서도 온다. 사실, 기다림을 생각하면 나는 조르주 베르나노스의 『어느 시골 신부의 일기』 마지막 행이 떠오를 때가 많다. "은혜는 어디에나 있다." 이 말을 생각하면 때로 나는 오싹해진다. 하지만 하나님께는 나를 오싹하게 하는 면이 너무 많다. 우리를 향한 엄청난 불합리한 사랑, 약하고 상한 자들 안에 하나님이 임재하신다는 얼토당토않은 주장, 우리를 소망의 자녀로 믿어 주시는 굽히지 않는 믿음은 그중 일부에 지나지 않는다. 그러나 무엇보다도 나는 하나님의 충만한 은혜, 은혜 충만한 우주, 일상의 은혜에 넋을 잃는다. 우리는 우리 가운데 현존하는 은혜를 과소평가해 왔다. 우리는 은혜에 냉소주의와 종교적 확실성의 각질을 입혔고, 그리하여 놀랄 줄 아는 기량을 상실하고 말았다. 기다리려면, 차고 넘치는 은혜를 다시 배워야 한다.

은혜의 실루엣

안개 낀 4월의 어느 밤, 나는 내 번데기고치를 짜기 시작했다.
남편과 아이들과 함께 막 클루 게임(범인과 살해 장소와 방법을 알아내는
추리 게임―옮긴이)을 마친 후였다. "미스 스칼렛이 도서관에서 칼로"
그랬다고, 밥이 답을 맞혔다.

"이번에도 내가 한 수 위였어!" 밥이 우리를 놀렸다.

"맞아." 그렇게 말하면서도 나는 밥이 진상을 떠올린 것은 어느 정도
우연이라는 생각이 들었다.

아이들이 게임 도구를 치우는 사이 나는 베란다 문간에 서서 안개에
싸인 밤을 응시했다. 최대한 신속히 복도를 오가며 단서를 찾아
정답을 알아 내는 클루 게임처럼, 기다림도 그랬으면 좋겠다는
유혹이 만만치 않다는 생각이 들었다.

안개가 어찌나 짙은지 달이나 별은 고사하고 옆집 지붕 위의 굴뚝도
보이지 않았다. 나는 안개 낀 날 느껴지는 기분을 좋아한다. 마치
하나님이 내 위에 베일을 드리우신 것 같았다. 안개가 꼭 번데기고치
같다는 생각이 들었다.

갑자기 어둠 속에 서 있는, 기다리는 것 말고는 어쩌지도 못한 채
불투명한 중년에 서 있는 내 영혼이 느껴졌다. 나는 기도하고 싶었고
입을 열어 간구를 풀어내고 싶었으나, 내 마음은 섬뜩할 정도로
가만히 있을 뿐이었다. 다리를 건너며 내려놓음의 의식을 치른
이후로, 이전처럼 기도가 안 된다는 느낌이 줄곧 내게 있었다.

왜 기도가 안 될까? **왜**? 나는 문간에 서서 안개를 보았다. 내 안의
모든 것은 숨을 죽인 채 움직이지 않았다. 불현듯 유리에 비친 내

모습이 보였다. 어둠 속의 실루엣처럼 내 자세가 보였다. 그리고
은혜 충만한 그 한순간에 —내 딸이 뭔가를 그냥 속으로 "알았던"
그 순간처럼 —나도 깨달았다. **나는 기도하는 나 자신을 보고 있었던**
것이다. 나는 **기도하고** 있었다. 내 가만히 있는 마음, 내 침묵, 어둠을
배경으로 기다리는 그 자세, 그것이 바로 내 기도였다.

뜻밖의 계시였다. 밥처럼 나도 한 수 높아서 그런 것은 전혀
아니었다. 그냥 은혜와 **마주쳤을** 뿐이다.

그 순간들은 내게 떨칠 수 없는 깨달음을 가져다주었다.
번데기고치를 치고 그 안에 들어가 변화되려면 기도의 환경을 짜야
한다. 그런데 이는 우리가 평소에 생각하는 그런 기도가 아니다.
아니, 그것은 뭔가 신비롭게 다른 것이다. 이 기도는 말과 행동과
생각이 아니다. 이 기도는 자세다. 심령의 **자세다.** 자기를 거꾸로
뒤집어 모든 것이 비워지고 하나님이 흘러들게 하는 것이다. 안개 낀
공간에 웅크려 마음으로 듣는 것, 고독 속에 침잠하는 것, 하나님이
불붙이신 소망의 작은 불꽃을 영혼에 두르는 것이다. 그것은 마음의
창턱에 가만히 앉아 바라보는 것이다.

이런 내면의 자세 자체가 기도다. 이런 기도는 우리의 기다림
중에 변화와 치유와 응답을 낳는다. 그 모양과 윤곽이 우리를
번데기고치가 되게 한다.

영적 구상돌기

며칠 후 나는 샌디가 가져온 나비에 관한 책을 다시 집어 들었다.

번데기를 짜기 시작할 때 애벌레는 복부 끝에 **구상돌기**라는 가시투성이의 작은 돌기를 만든다. 구상돌기는 단추나 벨크로처럼 번데기고치 안의 번데기를 제자리에 붙어 있도록 고정시켜 주는 역할을 한다. 마치 닻을 내린 지점처럼 애벌레는 거기에 매달려 있는다.

정지점 즉 전진도 없고 후퇴도 없는 영적 자리에 관한 T. S. 엘리엇의 시가 문득 떠올랐다. 이는 우리를 고정시켜 주는 우리 안의 한 지점으로, 모든 것은 그것을 중심으로 돈다. 그는 "이 점, 이 정지점 없는 무도(舞蹈)는 없다"고 썼다.[2]

정지점은 우리의 구상돌기다. 그것 없이는 변화의 춤도 없다. 이는 모든 고치 치기가 시작되는 곳이다. 자기 영혼 안에서 우리는 전진도 없고 후퇴도 없이 그저 기다림 속에 고정되어 있을 지점을 찾아야 한다. 우리 삶이 말없이 매달려 새로워질 수 있는 "돌기"를 찾아야 한다.

이 정지점은 **무엇인가**? 이는 중심 곧 하나님의 성령이 우리 안에 거하시는 고요한 핵을 가리킨다. "하나님의 성령이 너희 안에 거하시는 것을 알지 못하느뇨"(고전 3:16). 때로 우리는 알지 **못하는** 것 같다. 그러나 하나님은 우리 안의 거룩한 곳에 계셔서 거하시고 두루 행하신다(고후 6:16). 이는 우리 존재의 가장 깊은 중심이며, 하나님이 우리를 깊이 속속들이 아시고 사랑하시는 곳이다. 바로 거기서 하나님의 임재는 우리 안에 거한다.

바로 거기서 우리는 하나님께 속한다. 실은 하나님도 바로 거기서 우리에게 속하신다. 결국 정지점이란 사랑의 만남, 포옹이다. 힐데가르트는 이렇게 썼다.

하나님이 당신을 안으신다.

하나님이

그 신비의 팔로

당신을 감싸 주신다.[3]

하나님의 포옹. 얼마나 놀라운 그림인가! 그 감싸심이 당신의
정지점이다. 당신의 구상돌기는, 사랑으로 하나님과 포옹하는 내면의
그 자리에 붙어 있을 때 만들어진다.

내 번데기고치는 거의 매일 섬세한 실밥을 풀어내기 시작할 것이고,
그러면 나는 돌아가 내면의 닻을 찾아 거기 매달려야 하리라. 우리는
분주하고 자질구레한 삶 때문에 생각이 꽉 막힐 수 있다. 그래서
몸을 뒤틀며 안달하고, 기다림과 영혼의 느린 신록을 피해 달아나게
된다. 그때가 바로 걸음을 멈추고 정지점과 다시 소통해야 할 때다.
그 방법은 사람들이 다양한 것만큼이나 다양하다. 인간의 마음이
정지점에 접근하는 방식은 모두 저마다 독특하다. 내면의 형성에
관한 한 당신과 나의 창의적 역량은 정말 무궁무진하다.

나는 개개 인간 영혼의 개성을 믿는다. 우리 각자는 하나님과 함께
영혼을 만들어 가는 예술가다. 마이스터 에크하르트는 예술가가
특별한 종류의 사람이 아니라 각 사람이 특별한 종류의 예술가라고
믿었다. 생각해 보라. 당신은 특별한 예술가다. 당신의 영혼은
당신의 화폭이요, 피리요, 시다. 모든 참 예술가가 그렇듯이 당신은
하나님과의 독특한 협력 가운데 자신의 영혼을 그리고, 불고, 쓴다.
정지점에 접근하는 우리의 다양성이 거기서 나온다. 그렇다면 그런
접근들을 하나로 묶어 주는 것은 무엇인가? 하나님을 향한 전심을

다한 의지다. 데이비드 스테인들 라스트는 전심으로 하는 일은
무엇이든 기도일 수 있다고 했다.[4] 전심을 다할 때 우리의 전존재는
하나님 쪽으로, 내면의 깊은 중심 쪽으로 목표가 통일된다.
그렇게 하는 자신만의 방법을 당신은 찾아냈고 또 찾아낼 것이다.
내 번데기고치 시절에 나는 아침녘에 한 자루 촛불을 밝히고
5-10분 동안 그 말없는 불꽃을 지켜봄으로 내 정지점을 찾곤
했다. 내 마음은 훈훈했고 하나님께 집중되어 있었다. 가끔 내
서재의 그림들과 상징물들을 묵상할 때도 있었다. 고래 뱃속으로
내려가는 요나를 보기도 했고, 아기 예수를 임신한 마리아가 그려진
크리스마스 카드를 손끝으로 매만지기도 했다. 때로는 잠시 침묵의
시간을 내어 별빛 아래 뒤뜰을 거닐거나 음악을 듣거나 스케치북을
들고 웅크려 앉는 것도 정지점으로 돌아가는 길이었다. 요점은
마음을 잠잠케 하는 것, 일상의 표면 아래 흐르는 더 깊은 삶으로
들어가는 것이다.

기다림의 기도

구상돌기를 찾은 나는 이제 마음을 더 활짝 열어 고치를 만들어 내는
자세를 취하려 했다. 앞서 말한 것처럼, 기다림의 기도는 평소의 기도
목록에 없다. 그것은 간구와 중보, 하나님을 통한 문제 해결과 거의
상관이 없다(물론 그런 것들도 중요한 기도지만). 기다림의 기도는 다르다.
장로교 목사이며 작가인 유진 피터슨은 어떤 인터뷰에서 이렇게
말했다. "영성의 전제는 내가 알기 전에 **항상** 하나님이 뭔가 하고

계시다는 것입니다. 그러므로 과제는 내가 필요하다고 생각되는 일을 하나님께 해달라고 하는 것이 아니라, 하나님이 이미 하고 계신 일을 내가 알게 되는 것입니다. 그래야 그 일에 반응하고 참여하면서 거기서 기쁨을 얻을 수 있습니다."[5]

이것이 기다림의 기도 배후에 있는 동기다. 우리는 가만히 있는 마음 자세를 취한다. 그럴 때 우리는 하나님이 하고 계신 일을 알게 되고, 자신의 전 존재로 차츰 거기에 협력할 수 있다.

어느 날 아침 내 전화벨이 울렸다. 뉴욕의 한 친구가 내게 전화하여 자기 삶의 "결정적인 돌파구"를 들려주었다. 그녀는 43년 인생을 직장 세계에서 다분히 작고 빨간 닭처럼 살아왔다. 회사에서 실력을 인정받고 남보다 앞서가서 정상에 오르려고 목숨이라도 버릴 듯이 아등바등 일에 매달리던 그녀는 결국 탈진하고 말았다. 그래서 작년에 내면의 위기를 겪었다고 했다.

들을수록 나는 그녀도 나와 똑같이 중년의 늪에서 씨름했다는 생각이 들었다. 그녀도 아득한 바닥에 닿았었다. 친구는 "내 삶에 대해, 지금 살고 있는 방식에 대해 생각하다 보니 '이게 다 무슨 소용인가?' 하는 의문이 들었다"고 했다.

친구의 의문을 듣자니 재니스 브루이와 앤 브레넌의 『중년』의 한 대목이 메아리처럼 되살아났다.

중년의 어느 날, 자신과 자신의 모든 관계와 본분에 회의가 들 때, 그리고 여태 그토록 살맛나던 모든 일들이 맥을 잃으면서 아픔과 불안이 덮쳐 올 때, 바로 거기서 깊은 의문이 표면에 떠오른다. **이게 다 무슨 소용인가?** 이 의문에 주목하는 자는 복되다.……그 의문은

기도다.[6]

내 친구는 그 의문을 기도로 삼았던가? "그래서 어떻게 됐어?" 내가 물었다.

"시간이 필요하다는 결론을 내렸지." 그녀는 말했다. 기다림의 시간이리라 나는 생각했다.

"메인 주의 시골에 가서 걸었어. 걸으면서 하나님께 상황을 변화시켜 달라고 막 떼를 썼지. 직장에서 일하던 버릇대로 기도도 일사천리로 밀어붙인 거야. 그때 우연히 두 나무 사이에 걸린 거미줄이 눈에 띄었어. 거미는 아직 한창 줄을 치고 있는 중이었는데, 왠지 모르게 난 멈춰 서서 지켜보았지. 내 평생 그렇게 엉뚱한 일은 해본 적이 없다는 생각이 들었어. 아무튼 엉뚱해 보였으니까."

나는 씩 웃었다. 기다림은 처음에는 언제나 엉뚱하게 느껴진다.

친구는 말을 이었다. "시간 가는 줄 모르고 나뭇등걸에 앉아 거미를 지켜보았어. 근데 말이지, 정말 아름다운 일이 벌어졌어. 기도란 이렇게 해야 되는 거라고, 내 안에서 그런 음성이 들려오는 거야. 그냥 조용히 가만히 있는 거라고. 그래야 하나님이 이미 짜고 계신 것이 비로소 보이기 시작한다고. 그래서 그때부터 그렇게 했지."

둘 사이에 침묵이 흘렀다. 그러다 친구가 말했다. "그런 일이 모든 것을 바꿔 놓을 수 있다니, 정말 묘하지?"

정말 그렇다. 하나님이 우리의 길목에 은혜의 작은 거미줄을 쳐 놓아 우리를 기다림의 기도에, 치유와 중생에 들어가게 하시니 정말 묘하다.

내 친구는 가만히 있어 집중하는 기도를 만났다. 이는 비범하고 강력한 기도지만 우리는 그것을 거의 잘 모른다. 이 기도의 모양과 자세를 취함으로 우리는 번데기고치가 된다. 가만히 있는 특이한 자세로 자신을—마음과 몸과 생각과 영혼을—정렬할 때, 우리에게 필요한 특별한 환경이 만들어진다. 그리고 기다림의 계절이 만들어진다. 그 안에서 우리는 자신의 심연과 교류할 수 있게 되며, 잃어버린 것을 되찾고 상한 부분을 치유하여 자신의 참모습이 되어 간다.

가만히 있어 집중하는 기도는 세 가지 내면의 자세를 취한다. 이는 성경에 나오는 세 가지 앉음의 예로 상징된다.

주의 발 아래 앉아 있기

어느 날 나는 신약성경을 쭉 넘기다가 잘 알려진 마리아와 마르다의 이야기를 만났다(눅 10:39). 예수께서 마리아의 집에 다니러 오셨다. 부엌이 정신없이 바빠졌다. 마리아의 언니 마르다는 거기에 완전히 빠져 정작 중요한 것을 놓쳐 버렸다. 반면 마리아는 많은 터부를 깨고 예수님 주변에 모여 있는 남자 제자들 사이에 들어갔다. 성경을 보니 마리아가 주의 발 아래 앉아 마음으로 그분의 말씀을 들었다고 했다.

이야기를 읽는데 이상한 일이 벌어졌다(은혜가 더욱 넘친 것 같다). 내 얼굴에 눈물이 흘렀다. 마리아의 행동 앞에서 나는 새삼 순전한 경이에 빠졌고, 잃어버린 친자매라도 되는 양 그녀에게 마음이 끌렸다.

자신의 깊은 묵상적인 면을 속박하는 인습적 습성들을 깨고 용기를 다해 그런 자세를 취한 마리아를 나는 생각했다. 가만히 앉아서

그리스도의 얼굴을 보되 눈으로만 아니라 마음으로 그분께 집중하던

그녀가 그 자리에서 어떻게 보였을지 상상해 보았다.

내 눈앞에 보이는 것이 곧 기다림의 자세임을 나는 알았다. 나는

번데기고치의 기도를 보고 있었던 것이다.

사랑하고 주목하는 마음으로 이렇게 하나님 발 아래 앉는 자세는

우리 모두가 취하고 싶어하는 자세다. 그 동경을 자신이 알든

모르든 말이다. 우리의 그 동경은 깊고도 보편적이다. 오늘날 수많은

사람들이 모르고 있지만, 마리아는 정말 우리의 잃어버린 자매다.

그녀는 우리 각자 안의 잃어버린 아름다운 부분, 온전히 마음을

집중하여 하나님 임재 안에 앉는 묵상자다.

나는 성경책 여백에 "마음의 주목"이라고 썼다. 그것이 마리아가

취한 자세의 목표이자 중심 특성인 것 같았다.

"마음의 주목"은 예로부터 교회의 영성 저작에 등장하는 고대의

묵상 문구다. 저자 제이콥 니들먼은 『잃어버린 기독교』에서 기독교

체험의 정수를 찾아 나선다. 그는 우리가 그것을 다분히 "잃었다"고

보았다. 추구 과정에서 그는 시므온이라는 10세기 성인의 저작을

만나게 된다. 시므온은 마음의 주목이 영적 작업의 주목표라고,

그것이 우리를 우리 존재의 중심인 마음으로 인도한다고 썼다. 이

사상에 담긴 엄청난 진리에 니들먼은 놀랐다. 그는 여기 뭔가 확실한

것, 영적 변화를 향한 참된 다리, 가장 깊고 가장 신실한 자아가 될

수 있는 의식 변화의 길이 있다고 생각했다. 니들먼은 "이 주목이 곧

기도다. 밤중에 지켜보며 기다리는 주체가 바로 기도다"라고 썼다.[7]

나는 마음의 주목을 주의력과 헌신이라는 두 내면 상태의 조합

이라고 본다. 하나님의 임재 안에 가만히 앉아 있는 마리아는 이

둘의 융합을 유감없이 보여준다.

주의력은 기다림에 꼭 필요하다. 기다린다는 말은 "주시하다"라는 뜻의 어근에서 왔다. 본래 기다린다는 것은 일정 기간 내내 주의력 내지 경각심을 품는다는 뜻으로 매우 중요시되는 것이었다.

하나님을 기다린다는 것은 하나님이 오시는 것을 예의주시한다는 뜻이다. **주시하는** 자들과 **기다리는** 자들은 거의 같은 의미였다.

안타깝게도 우리의 기다림 경험에는 이런 의미가 다분히 없어졌다. 요즘은 기다림의 개념이 집중의 개념보다는 오히려 산만함의 개념과 통한다. 우리는 기다림을 하릴없이 빈둥거리는 것으로 폄훼한다.

어느 날 오후, 나는 내 딸의 친구 하나가 어느 가게 앞에 서 있는 것을 우연히 보고는 무슨 일이냐고 물었다.

"기다리는 중이에요."

"기다리는 중?"

"시간을 죽이는 거죠." 그녀는 말했다. 우리는 기다림과 주목 사이의 신성한 관계를 회복할 필요가 있다. 내가 사춘기 때 데이트하러 나갈 때마다 엄마는 "기다리고 있으마!"라고 말했다. 나는 그 말이 무슨 뜻인지 알았다. 차고 앞에 자동차 불빛이 보이고 현관에 내 목소리가 들리는지 주목하고 주시하며, 내가 올 때까지 깨어 있겠다는 뜻이었다. 부모의 마음만이 할 수 있는 방식으로 내게 마음을 집중하겠다는 뜻이었다.

마음의 주목에 내재된 다른 태도는 헌신이다. 주의력처럼 헌신도 참된 기다림에 늘 빠지지 않는다.

요즘은 하나님께 대한 헌신의 경험에 대해, 우리를 지으시고 먹이시는 분을 향해 애정과 열정을 가꾸는 것에 대해 별로 들어 보기 어렵다. 때로 나는 우리가 사고의 길을 좇다가 마음의 길을 몰아내지 않나, 하나님과 **함께** 있는 것보다 하나님에 **대해** 아는 것을 강조하지 않나 하는 생각이 든다.

헨리 나우웬은, 오늘날 마귀의 보다 간교한 책략 중 하나는 "우리로 하여금 기도를 주로 사고 활동으로, 무엇보다 우리의 지적 역량을 요하는 일로 보게 하는 것이다. 이런 편견은 기도를 하나님과의 대화나 하나님에 대한 생각으로 전락시킨다"고 보았다.[8] 기도는 순전히 감정적 활동이 아닌 것만큼이나 순전히 지적인 활동도 아니다. 기도는 **전인적인** 경험이다.

하나님과 함께하는 삶이 죽은 숯덩이가 되어 버린 사람들을 나는 갈수록 더 많이 보게 된다. 헌신의 경험을 끄면 기도도 죽는 경향이 있다. 신성한 흠모의 경험, 불타는 마음으로 하나님 임재 안에 앉아 누리는 기쁨은 다 어디로 갔는가? 하나님이 우리를 지으신 것은 살아 있음의 기쁨을 우리와 함께 나누시기 위함이고, 우리를 사랑하시고 우리의 사랑을 맛보시기 위함이며, 우리를 즐거워하시고 우리의 즐거워하는 마음을 누리시기 위함이다. 하나님은 우리의 마음을 원하신다.

『하나님의 임재 연습』의 가장 감동적인 대목은 단연 로렌스 형제의 이런 고백이다. "내게 있어 하나님을 대하는 가장 유익한 길은 이 단순한 주목과 하나님을 향한 참된 열망이다. 나는 엄마 품에 안긴 아기보다 더 큰 기쁨으로 하나님께 속해 있는 자신을 종종 본다."[9] 로렌스 형제는 헌신의 애틋한 불꽃을 알았다.

하나님 발 아래 앉은 마리아의 자세를 취하려 할 때, 나는 "경건의 시간"을 정하거나 사고 활동을 많이 하려 애쓰지 않았다. 다만

때때로 시간을 내어 가만히 앉아 마음의 주목을 실천했다. 나는
새벽에 베란다에 앉아, 늘 멀리 있는 나무에서 보이지 않게 노래하는
부엉이 소리를 듣곤 했다. 반딧불이 눈발이 흩날리듯 날아다니는
땅거미 속에 앉아 있을 때도 있었다. 한번은 일주일간 어디로 떠나,
더 오랫동안 중간에 끊지 않고 가만히 앉아 있기도 했다. 속으로
마음을 하나님께 고정시켰다. 나는 주시하고 주목하려 했고,
하나님과 피조세계와 나 자신의 살아 있음과 심지어 부엉이의
거룩한 부름까지도 사랑하고 그 앞에 있으려 했다.
내게는 그것이 마리아의 자세다. 보이지 않는 방식으로 우리를
변화시키는, 가만히 있어 기다리는 기도다.
기다림의 시간이 견딜 수 없이 길어져도 그 자세가 우리를 지탱시켜
줄 수 있다. 밥이 초등학교에 다닐 때, 방과 후에 구내 식당에서
자모회 회의가 있었다. 회의가 끝날 때까지 나를 기다리지 않아도
되도록 밥은 그날 자전거로 등교했다. 내가 학교에 도착하니 밥은
자전거 있는 곳으로 가고 있었다. "회의가 오래 걸릴 것 같으세요?"
밥이 물었다.
"그럴지도 몰라. 어쨌든 최대한 일찍 집에 갈게." 나는 말했다.
4시에 회의를 끝내고 나오다 나는 하마터면 밥에게 걸려 넘어질
뻔했다. 밥은 식당 벽에 기댄 채 바닥에 책상다리로 앉아 있었다.
"엄마, 기다렸어요!" 밥이 벌떡 일어나면서 말했다.
"그러지 않아도 됐잖아." 내가 말했다.
"알아요. 그냥 그러고 싶었어요. 엄마한테 이걸 주고 싶었어요." 밥은
구겨진 종이 한 장을 내 코밑에 들이밀었다. 앞에는 비행기, 삐뚤삐뚤
늘어선 튤립들, 커다란 노란색 해가 그려져 있었다. 종이를 펴니

"엄마 사랑해요"라고 쓰여 있었다.

내 아들은 사랑의 쪽지를 손에 움켜쥐고 아무도 없던 학교 복도에서 한 시간 반이나 기다렸다. 내가 그런 헌신의 대상이 될 수 있다는 사실에 감격하여 나는 아들을 내려다보았다. 그리고 아들을 꼭 끌어안았다. 어찌나 꼭 끌어안았던지 밥이 "엄마, 엄마 심장소리가 내 귀에 들려요"라고 말했다.

나는 엄마를 즐거워하는 내 아들을 즐거워하며 더 꼭 끌어안았다. 우리가 마리아의 자세로 기다릴 때 바로 그런 일이 벌어진다. 우리는 하나님을 즐거워하고 하나님은 우리를 즐거워하신다.

내 안의 모성 때문인지 모르지만, 나는 우리 모두에게 어머니 같으신 하나님이 우리의 그런 주목과 헌신―기다리지 않아도 될 때도 기다리고 싶어지는―을 즐거워하시지 않는다고는 절대 믿지 않는다. 어둠과 고통 속에서 마리아처럼 전심으로 주목하며 하나님의 임재 안에 앉을 때, 우리는 기도하고 있는 것이다. 새로운 피조물이 되고 있는 것이다. 번데기고치 안에 살고 있는 것이다. 우리의 자세 자체가 하나님께 고백한다. "하나님, 사랑합니다."

항상은 아니지만 때로 그 순간은 우리 안에 하나의 소리로 일어서고, 그러면 우리는 바로 옆에서 뛰는 하나님의 심장소리가 들릴 것만 같다.

예수께서 기도하시는 동안 앉아 있기

그레이스 감독교회에서 예배드리던 중 나는 기다림 기도의 또 다른 자세를 만났다. 그날 성경 본문은 예수님의 생애 마지막 밤에 관한 것이었다. 특히 한 절이 내 눈을 끌었다. 평생 들었던 말씀이지만 한 번도 제대로 듣지 못했었다. "저희가 겟세마네라 하는 곳에 이르매 예수께서 제자들에게 이르시되 나의 기도할 동안에 너희는 여기 앉았으라 하시고"(막 14:32).

예수께서 죽으시기 전날 밤이었다. 얼마 후면 그분은 잡히실 것이었다. 늦은 시각, 제자들을 둘러싼 위기가 안팎으로 그들의 진을 빼놓았다. 예수님은 그들을 동산으로 데려가셔서 긴 밤을 기다리게 하셨다. 그들에게 기도를 부탁하셨던가? 그분의 사정을 변호해 달라고 하셨던가? 아니다. 그분은 기도는 내가 할 테니 너희는 앉아서 쉬라고 하셨다.

내가 기도할 동안에 너희는 여기 앉아 있으라. 제단 위에서 조용히 타고 있는 촛불들을 바라보며 나는 그 말씀을 곰곰 생각했다. 갑자기 그 말씀이 제자들만 아니라 나를 향한 그리스도의 초청이 되었다. 그분은 친히 기도하시는 동안 **내가** 앉아 있기 원하셨다.

이것이 무슨 뜻일까? 의문이 풀리지 않았다. 내게는 아득한 개념이었다. 그리스도의 영이 우리 안에 임재하시고 활동하시며 우리를 위해 기도하신다는 것일까? 기다림의 기도란 그리스도께서 우리 안에서 기도하고 계심을 믿고 가만히 있는 것일까? 그 생각이 내게 벼락처럼 내리쳤다.

특정한 성경구절 하나가 떠올랐다. 늘 내게 알쏭달쏭해 보이던 구절이었다. "만일 우리가 보지 못하는 것을 바라면 참음으로 기다릴지니라. 이와 같이 성령도 우리의 연약함을 도우시나니 우리는 마땅히 기도할 바를 알지 못하나 오직 성령이 말할 수 없는 탄식으로 우리를 위하여 친히 간구하시느니라"(롬 8:25-26).

"사랑하는 하나님, 제가 기다리는 동안 하나님은 **정말** 제 안에서 기도하시는군요. 말할 수 없는 탄식으로 기도하시는군요." 그런 생각이 들었다.

영성 작가 매기 로스도 이 개념을 탐구했다. "우리가 기도한다는 것은 착각이다. 오직 그분만이 기도하신다. 우리의 이른바 기도 행위는 그분께, 우리 안에 녹아든 이 사랑의 핵에서 나오는 그분의 기도에 굴복하는 것이다."[10]

예수께서 기도하시는 동안 앉아 있는 자세를 취할 때, 우리는 세상에서 가장 은혜 충만하고 신비로운 기다림의 경험에 들어선다. 우리의 어둠을 꿰뚫고 오셔서 말씀하시고 붙드시고 안에서 기도하시는 성령의 친밀한 임재에 마음이 열리는 것이다.

역시 강조점은 우리가 하는 일이 아니라 하나님이 하시는 일에 있다. 결국 우리를 치유하고 변화시키고 창조하는 것은 우리 자신이 아니다. 하나님이 우리를 치유하고 변화시키고 창조하실 수 있도록 우리는 자세를 취할 뿐이다. 예수께서 기도하시는 동안 우리가 앉아 있는다는 것은 성령께서 살아서 말씀하신다는 뜻이다. 우리의 몫은 앉아 있는 법을 배우는 것이다. 우리 안의 하나님 역사에 복종하고, 그분의 기도에 마음을 열고, 그 침묵의 언어를 듣는 것이다. 겟세마니 수도원 수도사인 마이클 신부는 내게 "결국 기다림이란 하나님을 하나님 되게 하는 것"이라고 말했다.

이 기도 자세의 특징은 **쉼**이다. 예수께서 기도하시는 동안 우리가 앉아 있는다는 것은, 거룩한 안식을 취하여 영혼의 긴장을 풀고 거기서 하나님 안에 쉼을 얻는 것이다. 그리스도는 "내 안에서 쉬라, 내 기도 안에서 쉬라"고 말씀하시는 것 같다. 그리고 우리는 쉼을 통해 변화된다.

우리들 대부분은 가만히 있기 전에는 자신이 속으로 얼마나 지쳐 있는지 모른다. 예수님의 초청을 묵상하는 사이, 내 안의 영적인 피로가 군데군데 보이기 시작했다. 영혼의 위기와 아픔과 의문에 반응하는 데는 에너지가 많이 든다. 기다림은 영적 에너지를 비축하는 재충전의 시간이 되어야 한다. 예수님은 "수고하고 무거운 짐 진 자들아, 다 내게로 오라. 내가 너희를 쉬게 하리라"(마 11:28)고 약속하신다.

쉼도 일만큼이나 거룩하다. 사막의 교부들 중 하나인 안토니우스 수도원장에 대한 일화들 가운데 내가 좋아하는 것이 있다. 사막에서 느긋하게 쉬고 있는 그와 수사들을 한 사냥꾼이 우연히 보고는 못마땅한 기색을 보였다. 수도원장이 그에게 허공에 활시위를 당겨 쏘아 보라고 하자 사냥꾼은 그대로 했다. 수도원장은 그에게 하나 더 쏘라고 했고, 그러기를 계속했다. 사냥꾼은 활이 이렇게 항상 휘어 있으면 결국 부러진다고 항변했다. "하나님의 일도 마찬가지라오. 우리가 자신을 정도 이상 밀어붙이면 결국 쓰러질 것이오. 고로 때때로 수고를 쉬는 것은 옳은 일이오."[11]

정신없이 쫓기는 사회에서, 수고를 쉬며 변화의 에너지를 찾을 시간을 내기란 어려운 일이다. 그래서 우리에게 이 특정한 기다림의 자세가 더더욱 요긴하다. 그렇게 앉을 때 우리는 활시위를 풀고 하나님 안에서 아주 깊이 쉬는 것이다. 그리스도의 탄식 기도의 신비에 고이 안기는 것이다.

또 다른 사막의 교부 아르세니오 수도원장이 하나님께 자기를 구원으로 이끌어 달라고 기도하자 이런 음성이 들려왔다고 한다. "침묵하라, 기도 안에 쉬라." 우리에게 주시는 말씀이기도 하다.

헬라어로 "쉼"은 헤시키아(*hesychia*)인데, 이 말은 또한 "기도"를 뜻한다. 헤시키아는 끊임없는 기도의 한 방식이었다. 이는 우리가 마음속으로 내려가 자신과 하나님을 위한 둥지—하나님의 임재 안에 쉬는 곳—를 짓고, 고통과 갈등과 씨름이 다하기까지 종일토록 거기 머무는 기도다.

예수께서 기도하시는 동안 앉아 있으면 우리는 마음에 이런 둥지를 짓게 된다. 그래서 가만히 있어 안식하고 재충전하며, 우리 안에서 속삭이시는 성령의 기도와 말씀을 들을 수 있다. 노리치의 줄리안은 하나님과 편안해진 또는 하나님과 안식하는 사람은 "기도할 필요가 없고 다만 하나님이 하시는 말씀을 겸손히 묵상하면 된다"고 했다.[12] 이 일은 우리가 가만히 있을 때 가장 잘 이루어진다. 마음이 잠잠할 때에야 우리는 깊은 차원에서 쉴 수 있고, 우리 영혼의 숨은 곳, 우리 삶의 상황, 주변의 말과 몸짓, 자연의 아름다운 얼굴 등에서 들려오는 하나님 음성을 알아들을 수 있다. 예수님은 이 사실을 아셨다.

나는 쉬면서 그리스도의 기도에 자신을 열어 놓는 시간을 더 많이 내었다. 나는 우리의 존재를 받쳐 주는 단순함 속에 앉아 있었는데, 그로 인해 내 안에 공간이 열리면서 새로운 에너지가 나왔다.

어느 날 나는 호스피스 자원봉사자인 한 친구에게, 예수께서 기도하시는 동안 앉아 있는 법을 배우는 중이라고 말했다. 친구는 "네게 해줄 이야기가 있다"면서 매기라는 여자에 대해 말해 주었다. 매기는 살아 보려고 씩씩하게 병과 싸우다가 결국 쇠약해져 죽음의 목전에 이르렀다. 내 친구는 말했다. "내가 처음 찾아갔을 때 매기가 나더러 기도해 주겠느냐고 물었어. 나는 소리 내어 기도하는 건 잘 못한다고 했지. 매기는 괜찮다며 자기가 기도하겠다고 했어."

"매기의 기도는 매번 더없이 훌륭했어. 하지만 끝이 가까워 오자 기력이 진하여 기도는 고사하고 말도 못할 지경이 되었어." 친구는 잠시 멈추었다. 한쪽 눈꺼풀에서 반짝이는 눈물방울이 보였다. 친구는 눈물을 닦고 다시 말을 이었다. "하루는 매기가 나지막한 소리로 '오늘은 기도를 못하겠다'고 하잖아. 그래서 내가 해보겠다고 했지. 하지만 매기는 고개를 저으며 말했어. '아냐, 괜찮아. 우린 그냥 여기 앉아 있자. 예수님이 기도하시도록 말이야.' 매기는 눈을 감고 베개에 기대었지. 정말 듣고 있는 것처럼, 어떤 임재가 그 안에 위로의 말을 들려주는 것처럼, 매기는 가끔씩 고개를 끄덕이곤 했어. 매기가 세상을 떠나는 날까지 우리는 그렇게 기도했어. 예수님이 기도하시도록 우린 매기의 방에 앉아 있었던 거야."

기다림의 경험 중에 나는 어떻게 기도해야 할지 모르거나 기도할 기력조차 없던 때가 많았다. 예수님의 초청에 응하여, 그분이 내 안에서 기도하시는 동안 옆에 앉아 있는 것은 얼마나 놀라운 일이었던가. 나는 자신에게 쉼을 허락했다. 그렇게 가만히 있으면서 나는 들었다. 희미하여 잘 들리지 않는 탄식과 속삭임이 내 안 어딘가에 정말로 있음을 나는 알았다. 그것은 나를 고요히 새 생명으로 이끄시는 하나님의 아름다운 호흡이었다. 그분 자신의 기도가 매기처럼 나를 천천히 빛으로 데려가고 있었다.

길가에 앉아 있기

대학 시절에 나는 사뮈엘 베케트의 『고도를 기다리며』를 보았다.[13] 거기 보면 헐렁한 바지와 중산모자 차림의 블라디미르와 에스트라곤이라는 두 떠돌이가 날마다 시골 길가에 서서 고도라는 신비의 인물이 나타나기를 기다린다. 그들의 기다림이 연극 전체다. 고도가 누구인지는 아는 이가 없는 것 같다. 그런데도 모든 것이 그의 등장에 달려 있다. 고도가 오면 "우리는 구원받는다"는 대사가 끝부분에 나온다.

그러나 서서히 진실이 드러난다. 고도는 오지 않는다! 그래도 두 남자는 때로 지켜보기 딱할 정도의 희한한 절망적 희망을 품고 계속 기다린다. 광대 옷차림에 가까운 떠돌이 행색의 블라디미르와 에스트라곤은 서글픈 우주적 장난에 말려든 것 같다.

연극이 끝날 때도 그들은 여전히 기다리고 있다. 고도는 끝내 오지 않는다.

일부 연극 비평가들은 고도가 하나님 아니면 적어도 장차 와서 모든 것에 의미를 부여해 줄 누군가에 대한 인류의 희망을 상징한다고 보았다. 베케트가 시몬 베유의 책『신을 기다리며』에 대한 반작용으로『고도를 기다리며』를 썼다는 평도 있다. 그 책에서 베유는 신을 기대하며 기다리는 것이 인생의 가장 중요한 모험이라고 했다. 베케트는 끝내 오지 않을 하나님을 기다리는 절망적인 기다림의 악몽을 그린 것 같다.

극장을 나서면서 느꼈던 오싹한 공포가 지금도 기억난다. 삶이 정말 저렇다면 어떨까 하는 생각이 들었다. 블라디미르와 에스트라곤이 정말 우리 모두의 이야기를 대변하고 있다면?

중년의 의문들로 씨름하던 위기 초기에, 그 공포가 내게 되살아났다. 나는 고도를 기다리고 있는 것일까? 기다림이 몇 달씩 계속되면서, 때로 나는 길가에 서서 헛수고만 하고 있는 블라디미르와 에스트라곤이 된 심정이었다. 어둠 저편이 보이지 않았고, 고개 하나

너머에 하나님이 오고 계심도 믿어지지 않았다.

우리는 기다림의 한복판에서 희망을 잃기가 쉽다. 희망과 신뢰의 자세를 취하도록 도와줄 기도 방식이 내게 필요함을 나는 깨달았다. 나는 고도에 대한 기다림과 웬만큼 반대되는 사건을 성경에서 찾으려 했다.

그러다 바디매오 이야기를 만났다(막 10:46-52). 블라디미르와 에스트라곤처럼 바디매오도 시골 길가에서 기다렸다. 그는 여리고 외곽의 노변에 앉아, 예수께서 오셔서 자기 눈을 뜨게 해주시기를 기다렸다. 연극 속의 두 남자처럼 바디매오도 떠돌이 같은 존재였다. 성경에는 "거지"로 되어 있다. 눈이 멀었다는 것도 공통점이다. 바디매오는 육신의 눈이 멀었고, 베케트의 연극 주인공들은 영의 눈이 멀었다.

그러나 유사성은 거기서 끝난다. 블라디미르와 에스트라곤하고는 달리, 바디매오는 희망과 신뢰를 품고 기다렸다. 그에게는 치유와 생명과 빛, 그 모든 것 되신 하나님이 곧 오신다는, 어쩌면 고개 하나 너머에 계시다는 굉장한 믿음이 있었다. 다른 차이—최고의 차이—는 이번에는 하나님이 오셨다는 것이다. 나는 바디매오의 자세를 내 기다림 기도의 일부로 삼고 싶었다. 이것이 내가 내적으로 살아 내고 싶은 이야기였다.

거기 앉아 길 위의 발자국 소리에 귀를 곤두세우고 있는 바디매오, 예수께서 오셨다는 신호인 무리의 웅성거림이 일기를 고대하고 있는 바디매오가 그려지지 않는가? 그가 얼마나 오래 기다렸는지 우리는 모른다. 그러나 마침내 예수께서 오시자 바디매오는 믿음이 충만하여 시력을 구했고 그대로 받았다. 빛의 선물—깨달음, 즐거움,

가벼움—은 우리가 우리 안의 희망과 믿음의 자리에 들어설 때
찾아온다.

바디매오의 자세를 취할 때, 우리는 고치 안에 가만히 앉아 자기
내면의 희망과 신뢰의 자리를 여는 것이다. 하나님의 나무에 거꾸로
매달려 삶의 어느 것도 전과 같아 보이지 않는 상황에서 이는 어려운
일일 수 있다.

솔직히 말해서 나는 바디매오 이야기 못지않게 고도의 이야기에도
빠졌다. 꼼짝없이 갇힌 심정이 불쑥불쑥 들곤 했고, 내가 길을
찾을 수 있으리라고 믿어지지도 않았다. 희망이라곤 털끝만큼도
없는 동토의 툰드라에 웅크리고 있기라도 한듯 내 기다림은
점점 황량해졌다. 마틴 마티는 저서『부재의 절규』에서 "시야
상실"(white-out)의 은유를 사용했다. 이는 "캄캄한 물체가 근처
눈밭의 성냥갑인지 아니면 멀리 지평선의 오두막인지 분간이 안 될
만큼 행인의 방향감각을 앗아갈 수 있는" 심한 눈보라를 말한다.[14]
기다림에도 시야 상실이 있다. 무슨 이유에선지 희망이 사라지고,
방향감각을 잃고, 지평선의 하나님 형체가 분간이 안 되고, 내 고통
너머에 뭔가가 있음이 믿어지지 않는 시간이다.

그러나 우리는 이런 방향감각 상실을 허용할 필요가 있다. 때로
회의가 찾아들고 하나님이 멀게 느껴져도 괜찮다. 누구나 그럴 때가
있다. 각자 자신에게 솔직하다면 말이다. 기다림 중에 다른 것은
다 못할지라도 우리는 자신에게 솔직해야 한다. 솔직함 앞에서
시야 상실은 보다 속히 지나가고 보다 긴 시간 동안 자취를 감춘다.
그리고 우리는 더 참된 믿음에 이른다. 폴 투르니에의 지적처럼,
"회의한 적이 없는 사람은 참 믿음을 발견한 적도 없다."[15]

가만히 있는 것도 도움이 된다. 우리는 매번 조금씩, 최대한 바디매오의 자세를 취해야 한다. 가만히 있는 기다림의 기도는 결국 우리의 방향감각을 되찾아 주고 따뜻한 희망의 불씨를 지펴 준다. 영적 시야 상실에 갇혀 있던 어느 날, 나는 길가에서 기다리던 바디매오처럼 가만히 있으려 했다. 아직 내 시야에 들어오지 않아도 그리스도께서 내게 빛을 가져오고 계심을 애써 믿으려 했다. 그러나 어려웠다.

내 안의 목소리가 "바디매오처럼 너도 거지가 되라"고 말했다. 이야기의 그 부분은 미처 생각하지 못했었다. 거지가 되는 것이 이것과 무슨 상관일까? 썩 내키지 않는 말이었지만 적어도 묵상해 보기로 했다.

내 머릿속에 처음 떠오른 것은 거지를 비롯한 삶의 주변부 사람들을 향한 예수님의 애정이 각별했다는 것이다. 그분은 그들을 고쳐 주시고 만져 주시고 축복하셨다. 부자의 상 밑에 누워 부스러기를 구걸하던 나사로라는 거지를 그분은 크게 칭찬하셨다. 왜 그러셨을까 궁금해졌다.

거지들이 은혜의 부스러기가 떨어질 것을 믿고 손을 벌릴 줄 알기 때문일까? 그들에게 자기 바깥의 다른 것에 대한 믿음이 있기 때문일까? 거지들은 자신의 철저한 의존성을 피부로 느낄 수밖에 없다. 그들은 기댈 예금통장도 없고, 우리가 안전장치로 믿고 잔뜩 희망을 거는 투자 상품이니 주식이니 그런 것도 없다. 거지들은 어떻게든 먹을 것이 생길 거라고 매순간 믿는 수밖에 없다. 그들은 희망을 먹고 산다. 주먹을 움켜쥐지 않고, 손바닥을 활짝 펴 받을 태세를 하고 산다.

나우웬은 이렇게 말했다. "그래서 기도하고 싶을 때 처음으로 물어야 할 것은 이것이다. 내 쥔 손을 어떻게 펼 것인가?……기도란 세상의 한복판에서 정지점을 찾게 해주는 하나의 생활방식이다. 거기서 우리는 하나님의 약속에 손을 벌리고 자신의 희망을 얻는다."[16]

거지는 우리에게 그런 기도를 가르쳐 줄 수 있다. 거지는 우리의 한 부분, 벌거벗은 실체를 상징한다. 삶의 거룩함이 자신을 떠받쳐 줄 거라 믿고 손을 쫙 벌리고 앉은, 가난하고 남루한 우리의 단면이다. 길가에서 기다리던 바디매오에게서만 아니라 광야에서 기다리던 이스라엘 백성에게서도 이런 의존과 신뢰의 자세를 엿볼 수 있다(출 16장). 이야기의 가장 감동스런 대목으로, 그들이 양식이 없고 하나님밖에 갈 데가 없음을 깨닫는 순간을 빼놓을 수 없다. 앨런 존스는 이렇게 말했다. "광야는 인간의 극한상황과 자기를 내어주시는 하나님, 그 둘의 상징이다. 우리는 외견상의 자력 충족에서 깨어나 진정한 빈곤의 자리로 가야 한다. 그래야 하나님이 자신을 우리에게 주실 수 있다."[17]

우리를 깨우는 것은 거지다. 광야에서 이스라엘 백성은 좋은 뜻에서 거지가 되어 손을 벌리고 믿었다. 그래서 어떻게 되었던가? 하나님이 만나를 보내 주셨다. 40년 분을 주어 비축하게 하신 것이 아니라, 하루 쓰기에 족하게 주셨다. 내일 분은 바라고 믿어야 했다. 그리고 그것은 언제나 왔다.

날마다 믿어야 한다는 원리가 기다림의 경험에 꼭 맞는다는 생각이 새삼 들었다. 하나님은 우리에게 치유와 창조와 변화에 필요한 힘과 양분을 보내시되 한꺼번에 다 주시지 않고 필요에 따라 주신다. 희망이란 우리에게 필요한 것을 받을 줄로 믿고 날마다 손을 벌리는 행위다.

어느 날 나는, 내 스케치북에 그렸던, 집에서 구운 빵 그림을 보다가
기다리는 마음이 붙들어야 할 약속으로 그 밑에 출애굽기 16:4을
적어 넣었다. "보라, 내가 너희를 위하여 하늘에서 양식을 비같이
내리리니."

나는 내 안의 거지 부분을 찾기 시작했다. 나는 눈먼 상태로, 거지
차림으로 가만히 앉아 있었다. 내 연약함, 내 인간성, 내 한계를
만졌다. 그렇게 내 빈곤을 만지다가 나는 하나님께 대한 내 의존성에
정면으로 부딪쳤다. 미래뿐 아니라 다음 호흡조차도 나는 그분께
의존하고 있었다. 그 의존성을 인정하고 하나님을 의지하는 것 외에
우리가 할 수 있는 일이 무엇일까? 이렇게 자신의 연약함을 인정하는
자세 속에서 우리는 변화된다. 영혼은 본래 그렇게 태어나고
거듭나기 때문이다. 에고의 치다꺼리를 그만두고 자신의 연약함을
인정할 때 말이다. 약함 중의 강함은 번데기고치의 역설이다.

내 안에 힘과 희망의 전혀 새로운 시가 씌어지기 시작했다. 가만히
있노라면 간혹 내 입에서 이런 말이 되풀이된다. "하나님이 오신다.
빛이 어둠보다 강하다. 하나님이 오신다. 하늘에서 양식이 비같이
내린다. 하나님이 오신다."

부스러기를 받으려고 서서히 내 손이 펴졌다.

"내가 무엇을 바라[기다리]리요"라고 시편 기자는 물었다. "나의
소망은 주께 있나이다"(시 39:7). 바디매오처럼 우리도 길가에 앉으면,
그 말씀이 드라마가 되어 우리 마음속에 재연된다.

함께 가만히 있기

어느 오후, 아이들은 텔레비전을 보고 나는 빨래를 개고 있는데, 뭔가 베란다 문에 세게 쾅 부딪히는 소리가 들렸다. 고개를 돌리는 순간 땅바닥에 떨어지는 파란 날개가 보였다.

아무도 말이 없었다. 우리는 서로 쳐다보며 문으로 살금살금 다가갔다. 아이들이 나를 따라 밖으로 나왔다. 새는 죽은 줄 알았는데 살아 있었다. 오른쪽 날개가 약간 비틀어진 채 기절해 있었다. 날개가 부러진 것 같지는 않았고 아마 멍이 든 모양이었다.

새는 미동도 없이 가만히 앉아 있었다. 작은 눈에 두려움이 보였다. 너무 가녀리고 외로워 보여 나는 그 곁에 앉았다. 그리고 새끼손가락으로 날개를 쓸어 주었다.

뒤에서 소리가 들렸다. "엄마, 새가 왜 날아가지 않아요?"

"다쳤거든. 그래서 그냥 가만히 있어야 돼." 내가 말했다.

우리는 새를 지켜보았다. 그 가만히 있음을 지켜보았다. 한동안 아무 일도 "일어나지" 않을 것 같았던지 아이들은 다시 텔레비전을 보러 갔다. 그러나 나는 곁을 뜰 수 없었다.

나는 새 옆에 앉았다. 우리 둘에게 뭔가 공통점이 있다는 느낌을 떨칠 수 없었다. 삶의 아픔과 상처, 이지러진 날개, 냉엄한 현실과의 충돌. 나는 울고 싶었다. 새를 위해, 나를 위해, 세상의 모든 아픈 것들을 위해.

그 순간이 내게 가르쳐 준 것이 있다. 번데기고치 안에 가만히 있는 자세는 대개 개인적 경험이지만, 우리는 그 가만히 있음을 또한 함께 나눌 필요가 있다. 이것이 우리가 다함께 하는 일이며 그래서 서로의 가만히 있음 속에 앉아 합심기도의 자세를 취해야 함을 그 새가 내게 새삼 가르쳐 주었다. 우리가 서로에게 "나와 함께 기다려 줄 네가 필요하다"든지 "내가 너와 함께 기다려 줄까?"라고 말할 수 있을 만큼 솔직하고 자유로울 수 있다면 얼마나 놀라울까.

나는 새를 자세히 보았다. 가만히 있음 속에 치유가 있음을 직관으로 아는 듯한 새가 정말 대단해 보였다. 나도 그것을 배우는 중이었다. 가만히 있는 것이 우리를 변화시키는 기도일 수 있음을 배우는 중이었다. 하지만 그것을 서로 나눈다면, 우리의 가만히 있음에 얼마나 집중력이 더해질까.

다시 문이 열렸다. "가만히 있는 시간 끝났어요?" 앤이 물었다. "아니, 아직." 내가 말했다. 새뿐 아니라 또한 나를 두고 하는 말이었다. 우리는 함께 계속 기다렸다. 20분, 30분, 50분. 마침내 새는 가만히 있기를 끝냈다. 새는 고개를 한쪽으로 들더니 날개를 세우고 날아갔다. 그 날아가는 모습을 나는 숨죽이며 바라보았다. 새의 그림자가 땅을 지나서 내 위를 넘어가는 것이 얼핏 보였다. 은혜는 어디에나 있다는 생각이 들었다. 그제야 나는 일어나 돌아가 빨래를 갰다.

그날부터 나는 함께 기도해 줄 사람이 필요하면 한 친구에게 전화해, 와서 나랑 같이 기다려 주겠느냐고 그렇게만 묻는다. 때로 우리는 말없이 함께 앉아 있었다. 그러나 그때도 우리의 심장은 집중하여 주목했고 사랑으로 뛰고 있었다. 우리는 우리 안에서 기도하시는 성령의 기도를 있는 힘껏 듣고 있었다. 우리는 높은 그림자와 날개의 비상을 바라며 함께 믿었다.

내 인생에 후회되는 일들이 있지만, 다친 새와 함께 기다린 그

기다림은 거기에 들지 않는다. 나는 새의 가만히 있음과 비상을

배웠다. 새는 내게 기도를 가르쳐 주었다.

7. 어둠 속의 부화

나는 내 영혼에게 말했다.

가만히 있어 어둠이 내게 밀려오게 하라.

그것은 하나님의 어둠일지니. **T. S. 엘리엇**

주여,

제 영혼 한가운데를 둘로 찢겠사오니

주께서 거기 누우셔야 합니다.

제 영혼의 상처 속에

주님을 누이셔야 합니다. **마그데부르크의 메히틸트**

부활절 전주에 나는 내면의 불가사의한 어둠 속으로 가라앉기 시작했다. 일찍이 경험한 적이 없는 어둠이었다. 영적인 밤. 이것은 무엇일까? 비우고 벗는 것? 옛 질서의 붕괴? 나는 바닥까지 온 것일까?

미지의 나락, 내 아픔과 상처와의 처절한 대면 속으로 떨어진 기분이었다. 어둠은 사방에서 나를 에워싸는 것 같았다. 그 둥그런 공간 속에서 나는 버림받은 것 같아 두려울 때도 있었다. 어둠이 이상하게 양분처럼 느껴질 때도 있었다. 그럴 때 어둠은 형성의 신비로 불룩해져 있었다. 우리가 번데기 속에서 마주치는 상황이 바로 이렇지 않을까 하는 생각이 들었다.

암흑 지대에 들어선 나는 신산하고 뒤틀리는 마음으로 침대에 앉아 무릎에 일기장을 놓고서 생각과 감정을 쏟아 냈다.

종려 주일. 내 안의 촛불이 꺼진 기분이다. 아까 『새 묵상의 씨』를 조금 읽었다. 머튼은 영적인 어둔 밤에 부딪힌 사람이 조급증에 쫓긴다면, "그는 어둠을 피해 달아날 것이고 첫 빛줄기가 들자마자 기어이 그것을 진통제로 쓰려 할 것이다"라고 했다.[1] 나도 그런 유혹을 느낀다. 어둠 속에 남아 있는다는 것은 내게 낯선 개념이다. 나는 빛을 구하는 피조물이며 게다가 조급증까지 있다. 하지만 우리가 구하는 빛, 가짜가 아니라 진짜 빛은 한동안 어둠 속에 거할 때에만 찾아오는 것일까? (사랑의 주님, 이번에도 역설이라면 저는 견딜 수 없을 것 같습니다!)

머튼은 이런 격려의 말도 남겼다.

그들이 무언의 적나라한 진리 안에 조용히 앉아서 단순하고 세심한 의식 안에 쉬면서 수수께끼 같은 어둠에 주목할 때, 형용할 수 없는 오묘한 평안이 그들의 영혼에 스며들기 시작하고 설명 못할 깊은 만족감이 그들 안에 차오른다.……이것은 무엇인가? 말하기 어렵지만, 느낌상으로 그것은 어쩐지 "하나님의 뜻"이나 그냥 "하나님"으로 압축된다.[2]

하나님으로 압축된다고? 내게 어둠은 부분적으로 **의문**이라는 낱말로 압축된다. 나를 뒤덮고 있는 듯한 무서운 무언의 생각 속에는 답은 없고 온통 의문뿐이다. 어렸을 때 내가 공중으로 공을 찼는데 공이 내려오지 않던 그 이상한 순간이 생각난다(소나무 가지 사이에 걸려 있는 것을 나는 보지 못했다). 나는 어리둥절하여 잔디밭에 서서 기다렸다. 지금의 심정이 꼭 그때와 같다. 내 삶이 공중에 붕 뜬 것 같다. 나는 하늘에서 답이 떨어지기를 계속 기다리지만 답은 오지 않는다. 기다림에 중력도 더 있어야 하고 논리도 더 있어야만 할 것 같다. 어둠은 몹시 괴로울 수 있다. 사실, 내 어둠을 압축하는 다른 낱말은 **긴장**이다. 내 존재의 이 캄캄한 굴속에서 내 고통은 더 시퍼렇게 살아난다. 낮에는 보이지 않던 그림자들이 밤이면 벽 위에서 논다. 내 영혼의 벽 위에 내 상처들, 갈등들, 부족한 모습들, 동경들이 그 뚜렷한 윤곽을 내보인다.

이 어둠에서 벗어나고 싶다. 번데기고치를 풀고 싶다. 바빠지고 싶다. 무엇이든 해서 생각을 내 "고생"에서 다른 데로 돌리고 싶다. 그림자를 가려 줄 뭔가 쉽고 환한 답을 붙들고 싶다. 하지만 다른 방식으로는 올 수 없는 신비가 어둠 속에 전개되고 있다는 의식이 내 안에 도사리고 있다.

이것은 거룩한 어둠일까?

나는 일기장을 덮고 양팔로 무릎을 감싸 안았다. 소리 없이 흐르는
눈물을 그냥 두었다. 눈물은 작은 줄기를 이루어 내 맨다리로
흘러내렸다. 눈물을 보면서 나는 그것이 해산의 물임을 느꼈다. 나는
그 안에서 새로워질 것이었다.

태내의 어둠

종려주일 일기를 쓴 지 며칠 후, 나는 해마다 우리가 부활절
계란으로 장식하는 작은 모형 나무를 꺼냈다. 앤과 내가 바늘로
생계란들의 양끝에 구멍을 뚫어 속을 쏟아 낸 후 껍질에 색칠을 해서
나무에 다는 것이 우리 집 전통이었다.

그해에도 계란 속을 거두어 내고 있는데, 앤이 모아진 내용물을 보며
물었다. "이것이 병아리가 되는 거예요?"

"이 계란들을 오랫동안 부화했다면 여기서 병아리들이 나왔겠지."
내가 말했다.

딸은 뭔가 생각하는 듯싶더니 말했다. "부활절 계란 대신 병아리들이
되었다면 좋았을 텐데."

계속 일손을 놀리면서도 나는 약간 생각이 깊어졌다. 딸의 말을
들으니 이런 생각이 들었다. 우리 안에서 태어나려 하는 새 생명을
부화하지 않는다면 정말 얼마나 슬플까. 기간을 단축시켜, 아직
생겨나지도 않은 답을 강요하고 고통의 긴장을 거부한다면 얼마나
슬플까. 우리가 속 빈 색칠한 껍질이 되어 하나님의 나무에 달린다면

얼마나 슬플까.

트라피스트회 수사요 작가인 토머스 키팅은 우리의 소명을 이렇게
표현했다. "인생의 가장 큰 성취는 자기다워지는 것이다. 우리를
존재케 하신 순간에 하나님이 원하신 우리 모습은 하나님의
아이디어다.……그 선물을 받아들이는 것은 우리를 향한 하나님의
뜻을 받아들이는 것이며, 그 수용 속에 성장과 궁극적 실현의 길이
있다."[3]

그 주, 완성된 계란 나무 옆을 오갈 때마다 나는 부화의 과정,
"하나님의 아이디어"의 실현을 생각했다. **부화한다**는 것은 발육에
필요한 조건을 조성한다는 뜻이다. 그 조건이 무엇일지 궁금했다.
그때 퍼뜩 깨달았다. **어둠**이었다. 모든 생물은 어둠 속에서 부화한다.
비로소 나는 내가 처한 어둠이 **거룩한** 어둠임을 알았다. 나는 뭔가
새로운 것을 부화하고 있었다.

새 생명이 자라 출현할 때마다, 그 과정에 어둠이 꼭 필요하다.
번데기 안의 애벌레든 땅 속의 씨앗이든 태내의 아이든 영혼 안의 참
자아든, 모두 어둠 속에서 기다리는 시간이 있다.

성경에 기록된 자못 흥미로운 대화 중 하나는 예수님과
니고데모라는 고위급 바리새인의 대화다(요 3:1-8). 예수님은
그에게 사람이 하나님 나라를 보려면 거듭나야 한다고 말씀하셨다.
니고데모가 어떻게 사람이 다시 모태에 들어갈 수 있는지 의아해
하자, 예수님은 자신이 이르신 것이 영적 출생, 우리 내면에서
벌어지는 출생임을 분명히 하셨다.

크리스마스 때면 우리는 언제나 영적 출생을 강조해 왔지만 거기에
선행되는 부화—캄캄한 태내에서 보내는 긴 시간—에는 별로

주목하지 않았다. 이 아름다운 여성적 은유를 택하신 예수님은 우리가 새 출생뿐 아니라 그 출생이 이루어지는 **과정**의 중요성도 이해하기 원하셨다. 나는 모든 출생에는 태가 있고 내면의 하나님 나라를 찾으려면 기다림과 어둠과 부화의 자리로 들어가야 함을 그분이 암시하셨다고 본다.

그 놀라운 대화를 통해 예수님은 우리에게 성장과 형성의 방법을 보이셨다. 영적 삶이란 계속되는 영적 잉태의 경험이며, 보다 깊은 차원의 온전함을 계속 낳는 것이다. 우리는 영적인 태에 여러 번 들어간다. 성경은 "우리가……그와 같은 형상으로 변화하여 영광에서 영광에 이르니"(고후 3:18)라고 했다. 다시 말해, 매번의 출생을 통해 그렇게 된다.

내 친구인 저자 조하리아 투어는 "영혼을 빚는 자들이 되려면 태의 개념을 거부해서는 안 된다. 영의 세계에서 진정한 삶은 침묵과 기다림에서 태어난다"고 했다.[4] 그러나 어둠 속에 들어가기란 쉽지 않다. 이 단계에 대한 두려움은 공통된 영적 공포증이다. 우리는 벽 위의 자기 그림자가 두렵다. 영혼의 밤에 뭔가를 만나 부딪힐까봐 무섭다.

내가 딸을 임신했을 때, 세 살이던 아들 밥은 캄캄한 것을 무서워했다. 자기 방에 꼬마전등을 켜 주었는데도 가끔 밥은 한밤중에 울며 나를 찾았다.

하룻밤은 내가 아들을 껴안고 달래 주고 있는데, 밥이 내 불룩한 배를 만지며 물었다. "엄마, 내 남동생이 있는 이 안도 어두워요?"(밥은 동생이 사내아이라고 확신했다.)

"그럼. 거기도 어둡단다." 내가 말했다. "동생은 꼬마전등도 없잖아?"

"그럼, 꼬마전등도 없지." 내가 말했다.

밥은 내 배를 살살 두드려 주었다. 나는 밥을 두드려 주었다. 마침내 밥이 말했다. "이 안에 혼자 있어서 남동생이 무서울까요?"

"아닐 거야. 사실은 혼자가 아니거든. 엄마 속에 있잖아." 문득 내게 영감이 떠올랐다. 나는 말했다. "너도 똑같아. 캄캄할 때 너 혼자 있는 것 같지만 사실은 혼자가 아니거든. 너도 엄마 안에 있단다. 여기 엄마 마음속에."

나는 아들이 내 말을 알아들었을까 궁금해 얼굴을 쳐다보았다. 밥은 아무 말 없이 그냥 드러누워 잠들었다. 그 뒤로는 한밤중에 무섭다고 부른 적이 없다.

영적인 밤에 들어갈 때 우리는 무서운 어둠에 에워싸여 혼자인 것 같을 수 있다. 그때 기억할 것이 있다. 우리가 모를 때도, 하나님이 아득히 멀어 보일 때도, 우리는 하나님의 태 안에, 하나님의 마음속에 있다. 내 의식은 그렇게 자랐다. 처음에는 하나님이 "저 위"에만 있었다. 그러다 하나님은 "온 주변"에 있었다. 그다음에는 "내 안"에도 계시는 하나님이 보이기 시작했다. 그리고 가장 충격적인 것은, 이제 나는 내가 언제나 "하나님 안"에 있었고 지금도 그렇다는 것을 안다는 것이다.

"잘 기울여 따라 주세요"

하루는 가만히 기도하고 있는데, 내가 다섯 살 때 탭댄스 공연중에 불렀던 노래 가사가 머릿속에 두서없이 떠올랐다. 그때 나는 주전자(맞다, 주전자)로 분장했었다. 노래는 다음과 같았다.

나는 작고 뚱뚱한 주전자
손잡이 있고 주둥이 있죠.
보글보글 물이 끓으면
잘 기울여 따라 주세요!

기도 중에 하하 웃음이 나왔다. 그러나 노래를 묵상하다가 나는
주전자의 춤이 곧 캄캄한 밤에 추는 우리 모두의 춤임을 깨달았다.
우리는 자신이 끓여 낸 에고의 "만병통치약"이 가득 든 그릇들이다.
안에서 보글보글 끓어 옛것들이 증발하기 시작하면, 우리 삶의
손잡이와 주둥이를 하나님께 내드려야 한다. 하나님은 우리를
기울여 따르신다. "나", 곧 소문자로 시작되는 자아(self), 옛 존재
방식, 하나님을 대하는 낡은 방식은 밖으로 따라진다. 그렇게 비워야
새로운 생수로 다시 채울 수 있다.

중년은 기울이는 시기다. 이 간단하고 짤막한 노래를 배우기에 좋은
때다. 신비할 것도 없고 두려울 것도 없던 어릴 적의 경험을 나는
중년이 되어 다시 생각하게 되었다. 사실 그때 나는 아이의 춤을
추고 있었을 뿐이다. 그것이 혹 과도히 "영적"으로 느껴질라치면,
그때 내가 입었던 우스꽝스러운 주전자 복장만 떠올리면 되었다.
"잘 기울여 따라 주세요"는 영적 어둠의 기본 주제다. 예로부터 영성
고전들에 기록된 이 과정은 영적 변화의 필수적·보편적 단계로
인정되고 있다. 흔히 그것을 가리켜 "영혼의 어두운 밤"이나 "눈부신
어둠"이라 한다.

마그데부르크의 메히틸트는 "빛을 잃을 정도로 몸과 영이 둘 다
막막한 어둠 속에 들어가는 때가 온다"고 했다. 영혼이 "밤 속으로
가라앉는" 때가 온다.[5]

이 경험에 대해 많은 글을 남긴 십자가의 요한이 설명하기를,
우리에게는 심령의 고갈과 허탈감과 목마른 자신을 대면하는
괴로움뿐 아니라 하나님께 버림받은 기분도 들 수 있다고 했다.
요즘은 "어두운 밤"에 대한 얘기가 별로 들리지 않는다. 그러나
여태까지 내가 어둠에 대해 들었던 유일한 설교는 마음에 깊이 와
닿았다. 목사는 예수님의 출생·체포·죽음·부활 등 그분 생애의
가장 중요한 사건들이 어둠 속에서 일어났음을 지적했다. 영적 삶에
찾아오는 어둠을 우리는 아주 나쁘게만 말하지만, 때로는 바로
거기서 비범한 사건들이 나온다는 요지였다.

영혼의 어두운 밤에 벌어지는 비범한 사건은 무엇일까? 우리는 영적
삶의 보다 넓고 깊은 차원으로 들어가라는 하나님의 사랑의 부름을
받고 있는 것이다. 옛것들이 **비워지고** 있다. 옛것들은 우리에게
어두워진다. 십자가의 요한이 말한 대로, 어두운 밤의 목적은 우리를
정결케 하는 것이다.[6]

이전에 하나님을 생각하고 대하던 방식들로는 더 이상 안 된다. 낡은
종교적 행위들은 더 이상 전처럼 위안을 가져다주지 못한다. 옛
자아와 습성들은 마치 작아서 못 입게 된 옷처럼 느껴진다.
우리의 거짓 자아들을 벗겨 본연의 모습으로 만들 재량권을
하나님께 드릴 때 어둠이 찾아온다고 머튼은 말했다.[7] 변화는 이
벗음(십자가의 요한은 "발가벗음"이라 표현했다)에 달려 있다. 이는 에고의
습성들을 버리고, 스스로 만들어 내 그대로 살아온 낡은 이야기를

다시 쓰고, 자신은 물론 하나님에 대한 착각을 깨 나가는 과정이다.
이 벗음은 당분간 어둠을 필요로 하기도 하고 어둠을 만들어 내기도
한다. 마치 낡은 습성들을 불태우고 참 자아를 발견할 때 수반되는
광명이 너무 환해 잠시 우리 눈이 머는 것 같다.

뒤이은 어둠 속에 하나님은 안 계시는 듯 보일 때가 많다. 우리는
신의 부재에 부딪히기 시작한다. 하나님이 꼭 숨바꼭질을 하시는
것만 같다. 그러나 내가 믿기로 우리가 경험하는 바는 이것이다.
즉 하나님을 알고 경험하는 우리의 낡은 방식이 숨어드는 것이다.
우리가 "만들어 낸" 하나님 상, 우리 에고가 신봉해 온 신(神) 체계가
무너지는 것이다.

나는 일리노이 주의 한 루터교 여성 모임에서 중년을 주제로 삼아
워크숍을 한 적이 있다. 끝난 후 한 여자가 내게 자신의 어두운
밤을 들려주었다. "마치 하나님이 내 안의 캄캄한 방에 뮤직 박스
뚜껑을 열어 놓고 어디론가 가 버리신 것 같아요. 아름다운 곡조의
새 노래입니다. 한 번만 들어도 잊혀지지 않아요. 나는 마치 음악의
출처를 찾아 내 방에서 나와 어두운 집 안을 더듬거리고 다니는
아이와 같습니다. 하지만 어디로 가야 할지 모를 때가 많지요.
되돌아갈 수 없다는 것을 알 뿐입니다."

어둠 속에서 하나님은 잡히지 않는 신비가 되신다. 그분이
풀어내시는 곡조는 어찌나 매혹적인지 우리는 끝내 출처를 찾을
때까지 어두운 복도를 더듬거리며 따라가지 않을 수 없다. 우리는
현재의 내 자리를 넘어 하나님과의 전혀 새로운 관계 방식으로,
평소의 상상을 초월하는 자리로 이끌린다.

영적 여정을 떠나면 곧 깨닫는 것이 있다. 하나님은 언제나 우리를

현재의 우리 자리 너머로 부르신다. 캐롤라이나의 산들을 등산하는
한 친구가 이 진리를 재미있게 표현했다. "하나님의 등산부에
가입하면 굳이 텐트를 꾸릴 것도 없다. 이쯤해서 텐트를 쳐야겠다
싶은 순간, 하나님은 우리에게 새로운 곳으로 가자고 손짓하신다."
하나님은 우리를 먼 길로 돌아서 인도하신다. 그러다보면 굽이굽이
캄캄한 숲속을 지날 때도 있다. 그렇다고 우리가 길을 잃은 것은
아니다. 어둠은 여정의 일부다. 우리 중에는 어둠을 겁내는 사람들이
너무 많다. 그것이 **거룩한** 어둠임을, 어둠에 순응하여 참 빛을
찾아가는 것이 핵심임을 우리는 이해하지 못한다.

밤의 길손들

지난 몇 년간 놀랍게도 많은 사람들이 나를 찾아와 자신의 영적
여정에 대해 말해 주었다. 혼란에 빠져 힘들어하는 이들이 많았다.
그들은 하나같이 내게 눈앞이 너무 "캄캄하다"고 했다. 나처럼
그들도 영혼의 밤을 지나고 있었다.
저마다 독특했지만, 그들이 한데 어울려 이루어 낸 합성사진이
있었다. 그들은 위기와 고통 속에 비틀거리고 있었다. 자기 모습의
현실과 희망 사이의 괴리로 괴로워했다. 그들은 그간의 자기 삶의
착각과 가면들에 부딪히고 있었다. 자신의 거짓 자아들에 눈뜨고
있었고, 자신의 참모습이 아닌 다른 사람이 되려 했던 평생의
헛수고를 깨닫고 있었다.
그들은 내게 "삶이 내가 생각했던 것과 다르다. 이건 아니다!"라는

말을 자주 했다. (삶이 우리의 기대와 이상에 못 미칠 때 우리는 늘 기막혀 한다.)

언젠가 게리 라슨의 이런 만화를 본 적이 있다. 포장마차 대열이 인디언들에게 포위당했다. 마차들이 불화살 몇에 맞아 불타기 시작했다. 그러자 한 카우보이가 동료를 보며 말한다. "어! 화살에 불을 붙이고 있잖아! 이래도 **되는** 거야?"

나는 웃음이 나면서도 그 카우보이에게 공감이 갔다. 그는 어이없는 불의의 비수에 찔리고 있었다. 삶이 불화살을 날리고 우리가 평생 만들어 내고 믿어 온 "세상"이 불타기 시작할 때, 우리도 다 겪는 일이다. 우리는 소리치고 싶다. "어! 삶이 이래도 **되는** 거야? 이래선 안 되는 거잖아!"

충격에 따른 부정(否定)을 벗어날 수 있다면, 우리는 어둠 속에 들어가 다시 태어날 수 있다. 우리 삶 속의 캄캄한 천사들과 씨름할 수 있다. 자신에게 다음과 같은 의문을 허용할 수 있다. 하나님은 어떤 새로움으로 나를 부르시는 걸까? 세상이 "거꾸로" 보일 때는 어찌해야 하나? 내 참 자아가 출현할 수 있도록 내가 벗어야 할 습성들은 무엇인가? 치유받아야 할 상처들은 무엇인가? 꼭 찾아야 할 내 안의 "잃어버린 동전"은 무엇인가? 꼭 지켜야 할 내 안의 "잃어버린 양"은 무엇인가?

알고 보니, 나와 대화한 밤 길손들도 나처럼 어둠에 질겁했을 뿐 아니라 기존의 답들이 무용지물이 된 데 격분했다. 더러 자신이 깊은 변화의 터널에 들어와 있음을 잘 모르는 이들은 어둠을 몰아내고 다시 편안한 햇빛으로 돌아가는 법을 알고 싶어했다.

우리가 서로에게 베풀 수 있는 최고의 "빵"은 각자의 이야기인지라,

나는 길손들에게 나 자신의 어두운 여정을 들려주려 했다. 내가
보기에 우리는 **이전의** 햇빛으로 정말 돌아갈 수 없고 대신 새로운
빛으로 이끌리고 있다는 말도 했다. 나는 그들에게 자기 영혼
속의 음성을 들으며, 자신의 어둠이 혹 하나님의 초대가 아닌지
잘 분별하도록 권유했다. 자신의 참 자아를 더 부화하라는 부름이
아닌지 생각해 보라고 했다. 무엇보다도, 나는 그들에게 그들의
참모습을 환기시켜 주려 했다. 그리고 그들의 밤이 곧 나의 밤이요
나의 밤이 곧 그들의 밤임을 알기에 나는 그들을 껴안아 주었다.

부활

부화와 영적 태에 대한 생각이 고난주간 내내 나를 떠나지 않았다.
부활절 전날 해질녘에, 나는 그레이스 감독교회에 가서 성 토요일
예배를 드렸다. 뒤쪽 스테인드글라스로 비쳐드는 한줄기 햇빛을
빼고는 예배당 안은 캄캄했다. 나는 여느 때처럼 회중석에 무릎을
꿇었다. 나는 무덤 속의 예수님, 어둠 속의 예수님, 기다림 속의
예수님을 기억하려고 간 것이었다. 얼마 전 뒤뜰에서 다친 새와 함께
기다렸던 것처럼 나는 그분과 함께 기다리고 싶었다.
나는 또 내 어둠 속에서 기다리는 길, 이 어두운 밤을 승화시켜
새로움을 부화할 수 있는 길을 찾고 싶기도 했다. 우리가 어둠을
생명 창출의 창의적 경험으로 승화시킬 줄 모르는 한, 어둠은—
무덤처럼—그대로 죽어 있고 변화도 없다.
그렇게 무릎 꿇고 있노라니 내 과거의 상처들과 깨어진 곳들, 현재의

갈등, 미래를 둘러싼 의문들로 가슴이 잔뜩 울렁거렸다. 팽팽한
긴장이 느껴지더니 결국 내 안의 고통은 작은 크레센도로 치달았다.
어둠이 밀려왔다.

나는 일어나 의자에 앉았다. 무덤 속에서 부활을 기다리시는
예수님에 대한 내 생각들이, 그 주간 내내 품었던, 태 안에서 새로운
출생을 기다리는 영혼에 대한 생각들과 섞여 들기 시작했다.

태(womb)와 **무덤**(tomb). 두 단어가 내 안에 울려 퍼졌다. 소리의 운과
의미의 운을 듣노라니 두 단어가 새삼 또렷이 다가왔다. 예수님의
어두운 무덤은 변화의 자리, 태, 새 생명의 대기실이 되었다. 죽음의
어둠은 생명을 낳는 어둠으로 변화되었다.

우리 안에도 그런 일이 일어날 수 있을까? 그렇다고 믿는다.

노리치의 줄리안은 우리의 **상처**가 곧 **태**가 된다고 했다. 이 감동적
이미지가 우리에게 깨우쳐 주는 것이 있다. 변화란 고통(무덤)을
생명이 태어나는 산실(태)로 승화시키는 우리의 역량에 달려 있다는
것이다.

거기 교회 안에서 내게 의문이 차올랐다. 성 토요일의 어둠을 나는
어떻게 태의 어둠으로 변화시킬 것인가?

예배중 부활절 촛불을 점화하는 순서가 되었다. 예수님의 어두운
무덤에 새 생명의 광채가 다가오고 있음을 환기시키는 의미였다.
"그리스도의 빛입니다." 사제가 양초에 불을 붙이면서 말했다. 작은
불꽃이 붙어 어둠 속에서 깜빡였다. 불꽃은 바람에 떨며 사그라졌다
다시 살아나곤 했다. 주초에 내 일기장에 썼던 말이 떠올랐다. "내
안의 촛불이 꺼진 기분이다." 묘한 시간의 일치에 내 심장박동이 더
빨라졌다.

나는 그 촛불이 꺼지지 않았으면 했다. 갑자기 사제가 두 손을 들어 불꽃을 감쌌다. 촛불이 환해지면서, 그 작은 불씨를 감싼 사제의 모습이 환하게 어른거렸다. 이는 계획에 없던 꾸밈없는 은혜, 그리스도의 빛이었다.

예배시간 내내 나는 촛불을 응시했다. 언젠가 내가 사우스캐롤라이나주 콜롬비아에서 인터뷰했던, 시각장애를 안고 태어난 한 남자가 생각났다. 나중에 그는 수술을 통해 시력을 되찾았다. 안대가 풀리면서 그에게 처음 보인 것―그가 난생처음 본 것―은 점안기 끝에서 반짝이는 눈물 모양의 작은 방울이었다. 그는 내게 "그 방울처럼 장엄하고 아름다운 것이 또 있을까요. 그것은 나를 사랑으로 가득 채워 주었습니다"라고 말했다. 양초 위에서 반짝이는 눈물 모양의 작은 빛 방울을 보는 내 심정이 바로 그러했다. 나는 마치 이런 것은 난생처음 본다는 듯이 그것을 바라보았다. 그것처럼 장엄하고 아름다운 것이 또 있을까. 그것은 나를 사랑으로 가득 채워 주었다.

교회를 나서면서 나는 그 작은 부활의 불씨를 내 안에 담고 나왔다. 우리 모두의 것인 이 불은 영혼 안에 있는 새 생명의 맥박에 다름 아니다. 그 성 토요일에 나는 "네 손으로 그것을 잘 감싸라"는 하나님의 음성을 들었다.

제라드 맨리 홉킨스의 시 한 소절이 내게 와 닿는다. "그가 우리 안에 부활하게(easter) 하라, 우리의 어둑한 밤에 새벽이 되게 하라, 벌겋게 타오르는 동녘이 되게 하라."[8] 이 시를 읽기 전에는, 나는 한 번도 Easter라는 말을 동사로 생각해 본 적이 없었다. 하지만 그렇지 않은가? 부활은 오래전에 일어난 사건만이 아니라, 오늘 우리 안에서도 계속 벌어지고 있는 동작인 것이다.

"그가 우리 안에 부활하게" 하려면 우리의 어두운 기다림 속에 그리스도 생명을 부화해야 한다. 그리스도 생명은 어둠 속에서 깜빡이는 부활절 촛불과 같다. 우리는 손으로 가만히 그것을 감싸, 불꽃이 환해지도록 달래야 한다.

변화되려면 어둠에서 달아나지 말고 어둠 속의 부활의 빛을 잘 달래야 함을 나는 배웠다. 우리 손으로 참 생명의 맥박을 감싸 잘 자라게 해줄 때, 무덤의 어둠이 태의 어둠으로 승화됨을 나는 배웠다.

의문 속에 산다

새 자아의 생명을 달래는 한 가지 방법은 우리의 어두운 밤에 거하는 의문들 속에 사는 것, 우리 안의 해결되지 않은 것들과 창의적으로 동숙하는 것이다.

내가 누구였고 어떤 존재가 되어가고 있으며, 고통과 위험과 격동을 감수하고라도 성장할 가치가 있는지에 대해 나는 의문 속에 살았다. 고아로 버려진 나 자신의 부분들을 어떻게 입양하고, 옛 상처들을 어떻게 치유하고, 넓어지는 하나님과 세계에 관한 시야를 어떻게 결부시킬 것인지에 대해서도 의문 속에 살았다.

나는 의문이 가져다주는 무질서와 불안이 싫었고 무지의 상태가 싫었다. 그 상태가 한창일 때 나는 시인 라이너 마리아 릴케의 작은 책을 만났다. 의문들에 대한 내 느낌을 바꿔 준 책이다. 그중에 이런 대목이 있다.

권하노니……당신 마음속의 해결되지 않은 모든 것에 대해 인내하라.
잠긴 방 같은, 외국어로 씌어진 책 같은 **의문 자체**를 애써 사랑하라.
답을 구하지 말라. 당신이 답대로 살 수 없기에 답은 올 수도 없다.
요지는 모든 것을 살아 내는 것이다. 지금은 의문을 품고 살라.
그러다 보면 자기도 모르게 서서히, 답 속에 살게 될 날이 올 것이다.[9]

"그래, 의문을 끌어안고 그 속에 **살자.**" 나는 자신을 타일렀다. 이는 어려운 주문이다. 우리는 의문에 **답하도록,** 그리고 답할 수 없거든 무시하도록 배웠다. 언젠가 어떤 포스터에서 이런 말을 본 적이 있다. 저명한 가정 치료자 버지니아 새터의 말이라고 한다. "사람들은 대부분 불확실성의 고통보다 고통의 확실성을 원한다."[10] 생각해 봄직한 말이다.

의문 속의 삶은 정말 고통의 경험일 수 있다. 우리는 확실하게 정리되고 밝혀진 상태를 좋아한다. 설령 그것이 거짓되고 정지된 실존이라 할지라도 말이다. 의문은 고정된 못을 뽑아내는 장도리와 같아서 우리에게 두려움을 안겨 준다.

빈틈없는 율법적인 삶, 확실히 못박힌 삶을 원하는 사람들일수록 가장 정서가 불안한 사람들인 것 같다. 솔직히, 나를 가장 섬뜩하게 하는 사람들은 모든 일에 절대로 확실한 사람들, 의문은 전혀 없고 답만 다 가진 사람들이다.

우리 그리스도인들은 변화를 가져다주는 의문의 가치를 망각한 것일까? 우리 삶에서 의문을 소멸하면, 의식의 발전은 있어 봐야 극히 미미하다. 그것은 새로운 진리와 가능성에서 자신을 차단하는 것이다.

키르케고르는 기독교계와 기독교를 구분했다. 그에 따르면, 전자는 우리가 후자를 가지고 만들어 낸 것이다. 어둠에 대한 두려움처럼, 영적 삶의 의문에 대한 두려움도 기독교계의 것이지 기독교의 것은 아니다.

내가 삶 속에 부딪히는 가장 생동감 있는 사람들은, 삶에 마침표만큼 물음표도 많은 사람들이다. 내가 내 멘토 비어트리스에게 질문을 던지면, 그녀는 때로 대답이 아니라 더 큰 질문을 내놓는다. 때로 내 영혼은 그것을 듣는 데만도 발끝걸음을 해야 한다.

비어트리스는 우리 마음속, 가장 내밀한 자아로 들어가 다음과 같은 "위대한 질문들"에 주목하는 것이 중요하다고 했다. "우리의 이 인생이란 무엇일까? 우리는 왜 여기 있을까? 우리는 어떤 존재일까?……내 안에서 아는 그것, 자기가 안다는 것을 아는 그것은 무엇일까? 내 가장 깊은 본성은 무엇일까?……이런 질문들을 진정으로 던진다면 그것이 곧 기도다."[11]

예수님은 질문을 가지고 사람들을 자기대면과 성장으로 인도하는 데 달인이셨다. "네가 무엇을 찾느냐?", "네가 낫고자 하느냐?", "너는 나를 누구라 하느냐?", "내 말하는 것을 어찌 깨닫지 못하느냐?", "네가 나를 사랑하느냐?" 신약성경에 그분의 질문이 가득하다.

내 친구 베티와 나는 정기적으로 만나 의문들을 생각한다. 이런 의문들이다. 우리가 진정으로 사랑한다는 것은 무슨 뜻일까? 이 순간 내 삶 속에서 나는 하나님을 어떻게 경험하고 있나? 직면해 변화시켜야 할 내 안의 어둠은 무엇인가? 함께 묻는 사람이 있으면 의문을 억압하지 않고 의문 속에 사는 법을 배우는 데 도움이 된다. 의문 속의 삶은 예술이다. 우리는 의문을 벗겨 낸다. 의문에 귀

기울인다. 의문이 새 의문을 낳게 한다. 무지의 상태를 안에 품는다. 설익은 대답을 재촉하는 대신 의문을 충분히 숙성시킨다. 예수회 사제이자 작가인 앤서니 드 멜로는 이렇게 말했다. "평생 아무것도 배우지 못할 사람들이 있다. 너무 빨리 붙잡기 때문이다. 어차피 지혜란 도달 지점이 아니라 여행 방식이다.……진로를 정확히 아는 것이야말로 곁길로 빗나가는 최고의 방법일 수 있다. 쉬엄쉬엄 간다고 다 길을 잃는 것은 아니다."[12]

사실, 의문 속에서 충분히 오랫동안 "머무는" 사람들은 결국 답 "속에서 살게" 된다. 예수님은 "찾으라. 그리하면 찾아낼 것이요"(마 7:7)라고 하셨다. 때로 나는 이 말씀을 "**충분히 오랫동안** 찾으라. 그러면 찾을 것이요"라고 읽는다. 이렇듯 결국 답을 가져다주는 것은 의문의 어둠 속에 거하는 인내의 자세다.

기독교가 인식해 온 대로(기독교계는 반드시 그렇지는 않다), 의문들을 가지고 자아의 어두운 층들을 헤쳐 나갈 때 우리는 자아를 아는 지식뿐 아니라 하나님을 아는 지식도 얻게 된다. 『무지의 구름』의 무명작가는 우리가 "자신의 참모습에 대한 참 지식과 감정을 얻어야" 하며, "그러면 조만간 당신은 하나님의 참모습에 대한 참 지식과 감정도 얻게 된다"고 조언했다.[13]

봄날이 여름으로 녹아드는 동안 나는 내 의문들 속에 살려고 애썼다. 신기하게도 의문들은 진동을 일으켜 내 영혼을 쇳물처럼 녹여 주었다. 의문 자체의 긴장이 나를 구부리고 벼려서 내 길에 대한 의식을 일깨우는 것 같았다.

제이콥 니들먼은, 의문은 스스로 가르친다고 한 실번 신부의 말을 인용했다. 그야말로 혁신적인 개념이다. 실번 신부는 인간이 모순이나 지속적인 의문 상태를 경험할 때마다 영혼의 성장이 "활성화"된다고 믿었다. 다시 말해, 실제로 더듬어 찾는 것이 곧 우리의 깊은 자아가 발전하고 해방되는 방식이다. 그는 "항상 의문을 가지라. 선과 악의 세력이 우리 안에서 만나 화해할 수 있는 것은 바로 철저한 자기탐구라는 방편을 통해서다"라고 썼다.[14]

내 경우 어둠이 너무 깊어 출구가 보이지 않을 때, 억지 부리지 않고 의문 속을 사노라면 점차 서서히 "앎"이 찾아왔다. 하나님이 주신 깨달음이 안에서부터 밖으로 밝아 왔다. 그것은 내 안에 이루어지고 있던 신성한 발효에서 부글부글 솟아올랐다.

기다려야만 받을 수 있는 것들이 있다. 우리는 의문 속에 살면서 앎이 찾아오기를 기다린다. 나무처럼 우리도 수액이 차오르기를 기다린다.

긴장을 품는다

우리의 어둠을 변화시키고 새 자아의 생명이 "부활하게" 하는 또 다른 길은 내면에 고통스런 긴장을 품는 것이다. 이는 에고(ego)가 원하는 것과 참 자아(True Self)가 우리를 부르는 곳 사이에서 벌어지는 줄다리기와 같다.

우리 안에는 온갖 상충되는 긴장이 가득하다. 십자가의 요한은 어두운 밤에 "영혼은 전쟁터가 되어……두 반대 세력이 맞서 싸운다"고 했다.[15] 상반된 것들이 우리를 양쪽에서 잡아당긴다. 선과 악, 희망과 절망, 사랑과 미움, 용서와 복수, 모험과 안주, 통합 욕구와 분열 욕구, 수용과 거부, 헌신과 자유, 공동체와 고독, 친밀함과 자율, 정신과 육체, 행동과 존재, 의식과 무의식, 남성성과 여성성 등 예를 들자면 한이 없다.

이런 갈등과 대립의 삶이 우리 내면생활의 휘장을 찢어 놓았다. 우리 중에는 분열과 상처 너머로 자라지 못한 채 내면이 찢기고 갈라진 사람들이 많다.

성장을 위한 첫걸음은 이런 긴장 속에 들어가, 고통과 모호성에서 달아나거나 그것을 감추거나 거기에 무감각해지는 대신 오히려 그것을 끌어안고 탐색하는 것이다.

그러나 이 길을 택하는 사람은 적다. 우리는 두 상반 개념 중 원치 않는 쪽을 몰아내서 갈등을 무마하려는 경향이 있다. 예컨대, 우리는 자신의 악한 의도와 동기는 부인하고 억압한 채 자신의 선한 면만 의식하며, 그리하여 자신의 더 어두운 면을 사고의 지하실에 ―융이 말한 "무의식의 그림자" 속에 ―가둬 둘 수 있다. 물론 그림자 측면은 없어지지 않는다. 그것은 어둠 속에서 자라 우리 삶을 망쳐 놓는다. 마찬가지로, 우리는 자신의 현모양처 측면만 허용하고 직업 세계로 뛰어들고 싶어하는 부분은 몰아낼 수 있다. 거꾸로 커리어우먼 쪽에만 자유재량을 주고 자신의 모성 부분은 잘라 낼 수 있다.

우리는 작고 빨간 닭만 허용하고 자기 내면의 장난기 많은 아이는 억압할 수 있다. 라푼첼만 허용하고 자율적인 자아는 억압할 수 있다. 치킨 리틀만 허용하고 대담한 자아는 거부할 수 있다. 양철 나무꾼만 허용하고 성적인 자아는 거부할 수 있다. 자신의 성취자 쪽만 허용하고 단순히 존재의 소명을 바라는 부분은 버릴 수 있다. 자신의 흠 없는 면만 허용하고 상처 난 부분은 무시할 수 있다.

머잖아 우리 안은 통째로 보이지 않는 고아원으로 둔갑한다. 그동안 우리가 몰아낸, 자아의 잃어버리고 소외된 부분들의 집합체가 되는 것이다. 잃어버린 자매들, 놓쳐 버린 삶들. 중년이 되면 그 고아들이 자기 말을 들어 달라고 절규한다. 목소리가 커질수록 긴장도 커진다. 하나님은 우리를 불러 영혼에 통일과 치유를 얻게 하신다. 하나님은 상반 개념들을 초월하신다. 하나님 안에서 모든 것이 온전해지고 하나가 된다. 나아가 하나님은 우리를 연합의 존재로, 온전함과 조화를 알도록 지으셨다. 하나님은 상충 세력들이 우리 안에서 서로 화목케 되기를, 우리 내면에 "조화"가 이루어져 우리가 더욱 통일된 의식을 갖기를 원하신다. 예수께서 말씀하신 "성한 눈"으로 말이다(마 6:22).

이러한 내면의 통합과 영혼의 치유가 우리의 목적이다. 그러나 자기 안의 고통과 긴장을 피하면 그런 일이 일어날 수 없다. 언젠가 내 상담자는 "네 복을 따르라"[16]는 조셉 캠벨의 매력적인 명언에 대해 나와 대화하던 중 이렇게 말했다. "당신의 고뇌를 따르는 것도 똑같이 중요할 수 있습니다." 자신의 고뇌와 대면하지 않는 한 우리는 참 복을 찾을 수 없을지도 모른다.

시인 칼릴 지브란도 비슷한 말을 했다. "그대의 기쁨은 가면을 벗은 그대의 슬픔이다. 그대의 웃음이 솟아나는 그 샘에 그대의 눈물이 가득 고일 때가 많다.……슬픔이 그대의 존재 속에 깊이 새겨질수록 그대가 품을 수 있는 기쁨도 더 커진다."[17]

어둠 속에 들어갈 때 우리는 닥쳐올 시련을 받아들인다. 상충 세력들의 충돌 속에서, 고통과 갈등은 우리 삶의 가닥들을 밀고 당기며 괴로운 줄다리기를 벌인다. 이 씨름, 머튼이 말한 "고뇌"가 바울의 탄식 속에 생생히 드러난다. "내가 행하는 것을 내가 알지 못하노니 곧 내가 원하는 것은 행하지 아니하고 도리어 미워하는 것을 행함이라"(롬 7:15). 그는 내면의 반대 세력 사이에 끼어 있었다.

나도 그 상황에 점차 익숙해졌다. 내면의 두 반대파를 긴장에 빠뜨리는 상황이 자주 발생했다. 어느 여름날, 쉬지 않고 세 시간이나 책상에 앉아 있는 내게 속에서 음성이 들려왔다. "일어나 밖으로 나가 발밑의 풀밭과 코끝의 태양을 느껴 보라. 잠시 **존재해** 보라. 시간은 얼마든지 있다. 너는 영원한 존재다."

다른 음성이 말했다. 내 안의 화려한 스타와 작고 빨간 닭의 목소리가 합해진 것임을 알 수 있었다. "그대로 있으라. 일하라. 매달리라. 행위를 택하라. 네게는 마감날짜가 있다. 시간은 얼마든지 있는 게 아니다. 어디든 도달하려면 기를 써야 한다. 인생이란 열심히 일하는 것이다. 그래야 성공하여 밝게 빛날 수 있다."

어떤 목소리에 따르는 것이 더 좋은지 머릿속으로는 알았지만, 나는 화려한 스타와 작고 빨간 닭의 "에고 논리"에 "갇힌" 심정이었다. 사소한 예일 수 있지만, 두 상반되는 세력 사이에 끼었던 것만은 분명하다.

전에 나는 늘 강연 스케줄이 아주 빡빡했었다. 쌓이는 일이 나를 지치게 했다. 나 자신에게 물었다. 네가 강박적으로 이렇게 일을 많이 하는 이유는 뭘까? 왜 반으로 줄이지 못할까? 나는 한편으로 균형을 원했다. 일을 줄이고 싶었다. 그러나 한편으로 이런 소리가 들렸다. 일을 줄이면 네 성공에 타격을 입는다. 더 밝게 빛나지 못한다. 성공하려면 자신을 "팔아야" 한다는 것은 만인의 상식이다. 얼마나 추하고 부끄러운 속삭임인가! 도대체 왜 나 자신을 "팔아야"

한다고 생각하는지 자문해 보았다. 내 그런 시각은 어디서 왔나? 나는 "성공"을 잃을 각오가 되어 있는가? 긴장은 내 화려한 스타의 급소를 찔렀고, 그래서 아팠다. 그러나 나는 그 긴장을 수용해야 새롭고 더 참된 자아가 풀려날 수 있음을 느꼈다(결국 나는 강연을 반으로 줄였다).

무엇보다 내게 가장 힘들었던 것은, 내 안의 곱슬머리 소녀가 만들어 낸 팽팽한 긴장이었다. 내면 깊은 곳에서 그 소녀는 사랑받지 못하고 버림받는 것을 두려워했다. 소녀의 불안한 정서는 나를 몰아갈 뿐 아니라 망쳐 놓을 수도 있었다.

한편에는 상대의 인정을 얻어 내기 위해 비위를 맞추고 "세상에서 가장 착한 소녀"가 되고 만인의 이상에 부응하려는 긴장이 있었다. 다른 한편에는 나의 **진정한** 자아로—두려움이 아니라 사랑으로, 인정받고 싶은 욕구가 아니라 정직함으로—반응하려는 끌림이 내 안에 점점 자라가고 있었다. 그 둘이 끊임없이 부딪쳤다.

그런 긴장을 품으려면 무수한 상황 속에서 나 자신에게 이렇게 물어야 한다. 이 순간 나는 진실히 행하고 있나, 아니면 진실을 저버린 채 내 앞에 있는 사람의 비위를 맞추고 수용을 얻어 내려 하고 있나? 나는 두려움으로 반응하고 있나?

나이 마흔의 한 친구가 내게 이렇게 말했다. "나는 평생을 부모님 비위를 맞추며 살아왔다. 나 자신의 생각과 꿈을 제대로 펼쳐 본 적이 없다. 나는 수용받기 위해 부모님의 사본이 되었다. 이제는 원본이 되고 싶다. 그런데 그 일이 무시무시한 모험처럼 느껴진다."

상처의 치유

성장 과정의 다음 걸음은 긴장을 품되 창의적으로, 즉 치유를 이루는
쪽으로 품는 법을 배우는 것이다. 존 쉬아는 "이 내면의 전쟁 경험은
우리를 자기 밖으로 밀어낸다. 우리는 자신이 내주하고 있는 신비를
의식하게 되며 그 신비에서 설명과 치유를 얻으려 한다"고 했다.[18]
자기 밖으로 밀려날 때 우리는 신비에, 하나님의 치유의 연금술에
자리를 내주게 된다.

시편 기자는 "나의 영혼이……근심하기를 어느 때까지
하오며"(13:2)라고 물었다. 충분히 오랫동안, 그것이 답이다.

대학 시절, 화학 실험실에서 두 화학물질을 도가니에 혼합하여 분젠
버너 위에 올려놓았던 일이 생각난다. 내 짝과 둘이서 역치 도달을
기다리는 사이, 화학물질은 한데 섞여 부글부글 끓었다. 이윽고
물질의 색깔이 바뀌고 전혀 새로운 화합물이 되었다.

우리 안에도 비슷한 영적 연금술이 이루어질 수 있다. 어둠의 도가니
속에 들어가 삶의 괴로운 긴장들을 혼합하여 창의적으로 끓이면,
결국 우리는 역치에 도달하게 되고 거기서 치유, "앎", 힘—존재의
새로운 합성—이 이루어진다. 우리의 기다림은 색깔이 바뀌어
찬란한 빛을 발한다.

그해 여름, 앤의 방을 지나가는데 갈색머리의 인형이 책꽂이 위에
넘어져 있는 것이 보였다. 똑바로 세워 놓다가 인형의 얼굴에 한
가닥 삐져나온 곱슬머리를 보았다. '너도 곱슬머리 소녀로구나' 하는
생각이 들었다.

그 순간 고통이 밀려왔다. 내 안의 소녀가 생각났다. 삶의 상처가

픽도 많았던 그 소녀는 주변의 기대에 따라 비위 맞추는 습성이
생겨났다. 혼나는 것과 선 밖에 있는 것이 너무 무서워 수없이
자신의 개성을 저버리곤 했다.

나는 고통의 긴장을 품기로 작정하고 앤의 흔들의자에 주저앉았다.
눈물이 희미하게 앞을 가렸다. 어느새 나는 인형을 살살 흔들어
달래고 있었다. 그 와중에도 웃음이 났다. 내가 끌어안고 달래고 있는
것이 실은 내 상처받은 부분의 상징임을 알았던 것이다. 나는 인형을
꼭 품고 사랑해 주고 있었다.

모든 거짓 자아 안에는 치유받아야 할 상처가 있다. 그 순간, 내 안에
치유의 움직임이 느껴졌다. 마치 긴장이 물러가고 뭔가 새로운 것이
오는 것 같았다. 내 치유의 의식(儀式)을 통해 하나님의 치유력이
발휘될 길이 열렸고, 그 치유력이 내 상처 난 자리를 매만졌다.
완전히 즉흥적인 이 사건은 노리치의 줄리안의 말처럼 "내 영혼을
하나 되게" 하는 데 도움이 되었다.

어둠을 겪는다는 것은 자신의 다치고 깨어진 부분들을 보듬고 살살
흔들어 달래는 것이다. 내 아픈 삶의 리듬을 타는 것이다. 그러면서
우리는 자신의 상처 난 부분들에 사랑과 용서를 베풀며, **하나님의**
사랑과 용서를 받아들인다. 그렇게 긴장을 흔들어 달래노라면
마침내 초월적 세계가 뚫고 들어오면서 하나님이 우리 안에 새로운
것을 불어넣어 주신다.

릴케는 고통당하는 사람은 끝까지 견뎌야 하며 "슬픔의 낭비자"가
되어서는 안 된다고 했다. 다른 책에서 그는 "슬플 때 우리가 더
가만히 있고 더 참고 더 마음을 열수록 새로운 것이 그만큼 깊이
그만큼 치우침 없이 우리 안에 들어와 그만큼 우리 것이 되고 그만큼

더 우리의 운명이 된다"고 말했다.[19]

내 안의 양철 나무꾼 부분─몸과 영혼, 마음과 머리가 분리되어 있던 부분 ─을 치유하는 일은 힘들고 오래 걸렸다. 우선 나는 내 마음과 일종의 대화를 시작했다. 자주 대화를 멈추고, 이 특정한 순간 내 감정이, 진짜 감정이 어떤지 자문하곤 했다.

나는 깊이 들으려 했다. 내면의 침묵에 부딪혀 놀란 적도 많았다. 때로 내 감정들은 마비되어 갇혀 있고 구분이 안 되는 것 같았다. 그러나 대화를 계속하며 자신에게 진짜 감정을─그냥 "느끼는" 것만 아니라 그 진정한 감정으로 반응하는 것까지─허용하는 사이, 점차 나는 새로운 방식으로 내 마음과 다시 이어지기 시작했다.

마찬가지로, 몸속으로 내려가 몸과 더불어 사랑과 수용의 관계를 이루는 일도 한 여자의 영적 온전함에 아주 중요한 작업이다. 3장에 말한 것처럼, 나는 이 영적 여정이 있기 전에는 내 몸을 거의 잊고 살았었다. 몸에 대한 내 태도는 무관심과 묵인 정도였다. 내 신체적인 면을 한 번도 진정으로 반길 줄 모른 채 나는 주로 머릿속에서 살았다. 조깅이나 운동을 할 때도 대개 상념과 생각에 파묻혔다. 그러던 내가 이제는 내 마음과 그리하듯 내 몸과도 창의적 대화를 나누려 했다. 몸의 말을 들었다. 몸을 의식하고, 몸에게 사랑과 부드러운 손길을 주고, 몸 안의 나 자신을 "느끼고" "알려" 했다(그저 몸을 소유하는 것이 아니라 몸이 되려 한 것이다). 나는 하나님이 내 안에 두신 놀라운 감각적 음악을 의식적으로 인정하고 축복하면서, 내 몸을 거룩함을 담는 그릇으로 인식하기 시작했다.

때로 집에 혼자 있는 날이면 나는 춤을 추었다. 몸에게 자신을 표현하게 하고, 몸의 움직임을 존중하고, 몸의 에너지를 즐거워하고,

몸의 리듬과 함께 있어 준 것이다. 나는 몸에게 존재의 자유를 주고 있었다. 성경에도 "춤출 때가 있으며"(전 3:4)라고 하지 않았던가. 내 춤은 일종의 묵상적 동작이 되었고, 나를 통합시켜 주고 내 몸과 영혼을 다시 엮어 주는 기도가 되었다.

서서히 나는 내 잃어버린 마음, 잃어버린 몸과 더불어 새로운 "교류"를 경험했다. 어느 날 나는 성찬식을 거행했다. 몇 년 전 예루살렘에 여행 갔을 때 가져온 작은 성찬 잔에 주스를 부은 다음 빵 한 조각을 들었다. 그러고는 먹고 마셨다. 이는 내 안의 잃어버린 부분들과 함께 떡을 떼고 잔을 나누며 그 부분들을 내 교제권 안으로 받아들이는 상징적 행위였다. 그 순간의 감격은 잊지 못할 것이다. 분열의 치유, 찢어진 부분을 다시 이어 주는 그리스도의 임재를 기리는 사이, 거룩함과 귀향의 느낌이 나를 온통 뒤덮었다. "슬픔의 낭비자"가 되지 않고 긴장을 창의적으로 흔들어 달래기 시작할 때ー고통과 치유의 당당한 의식을 통해ー우리는 임계 지점으로 가게 된다. 그리고 거기서 기다림의 색깔이 바뀌고 변화가 시작된다.

자기 십자가를 진다

긴장을 품는 것은 자기 십자가를 진다는 성경의 개념에 비견될 수 있다. 내적으로 우리는 반대 방향으로 난 두 지점 사이에서 자진하여 팔을 뻗는다. 양쪽 끝에 못박힌 채 우리는 긴장들 사이, 상처들 사이에 매달린다. 그리고 사랑으로 그대로 머문다.

시에나의 캐서린은 "사랑이 아니었던들 대못만으로는 신인(神人)을 십자가에 못박아 거기 매어 두기에 부족했다"고 썼다.[20] 사랑으로 우리는 어둠의 긴장을 자진하여 진다. 내가 보다 참된 생명으로 출현하고, 하나님의 형상이 내 안에 살아나는 것을 유일한 목표로 삼고서 말이다. 우리 안의 참된 것을 찾고 생명으로 침투하기 위해 우리는 어둠의 긴장을 견딘다. 이것이 바로 창의적 고난이다. 우리로 "부활하게" 하는 고난이다.

창의적 고난은 신경증적 고난과 대비될 수 있다. 후자의 사람은 자기연민의 생활방식을 취한다. 거기서 동정이나 통제권이나 안정을 얻기 때문이다. 신경증적 고난은 변화로 이어지지 않으며, 보다 온전해지기 위한 목적도 아니다. 그것은 부활로 끝나지 않고 절망과 소외로 끝난다. 저자 매리언 우드먼은 "진정한 고난은 깨끗이 태우지만 신경증적 고난은 그을음만 잔뜩 인다"고 표현했다.[21]

창의적 고난은 우리가 자신의 삶을 정직히 대면하고, 자신의 시야를 넓히고, 새로운 길을 택하고, 자신의 그림자를 인정하고, 상처를 치유하는 과정에서 부딪히는 고통이다.

내 중년의 일부 고난은 결혼생활의 긴장을 품는 데서 왔다. 샌디와 내가 일주일간 어느 호반의 오두막에 가 있는 동안, 내면의 씨름이 격렬해졌다. 자율의 인력(引力) 대 친밀함의 인력. 성장 대 휴경(休耕). 옛 상처 대 새 치유. 자유 대 헌신. 선택 대 안주. 파멸 대 새 출발. 희망 대 절망. 그 모두가 함께 있었다.

어느 이른 아침에 우리는 산책을 나갔다. 발밑에서 부서지는 솔방울 소리를 들으며 그림자 속을 걸었다. 길은 오르막으로 변하여 점점 가팔라졌다. 우리와 꼭 맞는다는 생각을 떨칠 수 없었다.

결혼생활에도 가파른 오르막이 얼마나 많던가.

우리는 걸음을 늦추고 잠깐 서로 쳐다보았다. 마치 우리가 구하는 관계의 회복이 정말 가능하다는 긍정을 서로의 얼굴에서 얼마라도 찾으려는 듯이 말이다. 아직 "현실"에 파묻혀 있을 때 "가능성"을 믿기란 참 어려울 수 있다.

릴케의 시 한 소절이 내 머릿속에 맴돌았다. "사랑은 이것으로 이루어지나니, 곧 두 고독이 서로 지켜 주고 마주 대하고 존중하는 것이다."[22]

그것이 내가 정말 알고 싶었던 관계다. 그러나 그것이 가능할지 나는 몰랐다. 어떻게 서로의 가장 깊은 자아를 지켜 주고 마주 대하고 존중하면서도 우리는 각자의 자아 안에 거처와 근거를 둔 두 고독이 될 것인가? 만일 이런 일이 가능하다면, 거기에는 재협상이 요구될 것이다. 우리는 새 결혼생활의 공동 건축가가 되어야 할 것이다.

언덕 꼭대기에서 나는 걸음을 멈추고 숨을 골랐다. 샌디가 계속 가다가 불렀다. "이것 좀 봐요!" 샌디는 20미터쯤 전방에 서서 상처 난 나무 그루터기를 가리켜 보였다. "바짝 와 봐요."

나는 바짝 갔다. 거기 그루터기 한가운데에 초록색 참나무 싹이 새로 자라고 있었다.

옛 그루터기에서 "알을 까는" 새 나무를 둘이 나란히 서서 얼마나 바라보았는지 모른다. 하나님이 다시 한번 재생에 대해 웅변적으로 말씀하시는 것 같다는 생각이 들었다. 생명이 죽음에서 나오고 치유가 상처와 흉터에서 나온다는 단순한 메시지였다. 파멸 후의 재건이 가능하다고, 희망이 절망보다 크다고 말하고 있었다. 그것은 내게 많은 것을 말해 주었다.

나는 샌디를 보았다. 우리도 상처를 치유할 수 있을까? 나는 나
자신의 자율을 지닌 나 자신의 인격으로 남아 나 자신의 영적 노정을
따르면서도 동시에 우리 영혼이 서로 맞닿을 만큼 내 삶을 그의 삶과
혼합하고 뒤섞을 수 있을까? 그는 그것을 허용할까? 나는 허용할까?
어느 한쪽에서 다른 쪽을 소유하지 않는 관계가 우리에게 가능할까?
우리는 서로의 개성 있는 신비를 존중하면서도 동시에 친밀함의
화음으로 노래할 수 있을까? 나는 우리가 이런 지고한 방식으로
서로 사랑할 수 있을지 궁금했다. 내 안의 긴장은 견딜 수 없을 만큼
팽팽했다.

숲속의 오솔길을 더 걷던 중 드디어 나는 "연소점"에 도달했다. 내
안에 진리가 자리를 굳히는 것이 느껴졌다. 마치 앎이 내 영혼 안에
응결되기 시작한 것 같았다. 그것도 그냥 앎에서 그치지 않고 그
앎을 펼치고 싶은 갈망과 그 앎을 따라갈 힘까지 함께 생겼다. 바로
그 순간 작은 창조 행위가 벌어진 것이다. 작은 출생, "부활"이었다.
나는 샌디의 손 안에 내 손을 밀어 넣으며 나직이 말했다. "사랑해요."
얼마나 오랜만에 하는 말인지 몰랐다.
내 손을 꼭 쥐어 오는 남편의 손가락이 느껴졌다. "알아요. 나도
당신을 사랑해요." 그가 말했다.
그렇게 우리는 새로운 청사진을 그리기 시작했다.

어둠 속의 하나님

성경에서 어둠은 종종 죄나 하나님의 부재의 은유로 사용된다.

그러나 하나님이 거하시는 자리로 언급된 예들도 있다. "여호와께서 캄캄한 데 계시겠다 말씀하셨사오나"(왕상 8:12), "그가 흑암을 그의 숨는 곳을 삼으사"(시 18:11).

어둠 속의 하나님. 전통적으로 이 이미지는 하나님의 궁극적 불가지성(不可知性)을 암시한다. 그러나 겹겹의 캄캄한 내 번데기고치 안에서 읽으니 그 의미가 사뭇 다르게 다가왔다. 이 말씀들은 내게 하나님이 모든 피조물의 캄캄함 속에 들어가신다는 굳은 확신을 주었다. 내게 이런 음성이 들려왔다. "하나님은 너와 함께 아파하신다. 하나님은 너와 함께 우신다. 하나님은 네 어둠 속에 사신다." 이런 인식이 있을 때 우리의 어둠은 발광체로 바뀐다.

몇 해 전 나는 독일 신학자 위르겐 몰트만의 책들을 읽었다. 그는 하나님이 우리의 고난을 "경험하시며" 우리와 함께 슬퍼하신다고 역설했다. 우리 영혼은 하나님과 이어져 있으며, 하나님이 우리의 고뇌에 동참하시지 않는다는 것은 불가능한 일이라고 그는 말했다. 갑자기 그 개념이 내게 실감나게 다가왔다.

하나님이 정말 아파하실까? 하나님이 고통당하실 수 있나? 하나님이 우리의 고통과 무력감 속에 들어오실까? 하나님이 약하신 분인가? 우리는 전능하신 하나님, 무적의 하나님, 승리의 하나님에 익숙해 있다. 그러나 나는 약하신 하나님, 고통과 압제를 아시는 하나님, 우리의 상처 속에 깊이 들어오시는 하나님을 발견하고 있었다. 그분은 비우시고 기다리시는 하나님이다.

플래너리 오코너의 소설 『파커의 등』에 이 개념이 독특한 방식으로 표현되어 있다. 이야기에 O. E. 파커라는 잡역부가 등장하는데, 그의 몸은 온통 문신투성이다. 삶의 의미와 조화를 찾으려는 이상야릇한

시도였다. 오코너에 따르면, 파커는 자신의 "거미줄 같은 영혼을 완벽한 색색의 아라베스크로, 나무들과 새들과 짐승들이 있는 동산으로" 그려 내려 한다.[23] 그 문신들을 통해 그는 온전함, 내면의 연합된 나라를 구한다.

그러나 문신은 그가 찾는 온전함을 가져다주지 못한다. 그는 상반 세력들의 사나운 갈등을 내면에 안고 살아간다. 사실 오코너는 파커의 몸에 그려진 새들과 동물들이 "그의 살갗을 파고들어 그 안에서 사나운 전쟁을 벌이며 살아온" 것 같다고 말한다.

파커의 부인 사라는 옹졸하고 극히 종교적이며 그만큼 거부감을 주는 여자다. 그녀는 남편의 문신을 혐오한다. 이야기의 전환점은 파커가 밭을 갈다가 영적 깨달음을 얻는 대목에서 찾아온다. 그는 곧장 문신 새기는 사람한테 달려가 자기 몸의 마지막 빈 부분인 등에 하나님의 초상을 새기게 한다. 영적 만남의 위력과 아름다움에 전율하면서 그는 문신 책자에서 비잔틴 그리스도의 얼굴을 고른다. 그리고 그 형상은 그의 살에 지울 수 없게 새겨진다.

나중에 그는 어느 골목길에 앉아, 자기 등 위의 그리스도의 시선을 느끼며 자기 영혼을 성찰한다. 난생처음 그는 자기 내면에 있는 "완벽한 색색의 아라베스크"를 알게 된다.

해질녘에 그는 이번 문신만은 종교적인 아내의 마음에 들기를 바라며 집으로 간다. 그가 셔츠를 벗고 사라에게 그리스도의 얼굴을 보여주자 그녀는 "우상 숭배!"라고 소리친다. 그녀는 빗자루를 들어 그를 바닥에 쓰러뜨린 뒤, 맞은 자리가 부어오를 때까지 파커의 등을 마구 때린다. 공교롭게도, 부어오른 자리는 문신 속의 그리스도의 면상이다.

파커의 이야기는 만인의 이야기다. 우리도 다 내면의 "완벽한 색색의 아라베스크", 우리를 온전하게 연합시켜 줄 그것을 찾고 있다. 우리 영혼 위에 지울 수 없는 문신으로 새겨진 하나님의 형상을 발견할 때, 우리는 그것을 얻는다. 그 문신은 희미하고 일그러져 있을지 모르지만 그래도 엄연히 존재한다. 그것을 잘 보이게 하고 온전케 하는 과정을 지나느라 우리는 고통을 겪는다. 우리가 고통으로 쓰러질 때, 하나님은 우리 영혼 위에 부어오른 채찍 자국을 친히 경험하신다. 그분은 우리의 피부보다도 더 가까우신 분이다.

8월의 일기

봄여름이 다 가도록 나는 어둠 속에 남아, 내 의문 속에 살며 긴장을 창의적으로 품으려 애썼다. 8월의 어느 날, 나는 일기장을 펴고 이렇게 썼다.

8월 12일. 오늘은 내 생일이다. 생일이 되니 내 부화 중인 새 생명과 장차 다가올 출생의 날이 새삼 생각난다. 때로 삶은 감히 받을 수 없을 만큼 너무 과하고 너무 드넓고 너무 아름다운 은혜인 것 같다. 그래도 어쨌든 나는 손을 벌린다. 오늘은 나 자신과 대화하고 싶다. 이렇게 말해 주고 싶다. 삶을 받아들여라. 피 흘리는 곳들과 미소 짓는 곳들까지 다 받아들여라. 그것이 너의 가장 거룩하고 인간다운 과제다. 고통과 의문들을 다 모아, 네 무릎에 아이를 안듯 그렇게 품어라. 하나님을 믿고, 네 영혼의 움직임을 믿어라. 현실을 그대로 받아들여라. 어둠을 받아들여라. 괜찮다. 진실하기만 해라.

또 이렇게 말해 주고 싶다. 너는 사랑받는 자다. 네 고통은 하나님의 고통이다. 모든 씨름과 혼란, 아름다움, 지저분함, 경이, 고뇌, 기쁨, 갈등을 어서 끌어안아라. 그 모든 것을 사랑해라.

또 이렇게 말해 주고 싶다. 부활절 양초의 그 작은 불꽃을 잊지 마라. 네 마음으로 그 불꽃을 감싸라. 네 어둠은 빛이 될 것이다.

P·a·s·s·a
-g·e·o·f·
E·m·e·r·g
-e·n·c·e

4부
출현 단계

8. 새 날개를 펴며

고치를 칠 재료가 내 안에 있다면

어쩌면 나비가 될 자질도 있을 거야. **트리나 폴러스**

오직 여호와를 앙망하는[기다리는] 자는 새 힘을 얻으리니……

날개치며 올라감 같을 것이요. **이사야 40:31**

어느 아침, 나는 잠에서 깨어나 내 서재로 갔다. 아직 식구들이
일어나기 전이었다. 창밖으로 하늘을 이고 낮게 깔린 불그레한
새벽을 응시했다. 한동안 보다가 앉아서, 뚜껑 달린 소나무 책상 위에
양 팔꿈치를 얹었다. 흠집 난 곳을 손가락으로 만져 보았다. 전에
내가 대리석 책막이를 떨어뜨려 표면이 패인 곳이었다. 나는 삶의
흠집 난 곳들에 대해, 뭔가 새로운 것을 해산하는 데 따르는 위험에

대해 생각했다. 어둠, 우리 삶의 흉측한 순간들, 약했다가 거세지는
고뇌들에 대해 생각했다. 내 추구가 고통을 치를 가치가 있는 것인지
의아해졌다.

방은 적막했다. 오래된 숄처럼 나를 휘감는 것이 느껴질 만큼 침묵이
깊었다. 침묵을 옷처럼 입고 침묵과 더불어 앉아 있는데, 방 안에
물체인지 사람인지 모를 어떤 존재가 느껴졌다. 뭔가 다른 것, 희미한
바스락거림, 모종의 부드러운 기척이었다. 무엇인지 알 수 없었다.
그러다 문득 알았다. 나는 책상 맨 위에 놓인 아프리카 제비꽃
화분으로 눈을 들었다. 아니나 다를까, 화분 턱 위로 날개 하나가
삐죽 올라와 있었다. 파란색과 주황색 점들이 박힌 놀랍도록 까만
날개였다. 날개는 위아래로 파닥였다.

나는 벌떡 일어섰다. 내 가슴속의 외경이 손에 잡힐 것 같았다. **나비!**
차마 바라볼 수 없을 만큼 눈부신 나비였다. 나비는 선명한 진녹색
화초를 배경으로 까만색 새 날개를 펴고 있었다. 움직이는 빛의
어두운 양날처럼 투명한 날개였다. 그새 번데기가 껍질을 터뜨렸던
것이다!

고즈넉한 새벽, 내 서재 안에서 은혜가 춤추었다. 밝은 신비가 내
몸을 타고 왈츠를 추었다.

나는 오래오래 나비를 지켜보았다. 너무 기뻐 눈물이 날 것 같았다.
나비는 아직 날려고 하지 않았다. 그냥 화분흙에 앉아 날갯짓만 했다.
새로운 삶을 위해 자신을 준비하고 있는 것 같았다.

이윽고 내 눈은 빈 번데기고치를 찾았다. 고치를 처음 만나던 날이
떠올랐다. 그때도 은혜가 춤추었었다. 2월의 추위 속에 서서 고치를
바라보던 일이 기억났다. 하나님이 말씀하고 계심을, 그 안에

부화중인 것이 내 영혼임을 그때 나는 어쩐지 알았다. 이제 고치는 비어 있었다. 내게 그처럼 충만한 용기를 가져다준 것은 일찍이 보지 못한 듯싶다.

나는 아직 나비가 앉아 있는 화분을 들어 뒤뜰로 가져가 바닥에 놓았다. 그리고 베란다 의자를 끌어다 놓고는 앉아서 기다렸다. 빛이 환해지자 나비는 이 잎 저 잎 옮겨 가 마침내 화초 꼭대기에 이르렀다. 그리고는 잠시 거기 앉아 있다 날아갔다.

고치 속에 웅크린 나비는 처음에는 마당에서, 나중에는 내 책상 위에서 아주 오랫동안 나와 함께 있었다. 나는 그것을 지켜보았고 사랑했다. 그리고 하나님은 그 고치를 통해 나를 지켜보셨고, 사랑하셨고, 영혼의 아름다움과 변화에 대해 가르쳐 주셨다. 이제 고치는 나비가 되어 날아갔다.

아침녘 파닥파닥 나부끼는 나비의 까만 날개를 보노라니 가만히 머릿속에 떠오르는 성경구절이 있었다. "보라, 내가 만물을 새롭게 하노라"(계 21:5).

서투른 날갯짓

때가 되면, 번데기고치 속의 영혼도 출현하기 시작한다. 기다림은 결실을 이루고, 새로움이 펼쳐진다. 이는 때 묻지 않은 순전한 경이의 순간이다. 그러나 출현 단계에 들어설 때 우리는 새 생명이 천천히, 어색하게, 서투른 날갯짓으로 온다는 사실을 기억할 필요가 있다. 나는 몇 달씩 오래오래 기다리고서야 새로움이 움트기 시작하는

것을 느꼈고, 그것이 내 삶에 펼쳐지기 시작할 때까지는 더 많이
기다려야 했다. 서서히—정말 너무나 서서히—내 기다림의 계절은
끝을 맞았다. 고통이 조금씩 줄어들기 시작했는데, 마치 절정까지
치달았다가 이제는 뭔가 새로운 것에 자리를 내주는 듯했다. 품고
살아온 많은 의문들에서 작은 통찰의 씨앗들이 싹트기 시작했다.
빛이 조금씩 새어 들었다. 새로운 시각과 생활 방식이 내 머릿속에만
아니라 마음과 영혼 속에도 틀을 잡기 시작했다. 마치 나 자신
안에 새로운 방을 찾아낸 것 같았다. 여태 알았던 것보다 더 크고
널찍했으나, 실은 처음부터 줄곧 그 자리에 있던 방이었다.

변화들—깊은 영적·심리적 변화들—이 모습을 드러내기 시작했다.
나는 그런 변화에 많이 익숙해져야만 했다. 적응하는 기분은 전에
내가 전혀 새로운 스타일로 머리를 잘랐던 때를 연상시켰다. 그날
저녁, 어떤 상점 앞에 서 있는데 웬 여자의 모습이 윈도에 비쳤다.
내가 팔을 올리니까 그 여자도 팔을 올렸다. 나는 깜짝 놀랐다.
한순간 나는 그 여자가 나임을 알아보지 못했던 것이다. 출현도 그와
같다. 새로운 모습이 되어서도 우리는 그 새로움에 익숙해져야만
한다. 새 자아가 태어나고 있다. 그것을 알아보는 데 한참 걸릴 때도
있다. 틀림없이 새 자아는 우리를 여러 번 놀라게 할 것이다.

지금도 기억나지만, 내 서재의 까만 나비가 번데기에서 나온 후
하늘을 날기까지는 시간이 걸렸다. 나비는 날갯짓 연습을 하면서
날개가 펴질 시간을 충분히 가졌다. 그러고도 처음 날 때는 우아한
몸짓은 아니었다.

우리도 그런 적응 기간이 필요하다. 날갯짓이 서투른 시간이다. 그
상태가 오래갈 수도 있다. 이 시간 동안 우리는 자신에게 인내하는

법을 배운다. 자신에게 변화들을 통합할 시간을 허락하는 것이다. 똑같이 중요하게, 우리는 주변 사람들에게도 그런 시간을 줄 필요가 있다. 영적 변화에 관한 보다 어려운 문제 중 하나는 이것이다. 내 주변 사람들은 어떤가? 내가 자라고 발전하면, 그들과의 관계는 어떻게 되나?

우리는 자신을 향한 다른 사람들의 반응에 대비해야 하며, 그들에게도 인내심을 보여야 한다. 나 자신이 변화에 적응하는 것도 쉽지 않을 수 있지만, 주변 사람들에게는 더 어려울 수 있다. 어쨌든, 비위 맞추는 자가 비위 맞추기를 그만두면 어떻게 될까? 라푼첼이 남의 구조만 바라던 태도를 버리고 스스로 탑을 기어 내려오기 시작하면 어떻게 될까? 단골 순교자가 더 이상 의무의 제단 위에 자기 삶을 제물로 바치지 않을 때, 사람들은 어떻게 반응할 것인가? 양철 나무꾼이 심장과 진짜 감정들을 회복하고 자신의 몸과 성(性)을 끌어안을 때 남들의 반응은 어떨까? 화려한 스타가 공연을 중단하기로 결정하면 어떻게 될까? 치킨 리틀이 삶이나 진실을 피해 숨지 않고 용기를 내어 거기에 직면하기로 한다면 사람들은 어떻게 할까? 보다 충만한 영성의 새벽이 밝아 참 자아의 새로운 면이 빛 가운데 드러나면, 주변 사람들은 어떻게 반응할까? 그들은 우리의 새 날개를 좋아할까?

사람들은 우리의 날개를 좋아하며 잘 펴지도록 도와줄 때도 있다. 그러나 우리의 날개를 두려워하며 옛 애벌레의 삶으로 돌아가라고 우리를 설득하려 할 때도 있다.

그들은 우리의 날개를 무시하거나 참아 주거나 공격하거나 환호하거나 축복할 수 있다. 그런가 하면 우리의 날개 덕분에 그들까지 변화를 입을 수도 있다. 가족 중 한 사람의 변화는 흔히 다른 식구들에게도 변화를 일으킨다. 그들도 자신의 고치를 치고 우리에게 합류할 때가 있다. 『꽃들에게 희망을』에 보면, 노랑 애벌레는 자기만 나비가 되고 친한 친구 줄무늬 애벌레는 그냥 애벌레로 남으면 어쩌나 하고 고민한다. 늙은 애벌레가 노랑 애벌레에게 말한다. "네가 나비가 되거든 그에게 날아가서 나비가 얼마나 아름다운 것인지 보여주면 되잖아. 그러면 그도 나비가 되고 싶어할 거야!"[1]

나는 내 삶의 변화에 대한 갖가지 반응에 부딪혔다. 반응이 부정직일 때면, 나는 일시적인 허탈감과 퇴행, 모든 것에 대한 의문에 빠질 때도 있었다.

나는 이 주제에 관한 최고의 조언을 많은 고치와 많은 날개를 직접 겪어 본 어느 선배에게서 들었다. 나는 그녀에게 "사람들이 내 변화를 그냥 두지 않을 겁니다"라고 말했다(마치 사람들이 정말 그럴 수 있기라도 하다는 듯). 사실상 내 말은 "나는 내 변화에 대한 사람들의 반응이 두려워요"였다. 그녀는 내 뺨에 자기 손을 대며 말했다.

"자신의 날개를 사랑하세요."

우리가 성장하면, 거의 항상 주변 사람들은 일단 두려움의 반응을 보인다. 그럴 만도 하다. 한 사람이 변화되기 시작하면, 안전하고 익숙했던 삶의 질서가 흔들린다. 우리 내면의 가구를 재배치하면, 이전 배치에 익숙했던 사람들은 우리를 대하려다가 여기저기 머리를 찧기 십상이다.

때로 사람들은 우리의 낡은 행동 습성을 중심으로 자기 삶을 꾸려 왔다. 우리는 그들에게 의존적이고, 그들은 다시 그런 우리에게

의존적일 수 있다. 라푼첼에게 힘이 생기면, 그들의 세계는 파열될 수
있다. 그런가 하면 사람들은 우리의 사고와 신념이 자기와 똑같아야
한다는 당위성에 잔뜩 매달려 왔을 수 있다. 곱슬머리 소녀가
제 목소리를 찾으면, 관계의 물살이 갑자기 소용돌이칠 수 있다.
자신의 진짜 감정을 억누르고 마음 대신 머릿속에서 살아가는 양철
나무꾼에 너무 익숙해진 사람들도 있을 수 있다. 그래서 막상 그가
자기 내면의 실상을 발견하고 표현하기 시작하면, 그들은 그 진실
앞에 나자빠진다.

우리가 뭐든 혼자서 척척 해내는 작고 빨간 닭 노릇을 그만두면,
사람들의 공통된 반응은 당혹감을 거쳐 결국은 분노다. 지금도
그날이 기억난다. 샌디가 퇴근해 보니 내 책상은 손도 대지 않은
채였고, 집 안의 침대라는 침대는 하나도 정돈돼 있지 않았고,
식탁에는 저녁식사 대신 물감들과 수채화 캔버스들이 너저분했다.
"하루 종일 뭘 했어요?" 그는 당황하여 물었다.
"놀았어요. 나한테 하루 휴가를 주었어요." 나는 말했다.
"침대도 다 그냥 두고."
나는 싱긋 웃었다. "알아요. 놀랍지 않아요?"
"배도 고픈데." 그의 목소리에 약간 짜증이 묻어났다.
남편을 보았다. 나도 여차하면 화가 날 것 같았다. 싸움이 될 수도
있었는데, 내 코에 묻은 파란색 물감이 하루를 살려 주었다.
"당신 모습이 하도 웃겨서 소리를 지르려 해도 안 되겠네요." 그가
말했다.
우리는 분노의 일전을 면했다. 그러나 이 사건은 내게, 비록 작은
것일지라도 내 변화가 다른 사람들에게 큰 좌절을 줄 수 있음을

보여주었다. 많은 대화와 많은 시간, 그리고 양쪽 모두의 많은 이해와 적응이 필요하다.

내가 아는 한 남자는 늘 쫓기던 습성과 전문적 스타가 되려는 욕망을 떼어 놓고 고치에서 나왔다. 그는 숨 가쁜 일정을 버리고, 좀더 느리고 생각할 여유가 있고 치유에 도움이 되는 리듬으로 바꿨다. 놀랍게도 부인의 반응은 매서웠다. 바쁜 사람들이 갑자기 가만히 있으면—내 친구의 표현대로, 행동하는 인간이 아니라 존재하는 인간이 되기 시작하면—주변 사람들이 화를 낼 수 있다. 그 부인은 다분히 남편의 성공에서 자신의 가치를 찾았다. 그래서 몇 달이나 남편의 변화에 맞서 싸웠다.

우리가 마음을 열어 자신의 영성을 새로운 방식으로 경험하고 자신의 진정한 모습을 표현하기 시작하면, 사람들의 눈썹이 올라갈 수 있다. 내가 나의 뿌리인 침례교회를 떠나 감독교회로 갔을 때, 한 친구는 내 결정을 탐탁해하지 않았다. 나는 예배의 성례적·상징적 차원으로 내 침례교 유산에 균형을 이루려 한다고 그를 납득시키느라 애먹었다. 나는 내 내면 상태를 더 잘 반사해 주는 길을 걷고 싶었던 것이다.

단순히 우리는 사람들에게 시간을 주고, 그들의 저항을 받아들이고, 그들의 두려움을 들어 주고, 그들을 안심시키고, 그들과 솔직히 대화하고, 계속해서 조용히 자신의 참 자아가 되어야 한다.

무엇보다, 우리는 자신의 날개를 사랑해야 한다.

우리 안에 태어나는 그리스도

12월이 다가오면서 나는 우리 크리스마스 트리 밑에 모여 있는
예수 탄생 조각물 세트 옆에 앉아 내 인생의 지난 한 해, 기다림의
해를 곰곰 생각했다. 우리도 예수 탄생의 현장이 될 수 있을까? 그런
의문이 들었다.

언젠가 크리스마스 즈음에 어느 수도원에 갔을 때, 나는 교회 밖을
걷고 있는 한 수사와 마주쳤다. "메리 크리스마스." 내가 말했다.
"그대 안에 그리스도가 태어나시기를." 그는 대답했다.

아주 특이한 인사라고 생각되었고 좀처럼 잊혀지지 않았다. 오랜
세월이 흘러 크리스마스 트리 곁에 앉은 지금에야 그 말의 위력이
느껴졌다. 영적 변화의 진짜 정수가 무엇인지 다시 한번 내게 확증해
주는 순간이었다. 그것은 우리 내면에 있는 그리스도의 본성을 더
깨닫는 것이다. 그것은 자신의 영혼을 발견하는 것이요, 기다리는
마음으로부터 그리스도가 태어나게 하는 것이다.

출현 단계에서 해산이 시작되면, 영혼은 예수 탄생의 현장이 된다.
베들레헴 연극 전체가 우리 안에 시작된다. 유례없는 새 별—새로운
계시와 깨달음—이 우리의 어둠 속에 빛난다. 하나님의 보내심을
받아 지혜의 말씀이 선물을 들고 우리를 찾아온다. 우리 안의 목자
같은 성품도 부름을 받아, 새로 태어나는 생명을 잘 보살핀다.

천사들의 노래로 전혀 새로운 음악이 하늘에 둥실 떠다니기
시작한다. 그리스도 생명의 뭔가 새로운 삶과 호흡의 차원이 "나는
존재한다"는 작은 외침과 더불어 출현한다.

전체 드라마의 가장 좋은 부분 중 하나는, 그것이 우리 삶의 오물과

밀짚 속에서 벌어진다는 것이다. 베들레헴의 오물과 밀짚 속에서 그랬던 것처럼 말이다. 그리스도를 낳는다는 것은 겸손의 경험이다. 고치의 혹독한 고생 끝에 새로움으로 출현하는 것은 영적 "승진"이 아니다. 24캐럿의 원광(圓光)이나, 흉터 없이 환상적인 그리스도의 새 가면 따위를 과시하는 것이 아니다. 만일 우리가 거룩한 교만에 빠져 자신이 영적으로 "옳고" 남들보다 더 높은 경지에 있다고 확신한다면, 우리가 낳은 것은 내면의 그리스도에 대한 더 확대된 경험이 아니라 에고의 새로운 피조물이다.

그리스도 생명은 우리를 우리의 인간성과 떼어 놓지 않고 오히려 그것을 끌어안게 한다. 우리를 더 인간답게 해준다. 겸손하게 해준다. 진정한 변화는 늘 우리를 우리의 본질적 본성—신성한 것과 속된 것 **모두**—과 이어 준다. 변화의 단계들을 거칠 때 우리는 자신의 인간성의 깊이를 재는 것이다. 우리는 내면에 묻혀 있는 부분들— 길들여지지 않은 거친 부분, 고아가 되어 학대당한 부분, 더럽혀져 구속되지 못한 부분—과 친해진다. 우리는 자신의 허위를 손 위에 놓고, 자신이 쓴 가면들을 손가락으로 더듬는다. 맹인이 사람들을 알고 싶을 때 보이지 않는 얼굴들을 손으로 더듬어 느끼듯이 말이다. 우리는 자기 고통의 함몰된 자리들을 응시하며, 자기 모습의 벌거벗은 실상을 엿본다.

우리는 이 모든 것을 가지고 새 생명에 들어간다. 그것은 우리를 새로운 겸손으로 인도한다. 그렇다, 의심의 여지가 없다. 우리는 평범한 밀짚더미 위에 그리스도를 낳는다.

그대 안에 그리스도가 태어나시기를. 그것이 우리가 새 날개를 펼 때 벌어지는 신비다. 아무리 작고 가녀린 날개일지라도 말이다.

어떤 젊은이가 노령의 현자를 찾아가 물었다고 한다. "어르신께서 저지른 큰 실수는 무엇입니까?" 노인은 "사람들은 나를 그리스도인이라고 부르는데, 나는 그리스도가 되지 못했다네"라고 대답했다.

구도자는 어리둥절했다. "그리스도가 **되지** 못하셨다고요? 우리는 그리스도가 **되어야** 하나요?"

노인은 대답했다. "나는 나 자신과 그분 사이에 계속 거리를 두었네. 추구하고 기도하고 책을 읽으면서 말일세. 그 거리를 늘 개탄하면서도, 그것을 내가 만들어 내고 있는 줄은 미처 몰랐네." "하지만", 구도자가 캐물었다. "우리는 그리스도가 **되어야** 합니까?" 그의 대답은 "거리가 없어야 한다네"였다.[2] 우리와 우리 내면의 그리스도 사이에 거리가 없을 때, 우리는 가장 인간다워지고 가장 자기다워진다.

영혼의 선물들

묵상적 기다림의 변화 경험은 우리에게 영혼의 선물들을 가져다준다. 그야말로 우리가 받을 수 있는 가장 중요한 선물들이다. 우리 삶 속에 펼쳐지기 시작하는 그리스도 생명, 참 자아의 **표출**이기 때문이다. 융 계열 분석가이자 장로교 성직자인 머레이 스타인은 이렇게 말했다.

중년에 영혼이 깨어나 선물들을 내놓으면, 새로 더해진 그 선물들이 삶의 영원한 특징이 된다. 선물들을 받아들이면 그것이 당신 삶의 특성, 당신 개성의 핵이 된다. 선물들을 거부하면 그것이 날마다 당신을 괴롭히며 당신의 모든 수고를 방해할 수 있다. 중년에 당신에게 올 영혼의 선물이 구체적으로 무엇인지 나는 모른다. 그러나 선물이 올 때 받아야 한다는 것만은 말할 수 있다.[3]

우리는 손을 벌리고 참 자아의 선물들을 받아야 할 사명이 있다. 그러나 그리스도 생명이 각자의 삶마다 독특한 방식으로 태어난다는 점을 인식하자. 당신의 영혼이 내놓는 선물들은 내 영혼이 내놓는 선물들과 다를 수 있다. 우리는 그런 차이는 물론 타이밍의 불일치도 허용해야 한다. 영적 체험이란 본래 천편일률적인 것이 아니라 상호 조화를 이루는 것이다. 획일성이 아니라 연합이다.

만인의 영혼이 마치 벽돌을 찍어내듯 성장한다면, 우리의 영성은 기다림과 변화로 얻어지지 않고 복제로 얻어질 것이다. 그런데도 만인이 같은 시각, 같은 위치에 있기를 바라는 성향이 그리스도인들 사이에 존재한다. 어떤 식인지 당신도 안다. 모든 사람이 사역에 적극 가담해야 한다(그러나 예수님께도 사역의 계절만 아니라 기다림의 계절이 있었다). 모든 사람이 행복해야 한다(그러나 예수님도 때로 슬픔과 고뇌와 고통에 잠기셨다). 모든 사람이 하나님을 똑같은 방식으로 대해야 한다(그러나 예수님도 하나님을 대하는 방식들이 달라서, 내면적으로 대하실 때도 있었고 외면적으로 대하실 때도 있었다). 만일 우리가 사람들에게 각자 자신의 시간에 자신의 방법으로 날개를 펴서 존재의 충만함 속에 들어가도록 허용한다면 어떻게 될까?

이 점을 염두에 두고, 지금부터 우리 삶 속에 나타날 수 있는 몇 가지 영혼의 선물들을 구체적으로 살펴보고자 한다.

즐거움

참 자아가 뚫고 나오면, 종종 삶에 임하는 자세가 새로워지고 열정이 생긴다. 내면의 광채를 누리게 되는 것인데, 나는 그것을 즐거움이라 표현한다. 이는 우리의 가장 고통스런 현실과 공존할 수 있는, 삶에 대한 독특한 반응을 말한다. 우리 존재의 핵에서부터 삶을 긍정하는 기쁨을 말한다.

삶을 즐거워하는 역량은 기다림을 통해 깊이 새겨진다고 나는 믿는다. 칼릴 지브란은 "인내의 밭에 내 고통을 심었더니 행복의 열매가 맺혔다"고 썼다.[4]

즐거움은 상처를 통해 온다. 내가 좋아하는 이야기 중에 이런 것이 있다. 19세기 뉴잉글랜드 지방에 회자되던 옛날이야기가 변형된 것이다.[5] 코네티컷주 어느 농장의 곤충이 사과나무 속에 알을 낳았다. 하루는 나무가 벼락을 맞아 땅에 쓰러졌다. 농부는 사과나무 목재로 식탁을 만들어 몇 년째 부엌에 두었다. 어느 날, 나무에서 뭔가 갉는 듯한 이상한 소리가 났다. 몇 주 동안 그러더니 마침내 식탁의 흠집(흉터)에서 날개 달린 예쁜 곤충이 나와 날개를 펴고는 부엌을 날아다녔다. 곤충은 오래오래 기다려 온 살아 있는 시간을 즐거워하며(그렇게 보였다) 작은 기쁨의 춤을 추었다.

즐거움은 그렇게 온다. 상처가 있고, 기다림이 있고, 마침내 날개가 나온다. 그것은 흉터를 갉고 나온다.

사우스캐롤라이나주 하버아일랜드에 머물던 어느 여름, 샌디와 나는 해변을 걷다가 바다가 헬레나 만(灣)으로 접어드는 지점에 이르렀다.

거기서 우리는 밀려드는 파도 속으로 걸어 들어갔다. 갑자기 20미터쯤 앞에서 청백돌고래 한 마리가 물 속에서 쑥 솟아올라 공중곡예를 부렸다. 돌고래는 물속으로 다이빙했다가 물보라를 일으키며 다시 솟았다. 우리에게도 유쾌한 순간이었고 돌고래한테도 그런 것 같았다. 식탁에서 나온 곤충처럼 돌고래도 살아 있음의 경이를 즐거워하는 것 같았다.

그러나 나를 가장 사로잡은 것이 무엇인지 아는가? 돌고래 등에 은빛 흉터가 길게 쭉 나 있었다. 부상을 입었던 것이다. 아마도 육식동물을 만났거나 선박의 날카로운 부위에 베었을 것이다. "하나님의 가장 깊은 진리 하나가 여기서도 메아리치고 있구나. 즐거움은 우리의 상처에서 나오고 상처와 공존할 수 있구나." 그런 생각이 들었다. 즐거움은 삶의 방식, 여정의 방식이 될 수 있다. "종교란 믿는 것이 아니라 춤추는 것"이라는 말이 있다.[6] 나는 이 개념이 좋다. 종교적 지식에 대한 우리의 끝없는 추구에서 종교를 **생활화**하는 차원으로─ 종교가 춤, 즉 두 팔 벌려 삶을 긍정하는 축제가 되도록─강조점을 옮겨 주기 때문이다.

때로 나는 춤판의 구석을 서성이며 남들의 춤을 구경하거나 책에서 춤동작을 연구함으로 내 영적 여정을 멈추곤 했다. 영적 삶의 요지는 **당신** 안에 불어 주시는 하나님의 피리소리에 맞춰 당신이 춤추는 것이다.

잠시 도로시의 오즈 모험으로 돌아가 보자. 오즈에 온 도로시는 백발머리에 주름살투성이 쪼그랑할멈으로 묘사된 북쪽 마녀를 만난다. 마녀는 도로시에게 빛나는 은빛(빨간색이 아니라) 슬리퍼 한 켤레를 준다. 도로시는 신고 있던 가죽구두를 벗고 그 슬리퍼를 신는다. 금세 도로시는 뒤꿈치를 딸깍거리며, 여정을 터벅터벅 걷는 대신 **춤추는** 법을 배운다. 신발을 바꿔 신은 결과다.

우리도 터벅터벅 걷는 걸음에서 춤으로 부름받았다. 참 자아는 우리에게 춤출 신발을 가져다준다. 도로시처럼 우리도 무거운 가죽구두를 벗고 새 슬리퍼를 신는다.

하나님은 내게 즐겁게 춤추며 사는 새로운 길을 보여주셨다. 그것은 어린아이로 은유된 하나님을 발견하면서 시작되었다. 그 하나님 이미지에서 나는 우리를 빛 속으로, 기쁨 속으로, 존재의 충일함 속으로 이끄시는 즐겁고 쾌활하신 임재를 만났다.

우리가 어린아이들과 같이 되어야 한다는 예수님 말씀(마 18:3)에는 우리 모두 익숙하지만, 하나님도 어린아이가 되셨다는 개념은 내게 낯선 것이었다. 하나님은 어린아이가 **되셨다**. 베들레헴의 아기를 생각할 때 우리 마음은 훈훈해진다. 그러나 우리는 정말 하나님을 어린아이로 **대하는가**? 나는 주로 "어른" 하나님을 상대해 왔었다. 그러다 우연히 메히틸트의 생생한 표현을 만났다. "나 하나님은 너의 놀이친구다! 너는 나의 택한 자이니 내가 네 안의 아이를 놀랍게 이끌어 주마."[7] 처음에 이 이미지는 내게 충격이었다. 하나님이 **놀이친구**라고? 하나님은 아주 진지하셔야 되는 분 아닌가? 하나님이 정말 나와 함께 놀기 원하실까? 믿어지지 않았다! 이 이미지는 내가 시댁에 처음 가던 때와 똑같이, 뭔가 앞뒤가 맞지 않는 느낌을 주었다. 시댁에 머물던 어느 날 초인종이 울렸다. 내가 문을 열어 보니 일곱 살쯤 된 사내아이 둘이 서 있는데, 하나는 공과 방망이를 들고 있었다. 아이들은 "할아버지가 나와서 노실 수 있나요?"라고 물었다(샌디의 80세 할아버지가 그들과 함께 살고 있었다). 나는 그 질문에도 놀랐지만, 모자를 쓰고 아이들을 따라 나서는 할아버지를 보고는 더 놀랐다.

하나님이 놀이친구라는 이 이미지는 내 과도한 진지함을 무너뜨리고 내 안의 즐거운 아이를 해방시키기 시작했다. 나는 더 단순해지고 더 경이에 차고 더 쾌활해졌다.

그즈음 나는 "내면의 아이"라는 워크숍에 참석했다. 나는 예수께서 우리에게 발견하라고 촉구하신 어린아이다움을 더 알고 싶었고, 하나님이 놀이친구라는 그 개념을 탐색하고 싶었다. 인도자는 20명의 성인들에게 종이와 색분필을 나누어 주면서 어린 시절의 특별한 경험을 그려 보라고 했다. 나는 모래판에 앉아 성을 쌓는 내 모습을 그렸다. 갑자기 난데없이 잊혀진 기억 하나가 떠올랐다. 그때 나는 다섯 살쯤 됐다. 나는 모래판에 모래성을 쌓아 놓고는 그 위에 얹을 꽃이나 자갈을 찾고 있었다. 자귀나무 아래로 간 나는 아이들의 특기를 살려 공상의 모험을 지어냈다. 상상 속의 나뭇가지에 무지개가 거꾸로 걸려 있고 내가 손을 뻗어 그것을 만지면 내 모래성은 진짜 성으로 바뀐다. 그래서 나는 발끝으로 서서 무지개를 만지는 척했다. 그리고 껑충껑충 뛰어 나무를 돌며 그 사건을 축하했다. 내 모습 그대로 하나님과 함께 놀며 깊은 즐거움의 노래를 불렀다.

기억에서 깨어나 다시 현실로 돌아온 나는 깊은 감화를 입었다. 거의 잊혀졌던 부분이 만져진 것이다. 과거와 미래를 통틀어 내 최고의 즐거움이, 모래성을 쌓고 상상의 무지개를 만지고 나무를 돌며 춤추던 유년의 그 순간 속에 들어 있음을 나는 느꼈다. 바로 그 아이가 나를 삶의 빛나는 중심과 이어 주었다.

워크숍 중에 나는 내가 성인이 되어 읽었던 『내면의 성』이라는 책을 생각했다. 거기서 아빌라의 테레사는, 영혼은 성이며 그 성을 통해 우리는 중심을 향해 나아간다고 했다. 묘하게도, 어렸을 때 내가 지어낸 공상의 시나리오가 정말 모두 사실처럼 느껴졌다. 무지개가 거꾸로 걸려 있는 곳—우리 내면의 아이—을 만질 때 우리는 **진짜** 성, 영혼의 성을 발견한다.

워크숍 인도자는 우리에게 자신이 그린 아이를 자신의 진짜 일부로 인정하고 이름을 지어 주라고 했다. 따로 생각해 볼 것도 없이 나는 크레용을 들어 내 그림 밑에 "즐거움"이라고 썼다.

그녀는 번데기고치를 뚫고 나오는 새 생명의 일부분이었다.

하나님과 함께 노는 법, 춤 슬리퍼를 신고 살아 있음의 순전한 경험 속을 그분과 함께 뛰노는 법을 배우고 있는 부분.

점차 나는 "즐겁게 사는" 법을 배웠다. 웃음도 많아지고, 말도 타고, 우리 아이들의 수상(樹上) 집에도 올라가고, 우리 개들과 함께 잔디밭에서 뒹굴기도 하고, 서재 바닥에 즉석 피크닉 상을 차리기도 했다. 놀이친구이신 하나님과 소통할 길을 찾아 그런 일들을 할 때, 나는 즐거움이 지은 성 안에 살고 있었다.

그 성 안에서 우리는 잃어버린 자연스런 즉흥성을 되찾는다.

자연스런 즉흥성은 즐거움을 이루는 재료다. 최근에 나는 열여섯 살 된 아들과 함께 식품점을 나서고 있었다. 주차장으로 카트를 밀고 가는 아들 곁에서 나는 시름에 젖어 힘없이 걸었다(가죽구두를 신고 터벅터벅 걸은 것이다). 그날의 태반을 나는 자질구레한 고민거리들에 갇혀 침울하게 지냈다. "엄마! 타실래요?" 밥이 물었다.

어렸을 때 밥은 내가 차 있는 곳까지 카트를 밀고 가는 동안 카트

앞에 올라타곤 했었다. 이제 자기가 카트를 밀면서 나를 태워 주겠다는 것이었다.

"물론 사양이야. 엄마들은 식품점 주차장에서 카트를 타지 않는 법이거든. 주차장이 아무리 한산해도 마찬가지지." 그렇게 말하려고 하는데 즐거움이 끼어들었다. 그리고 나와 함께 카트에 올라탔다. 속도가 붙으면서, 심각하고 숨막혔던 하루의 기분이 거의 한순간에 증발해 버렸다. 하나님이 다시 한번 내 마음을 여시고 숨을 불어넣어 주신 것 같았다.

성경의 기쁨(joy)이란 단어는 "즐거움"(delight)으로 번역할 수도 있다. 예수님은 그분의 기쁨이 우리 안에 있어 우리 기쁨이 충만하게 되기를 원하신다고 하셨는데(요 15:11), 이는 그분의 즐거움이 우리 안에 있기를 원하신다는 말도 된다. 그분은 우리의 즐거움이 충만케 되기를 원하셨다. 내면의 아이, 곧 즐거움을 찾으면 우리 기쁨이 커지고 넓어진다. 즐거움은 우리 모두 안에 살고 있다.

내면의 아이는 우리를 원래의 놀이친구인 하나님과 이어 주는 영혼의 소중한 선물이다. 내면의 아이는 우리의 얼어붙은 곳들을 간질이고 우리를 해방시켜 웃음, 열정, 단순성, 자연스런 즉흥적 순간을 누리게 한다. 즐거움과 내면의 아이는 내면 깊은 곳에서부터 참 자아의 정수를 추출해 내는 요소들이다.

어머니 하나님

내가 발견한, 영혼의 보다 아름다운 선물 중 하나는 하나님을 아버지 이미지로만 아니라 어머니 이미지로 경험하게 된 것이다(하나님이 점점 커진다!).

유니언 신학교 정신의학 및 종교학 교수 앤 벨포드 울라노프는,
우리의 하나님관을 주의 깊게 살펴보라고 말한다. "우리의
하나님관—개인의 시각과 집단의 시각 모두—을 보면, 우리 안의
빠진 부분과 돌이켜 볼 부분이 틀림없이 보인다."[8]
우리 안의 빠진 부분은 무엇이며, 그것은 우리 개인과 집단의
하나님관에서 빠진 부분과 어떤 **상관**이 있나? 내 생각에 우리는
여성적인 면을 빠뜨렸다. 여성성은 인류 보편적으로 인정되는
원리로서, 우리를 친밀함과 관계성 속으로 이끌어 준다. 그리고
우리를 열어 주고, 놓아 주고, 존재케 하고, 길러 주고, 받아 주고,
화해시켜 주고, 소통시켜 준다.

성경은 하나님이 자기 형상대로 우리를 남자와 여자로 지으셨다고
말한다(창 1:27). 다시 말해, 하나님의 이미지는 어느 한 성이 아니라
남성성과 여성성을 모두 아우른다. 하나님이 아버지만 아니라
어머니 같음을 깨달으면서 나는 따뜻하고 부드러운 양육자이신
하나님의 임재에, 예수님 말씀대로 암탉이 그 새끼를 날개 아래에
모음같이(마 23:37) 우리를 모으시는 그분께 새삼 눈이 뜨였다. 저자
로나 그린은 "우리를 향한 하나님의 여성적 자상함을 듣고 나서
우리는……관계에 들어서야 한다"고 말했다.[9] 어머니 하나님께
마음이 열리자 내 영혼의 깊은 동굴들, 탐험의 발길이 닿지 않았던
동굴들에서 사랑의 감정들이 발굴되었다.

어머니 은유는 우리와 하나님의 친밀한 관계에 새 지평을 열어 줄 뿐
아니라, 심각한 위험에 처한 세상을 향한 우리의 반응에도 도움이 될
수 있다. 이에 힘입어 우리는 세상을 보듬는 새로운 비전을 찾을 수
있고, 권력보다 관계가 우위임에 눈뜰 수 있고, 부드러움을 끌어안을

수 있고, 용서와 연대감과 공동체를 낳는 데 필요한 해산의 고통을
사랑으로 견딜 수 있다.

어머니 하나님은 우리에게 창조와 해산과 치유를 위해 고난당하시고
느끼시고 기다리시는 하나님을 계시해 준다. 이 이미지의 하나님과
관계할 때 우리는 더 쉽게 "연약해질" 수 있고, 어둠을 부화할 수
있고, 상처받고 깨어지고 소외된 이들—세상의 어미 없는 이들—을
보살필 수 있다.

나는 또 우리의 하나님관에 여성적인 면이 보충되면 한쪽으로
치우쳤던 영성의 균형 회복에도 도움이 되지 않을까 생각했다.
거기에 힘입어 우리의 논리적·남성적 지성이 직관적·여성적
마음으로 균형을 이룰 수 있지 않을까? 교리와 신학적 접근의 종교가
이야기와 개인적 체험의 재평가로 균형을 잡을 수 있지 않을까?
우리의 여성적 존재도 남성적 행위 못지않게 중요해질 수 있지
않을까? 하나님의 여성 은유는, 성령이 우리 안에 내주하시는 삶을
서서히 키워 가는 법을 우리에게 가르쳐 줄 수 있지 않을까? 누가
우리에게 출산을 어머니 하나님보다 더 잘 가르쳐 줄 수 있을까?

대지로의 귀환

내가 발견하기 시작한 보다 뜻밖의 선물 중 하나는 내 영혼과 자연의
융합이었다. 이는 산을 바라보며 거기 하나님의 발등상이 있음을
상기하는 문제 정도가 아니었다. 아니, 뭔가 다른 것, 점점 깊어지는
대지와의 연합 의식이었다. 대지는 하나님이 삶을 보듬어 키우시는
곳, 만물이 거기 안겨 서로 이어지고 양분을 얻는 곳이 아니던가.
마치 나는 힐데가르트가 말한 "우주의 거미줄" 속에 짜인 한 가닥 실

같았다.[10]

소설 『더 컬러 퍼플』의 등장인물 셀리는 그것을 이렇게 표현했다. "어미 없는 아이 같은 ─사실 그게 나였다─ 심정으로 말없이 앉아 있던 어느 날, 그것이 내게 왔다. 전혀 분리되지 않고 오히려 만물의 일부가 된 듯한 기분이 왔다. 내가 나무를 자르면 내 팔에서 피가 나리라는 것을 나는 알았다."[11]

이런 의식에서 내가 대지로의 귀환이라고밖에 부를 수 없는 것이 시작된다. 때로 귀환은 우리가 내면의 양철 나무꾼을 치유하여 우리 몸으로 돌아가기 시작할 때 발단된다. 자기 몸을 부정하고 학대하면, 대지의 몸도 부정하고 학대하기 쉽다. 우리 몸을 영혼의 그릇으로 존중하기 시작하면, 머잖아 피조세계의 거룩함에도 깊은 외경을 느끼게 된다.

대지로 귀환할 때 우리는 자연 속에서 제라드 맨리 홉킨스가 말한 "사물 깊은 곳의 가장 귀한 신선미"[12]를 경험하기 시작한다. 둥지의 새마다, 개천의 돌돌거리는 물소리마다, 바다의 산호마다 모두 하나님께 사랑받는 존재라는 진리가 우리를 스쳐간다. 힐데가르트는 하나님은 피조물을 흠모하시고 피조물은 하나님을 흠모한다고 했다. 대지의 상처는 곧 하나님께 입히는 상처이므로 대지를 훼손해서는 안 된다고 역설했다.

내 영성이 탈태를 겪으면서 나는 부엌 바닥에 기어 다니는 딱정벌레에서부터 우리 정부가 대량 비축하는 핵미사일에 이르기까지, 내가 피조세계를 대하는 방식에 신경을 쓰기─**정말로 신경을 쓰기**─시작했다. 폭탄, 고래 살육, 열대림 파괴, 오존층 훼손, 해안 오염, 독성 폐수, 스모그 현상 등에 마음이 뜨거워지기 시작했다. 이런 일들은 하나님의 예술작품을 더럽히는 것이요, 내 어머니의 얼굴에 흠집을 내는 것이다.

어느 주말, 스프링뱅크 기도원에 갔다가 산책을 나갔다. 하나님이 내 시야를 깨끗이 털어 주시는 듯한 진기한 순간이었다. 나는 눈앞의 수려한 경치에, 내 안에 갑자기 솟아오르는 사랑에, 푹 싸인 기분이었다.

나는 나중에 "그 나무"라고 부르게 된 참나무 밑에 앉았다. 그렇게 크고 오래된 나무는 처음 보았다. 구불구불한 가지들은 하늘에 닿았고 이끼는 땅에 닿았다. 이 나무 옆에 앉으면 자신의 심장이 깨어나는 것을 느끼지 않을 수 없다. 어느새 내 영혼이 너무도 충만해져 나는 호주머니에 있던 종잇조각에 내 심경을 적었다. 이제 와서 보니 사랑의 편지였다.

사랑하는 하나님, 저는 이 나무를 사랑합니다. 이끼와 잎새 사이로 새어나오는 빛을 사랑합니다. 대지에 들리는 주님의 모든 노래—풀밭에 살랑대는 산들바람, 귀뚜라미들의 운율, 새들의 날갯짓을 사랑합니다.

새들의 물대야에 담긴 빗물과 그 위를 난무하는 잠자리들을 사랑합니다. 이슬비처럼 나무에서 내려 제 얼굴을 적셔 줄 만큼 물기를 진하게 머금은 공기를 사랑합니다. 거미들이 숲속에 치는 작고 정교한 기도들을 사랑합니다. 주께서 섞으신 일광과 어둠, 세상의 또렷한 테두리를 유하게 해주는 황혼을 사랑합니다. 밤마다 모양이 바뀌는 달을 사랑합니다. 주님의 산들의 경사를—안쪽과 바깥쪽의 지평선을 사랑합니다. 제가 그것의 일부임을, 그것이 제

일부임을 느낍니다.

여기, 주님의 피조세계가 저를 에워싸고 제 안에 속속들이 배어드는 이곳에서 저는 **주님**을 느낍니다. 생명을 느낍니다. 제가 이어져 있음을 압니다. 오 하나님, 주께서 지으신 것 중에 제 안에 생명과 치유를 부어 줄 수 **없는** 것이 있을까요? 피조물의 단순함과 풍부함을 생각하면 저는 몸을 굽혀 온 대지 위에 "예"라는 단어를 쓰고 싶습니다. 주께서 보실 수 있도록 말입니다.

주파수 조정

번데기고치에서 나올 수 있는, 영혼의 보다 섬세한 선물 중 하나는 "지금 여기"에 정확히 주파수를 맞추는 것이다. 우리는 삶에 진정으로 현존하는 법을 배운다.

예수님은 하나님 나라는 지금이라고 암시하셨다(눅 17:21, 마 3:2). 묵상하는 사람들은 이 순간이 **전부**라고 말한다. 정말로 당신에게 있는 것은 지금뿐이다. 이는 당신과 삶이 교차하는 유일한 지점이다. 누군가가 내게 알려 준 대로, nowhere(아무 데도 없다)라는 말과 now here(지금 여기)라는 말은 글자 배열이 똑같다. 후자의 경우, 작은 공간이 글자들을 둘로 갈라놓았을 뿐이다. 마찬가지로, 우리가 경험하는 삶이 아무 데도 없느냐 지금 여기에 있느냐를 갈라놓는 것도 미세한 공간이다.

우리 중에는 "여기"에 전혀 부재한 사람들이 많다. 우리는 지금 현재 벌어지고 있는 삶과 단절되어 있다. 어느 오후, 나는 볼 일이 있어 차에 탔는데 머릿속은 온통 오전에 있었던 일로 꽉 차 있었다. 10분 후 나는 앤의 학교 앞에 와 있었다. 매주 닷새씩 딸을 태우러

오는 곳이었다. 문제는 그날이 토요일이었고 내가 세탁소에 가던
길이었다는 것이다. 바보가 된 기분이었지만, 나는 내가 현재에서
얼마나 완전히 차단될 수 있는지 배웠다. 나는 아무 데도 없었다.
텔레비전 재방송처럼 이미 살았던 순간들을 재현하는 "아무
데도 없는" 시간들은 내게 그 밖에도 많았다. 목사 존 클레이풀은
설교에서, 과거는 방문하기에는 좋은 곳이지만 거기에 눌러 살고
싶은 마음은 없다고 말했다. 나도 동감이다. 끊임없이 과거를 다시
살면 현재를 놓칠 수밖에 없다.

사실 나는 미래에, 앞으로 몇 달을 어디서 어떻게 보낼 것인가에
마음을 빼앗기는 경우가 더 많았다. 나는 아직 살지 않은 시간에
자신을 투사했다. 살기보다는 삶을 **준비한** 것이다. 샘 킨은 "우리는
시선이 목표에 너무 고정되어 있어 장미꽃 앞에서도 경이를 느낄 줄
모른다"고 했다.[13]

"인생이란 당신이 다른 계획들을 짜고 있을 때 벌어지는 일"이라는
멋진 문구가 기억나는가? 내 친구 베티의 책상 위에도 똑같이
소중한 말이 적혀 있다. "삶을 누리라. 인생은 리허설이 아니다." 이런
말들은 내게 일침을 가하여 다시 순간의 현실로 돌아오게 해준다.
나를 이렇게 일깨워 준다. "너는 어째서 인생이 **내일**의 무대 위에서
벌어진다고 생각하느냐? 리허설은 없다. 지금뿐이다. 지금 살아라!"
우리는 과거를 재생하거나 미래를 궁리하면서 보내는 시간이
생각보다 훨씬 많다. 그중에는 중요한 것도 있다. 그러나 우리의
의식을 다분히 과거나 미래에 쏟아부으며 그 두 영역 속에 "살" 때,
우리는 현재의 순간에 깊이 거하지 않는 것이다. 삶의 현재성과
단절되는 것이고, 영혼과 단절되는 것이다.

얼마 후 이 단절은 영적 권태감으로 이어진다. 이는 수많은 사람들 및 사건들과 장소들 틈바구니에서 아무리 바쁘게 목표를 향해 달려가고 있어도 마찬가지다. 이 권태는 삶이 가장 생생하고 절절하게 이루어지는 곳—영원한 현재—에 주파수를 맞추지 못하고 거기서 단절된 결과다.

번데기고치의 기다림을 통해 나는 내 의식의 중심을 좀더 "지금 여기"로 다시 잡기 시작했다. 덕분에 주로 기억과 기대의 관점에서 생각해야 했던 내 에고 중심적 욕구가 힘을 잃었다. 나는 현재 있는 자리에 있는 법을 배웠고, 시간이란 우리가 따라가는 직선이 아니라 우리가 거하는 깊은 점임을 배웠다.

시간을 상대하기란 어려울 수 있다. 지금은 시간의 압력이 거의 쉴 새 없이 우리를 짓누르는 시대다. 시간은 우리를 몰아가고, 우리는 시간을 중심으로 삶을 배열한다. 우리 시대의 가장 큰 저주 가운데 하나는 시간 속에 살지 않고 시간에 끌려 사는 것이다.

성경에 나오는 시간이라는 단어는 **크로노스**(*chronos*)**와 카이로스**(*kairos*) 두 가지다. 크로노스가 지배하면 우리는 시간에 끌려 산다. 삶은 시간 순서로, 사건의 연속으로 경험된다. 이는 똑딱똑딱 매정한 리듬에 기초한 직선적 시간관이다. 그 소리가 우리 안에 둥지를 튼다. 우리 심장도 거기에 맞추어진다. 아예 우리는 심장을 "시계"라고 부르기도 한다. 샘 킨은 말하기를, 크로노스에 따라 살면 "우리는 낯선 속도 조정자의 박자에 맞추어 행진하는 것"이라고 했다.[14]

카이로스가 지배하면 우리는 시간 **속에, 깊은 점 속에** 산다. 삶은 기회로 경험된다. 카이로스는 꽉 찬 시간, 실제 시간이다. 그렇게 되려면 완전히 순간 속에 거해야 한다. 그래야 우리에게 삶의 가능성이 열린다.

영적 변화는 우리에게 크로노스에서 카이로스로 넘어갈 수 있는 힘을 준다. 우리는 다시 삶의 현재성과 이어지기 시작한다. 순간을 활짝 열어 존재의 보화를 발견한다. 현재의 순간은 그리스도의 임재를 드러내기 위해 뗀 성찬의 떡이 된다.

영성 고전『신의 섭리에의 위탁』에서 장 피에르 드 코사드는 영혼의 가장 중요한 관심사는 단연 현 순간을 구하고 받는 것이라 했다. 그는 "현 순간에는 언제나 우리가 다 감당할 수 없는 측량 못할 부가 넘쳐흐른다"고 했다. 그러면서 우리의 지나가는 순간들이 시시한 것이 아니라 "거룩한 나라를 송두리째 담고 있다"고 역설했다.[15] 이것이 윌리엄 블레이크가 '순수의 전조'에서 말하려던 것이 아닐까?

> 한 알의 모래 속에서 세계를 보고
> 한 송이 들꽃 속에서 천국을 본다.
> 손바닥 안에 무한을 거머쥐고
> 순간 속에서 영원을 붙잡는다.[16]

일전에 읽었던 하시디즘 이야기다. 남달리 풍성한 삶을 살았다고 전해지는 스승이 있었다. 그가 죽은 후 누군가가 그의 한 제자에게 물었다. "당신의 스승에게 가장 중요한 것은 무엇이었습니까?" 제자는 "무슨 일이든 그 순간에 하고 계신 그 일이 가장 중요했습니다"라고 대답했다.[17] 영원한 현재 속에 살았던 사람이다. 내 멘토 비어트리스는 "현 순간 네가 실제로 하고 있는 그 일이 되라"고 썼다. 밭을 갈고 있거든 네 마음과 뜻을 다하여 그 순간 밭만 갈아라. 다시 말해 "밭 가는 일 자체가 되라."[18]

어느 날 나는 분홍빛 봉선화 꽃잎에 앉아 꿀을 빨기 시작하는 나비를
보았다. 이제는 이런 생물들에 대책 없이 매료된 나인지라, 멈추어
바라보았다. 그리고 손끝에 닿을 만한 거리까지 바짝 다가갔다.
놀랍게도 나비는 내가 손가락을 내밀어 자기 날개를 만져도 가만히
있었다.

나중에야 알았지만, 내가 나비를 만질 수 있었던 유일한 이유는
나비가 그 순간의 일에 완전히 몰두해 빠져 있었기 때문이다. 물론
그 일이 봉선화(impatiens, 참을성이 없다는 의미—옮긴이) 꽃잎 위에서
벌어졌다는 것은 아이러니다. 우리들 대부분도 바로 그 참을성 없는
단계에서 생을 살아가고 있다.

번데기고치 안에서 우리는 이런 주파수 조정을 배울 수 있다. 우리도
나비처럼 출현하여 현 순간의 꿀을 추출할 수 있다. 우리는 의식의
중심을 현재에 두는 법을 배울 수 있다. 그럴 때 현재는 카이로스
즉 생명과 하나님으로 흘러넘치는 순간이 된다. 그것이 묵상적
삶(contemplative living)의 핵심이다.

묵상적 의식 내지 주파수 조정에는 세 단계가 있다고 할 수 있다.
첫째는 **가사만 들리고 음악은 들리지 않는** 단계다. 헨델의 "메시아"
공연장에서 나오다가 나는 우연히 두 여자의 대화를 듣게 되었다.
하나가 "이렇게 장엄한 음악은 처음 들어 보지 않니?"라고 묻자, 다른
하나가 "솔직히 나는 가사의 반복이 마음에 들지 않더라"고 답했다.
나는 깜짝 놀랐다. 한 여자는 음악을 들었는데 다른 여자는 가사만
들었다. 삶의 콘서트도 종종 그렇다. 우리 중 더러는 가사만 듣는다.
외적인 것들만 파악한다. 우리는 "정답"을 안다. "정확한" 가사, 삶의

"적절한" 행동과 말투를 안다. 우리는 속에 흐르는 멜로디의 깊이는 모른 채, 가사만 발음하며 기계적으로 살아간다. 이 차원에서 우리는 시간에 **끌려** 살아가는 경향이 있다. 세상에 **카이로스**가 있다는 것조차 모를 정도로 **크로노스**에 푹 빠져 있는 것이다.

그러나 우리의 묵상적 의식이 자라면 **가사와 음악이 다 들린다.** 우리는 내적인 것들, 내면생활, 영혼의 영광스런 곡조에 깨어난다. 우리를 "지금 여기"와 이어 주는 의식의 새로운 지평을 발견하게 된다. 우리는 이따금씩 멈추어, 우리 안과 주변에서 연주하시는 하나님의 그윽한 음악을 듣는다. 우리는 객석에 앉아 음악을 감상하는 사람과 같다.

마지막으로, 주파수 조정의 셋째 단계에서는 **우리가 음악이 된다.** 시집 『네 개의 사중주』에서 T. S. 엘리엇은 "음악을 아주 깊이 들으면, 듣는 게 아니라 그대가 음악이 된다"고 했다.[19] 보다 깊은 차원의 묵상으로 들어가면, 더 이상 음악이 **들리지** 않고 우리가 음악이 **된다.** 우리는 객석의 자리를 두고 나와 악단 속으로 들어간다.

음악이 된다는 것은 존재의 절정이다. 그 일은 우리가 마음을 열고 전심을 다하여 현재에 거할 때 가능하다. 그럴 때 우리는 순간과 함께, 그 안에 숨은 하나님 임재와 함께 출현한다.

겟세마니 수도원의 한 수사의 말이 바로 이 상태를 표현한 말이 아니었나 싶다. 그는 내게 영적 삶의 목표란 주변 모든 것과 나아가 신성(神性)에 대한 묵상을 통해 하나님과 연합을 찾는 것이라 했다. 그는 "이것이 지금 여기 속에 있는 하나님 생명입니다. 그것은 우리를 불시에 덮칩니다. 그것을 점점 더 오래 지속되게 하는 것이 우리의 소망입니다"라고 했다.

우리는 주파수 조정의 세 단계를 단 한 시간 만에 모두 거칠 수도 있고, 평생 첫 단계에서 벗어나지 못할 수도 있다. 나도 어떤 날은 가사만 들린다. 음악이 들리는 날도 있다. 하지만 음악이 **되는** 순간은 극히 드물다. 일단 그 순간을 맛보고 나면, 삶이란 본래 **이런** 것이구나 하는 느낌이 남는다. 스프링뱅크 기도원의 이끼 낀 나무 아래 앉아 있을 때의 내 기분이 바로 그랬다. 그 순간의 음악에 점점 현존하게 되면서, 나는 높아졌다 잦아드는 하나님의 곡조를 들은 것만 아니라 아예 그 속에 **들어갔다.** 짧은 순간, 내가 음악이 된 기분이었다.

진실성

또 다른 하시디즘 이야기다. 주시아라는 랍비가 죽어서 하나님의 심판석 앞에 섰다. 하나님이 오시기를 기다리는 동안 그는 별로 한 일이 없는 자기 인생을 생각하며 불안해졌다. 하나님이 꼭 "너는 왜 모세가 못 되었느냐? 너는 왜 솔로몬이 못 되었느냐? 너는 왜 다윗이 못 되었느냐?"라고 물으실 것만 같았다. 그러나 하나님이 오셨을 때 랍비는 깜짝 놀랐다. 하나님이 이렇게만 물으셨던 것이다. "너는 왜 주시아가 못 되었느냐?"[20]

영적 여정은 진짜가 되는 여정이다. 기다림은 우리에게 진실성의 선물을 가져다줄 수 있다. 기다림 덕에 우리는 자신에게 진실해지는 새로운 길을 낳을 수 있다. 자기 내면의 참모습을 상상하는 것은 물론 그 참모습을 말하고 반기고 심지어 그 참모습대로 **되어도** 괜찮다는—정말로 괜찮다는—것을 우리는 기다림 중에 깨닫는다. 처음 글을 쓰기 시작했을 때 나는 내가 작가라는 사실을 누구에게도,

심지어 나 자신에게도 인정할 수 없었다. 마침 내가 글을 쓰고 있을 때 사람들이 전화를 걸어 "지금 뭐하세요?"라고 물으면, 나는 "아무것도 안 하고 있어요"라고 대답하곤 했다. 얼마 후부터는 내가 작가라는 사실을 인정했지만(침을 삼키며), 마치 타인의 정체를 빌려 온 것처럼 별것 아니라는 듯이 말했다. 후에 작가로서 내 진정성을 찾은 뒤에는 대답이 "저는 작가입니다"로 단순해졌다.

내 작가 신분을 인정하는 것은 천천히 이루어진 과정이었다. 내면에 형성되는 새 자아도 마찬가지다. 우리는 그것을 매번 조금씩 인정한다. 참모습의 빛은 조금씩 비쳐든다.

그해 가을, 나는 이젤과 스케치북을 차에 싣고 블루리지 산맥의 카누가 감독교단 센터로 갔다. 도중에 코카콜라 광고판을 지나쳤다. "진짜"라고 적혀 있었다. 슬쩍 웃음이 나왔다.

나는 인생의 태반을 경우에 맞는 가면들을 쓰고 살아왔다. 설령 나 자신이 아닌 타인이 된다 해도, 모든 사람에게 모든 것이 되려 했다. 이제 간절한 기다림과 해산의 고통을 겪은 지 거의 1년, 나는 내 참 자아를 더 많이 낳고 있는 것 같았다. 진짜를 말이다.

카누가 센터에서 나는 철쭉에 에워싸인 30에이커 호수의 호반으로 걸어갔다. 이젤을 세우고 목탄을 꺼낸 나는 스케치할 광경을 둘러보았다. 붉은빛 작은 새처럼 산 위에 깃들인 태양, 호수에 떠 있는 오리 떼, 호박색 나무들―그릴 것이 너무 많았다.

나는 그리기 시작했으나 주변의 그런 아름다운 경치는 아니었다. 대신 나는 내 안에 있는 뭔가를 그렸다. 갓난아이를 가슴에 안고 있는 어머니였다. 스케치는 잔광이 거의 사라질 때까지 계속되었다. 그제야 나는 그림을 바라보았다. 한순간 나는 그림 속의 어머니가

하나님이고 나는 아이임을 깨달았다. 동시에 내가 어머니이고
하나님이 아이라고도 느껴졌다.

이젤 위의 그림을 물끄러미 바라보면서 나는 내 안의 작은 새
피조물이 진짜임을 느꼈다. 그 순간, 나는 내 참모습과 내 소신을
말할 자유는 물론 실제로 그 사람—하나님과 내가 낳았고, 앞으로
계속 낳을—이 될 자유까지 얻었다.

며칠 후 꿈을 꾸었는데 비슷한 메시지였다. 깨어 보니 아직 캄캄한
밤이었다. 나는 꿈 내용을 적어 두었다.

나는 둥그런 호숫가를 걷고 있다. 수면에 나무 한 그루가 비치는데
나무에 온통 나비들이 가득하다. 나는 많은 가시덤불을 헤치고 걷고
또 걸어 마침내 물가에 서 있는 나무의 실물을 찾아낸다. 그 아래
서니 외경심이 절로 든다. 알고 보니 나는 그 나무를 사야 한다.
처음에는 나한테 돈이 있는지도 잘 모른다. 나는 호주머니마다 손을
깊숙이 넣어 나무를 살 돈을 찾아야 한다.

나비들이 가득한 나무는 내 안에 피어나기 시작한 진정성, 아직은
날갯짓이 서투른 새 날개였다. 나는 철저히 미완성이었다. 분명 나는
아직 "도달하지" 못했고 앞으로도 못할 것이다(도달할 사람이 누가
있을까). 어떤 날이면 나는 날개를 접어 둔 채 진정성 따위는 생각조차
하지 않았다.

그래도 내 삶에 **조금은** 새로움이 뚫고 나왔다. 작고 빨간 닭은 자신을
사랑하고, 자기 영혼과 소통하고, 지금 여기에 존재하고, 즐거움이
되어 하나님과 함께 노는 법을 배우고 있었다. 곱슬머리 소녀는 자기

삶의 주인이 되고, 자신에게 진실해지고, 진짜가 되는 법을 배우고
있었다. 라푼첼은 하나님이 주신 힘과 자율을 서서히 발견하고
있었다. 화려한 스타는 계속 하나님의 사랑을 만나면서 자신과
자신의 인간성을 수용하게 되었고 행위와 성취 욕구가 줄었다. 치킨
리틀은 보다 풍성하게 온전히 삶 속으로 들어가는 모험을 배우고
있었다. 양철 나무꾼은 자기 몸의 대지로 돌아가면서, 몸과 영을
갈라놓았던 불화를 넘어 점차 새로운 온전함을 얻고 있었다.

내 꿈이 보여주듯이, 새로움의 인식이 처음부터 확실한 것은 아니다.
처음에 그것은 자신의 깊은 웅덩이에 비친 반사체에 지나지 않는다.
뭔가가 있기는 한데 아직 실현된 상태가 아니다. 진짜 나무에
이르려면 내면의 많은 "가시덤불"을 헤쳐 나가야 한다. 나는 정말로
내 진정한 자아가 되는 것에 대한 두려움에 걸려 넘어졌다. 자라면서
배워 온 "삶의 원칙들"을 어기게 되면 어쩌나? 다른 사람들이 내
새로움을 거부하면 어쩌나?

알고 보니 나는 나비들이 깃든 그 나무를 사야 했다. 다시 말해,
새 생명을—내 영혼 안의 이 새 경치를—내 것으로 삼아야 했던
것이다. 꿈속에서 돈은 흔히 에너지의 상징, 삶의 통화(通貨)다. 나
자신의 보다 깊은 호주머니들에 손을 넣어 영적 에너지를 찾아서,
지금 펼쳐지고 있는 새로움을 소유하라고 하나님이 내게 일러
주시는 것 같았다.

이 영적 에너지를 얻으려면 우리의 중심에 계신 하나님께 몇 번이고
다시 돌아가 영혼을 위한 시간을 내야 한다. 영혼에는 계속 양분이
필요하다. 그렇지 않으면 몸처럼 영혼도 영양실조에 걸려 약해진다.
영적 양식이 없으면 에너지가 달려, 깊은 영적 삶에 반드시 필요한

내면의 동작을 취할 수 없다. 우리는 몸을 굶기는 것은 생각도 못하면서 자기 영혼은 굶길 때가 많다. 아니면 얄팍한 것들—영적인 "쓰레기 음식"—만 먹인다.

영혼은 하나님의 풍성한 깊이를 맛보게 해줄 경험들을 갈망한다. 침묵, 고독, 거룩한 여가, 단순한 삶, 기도, 일기 쓰기, 성찬식, 신비의 공간에 가 닿는 의식(儀式)들, 상징과 이미지들, 성경, 웃음, 하나님의 임재를 즐거워함, 자연과의 깊은 만남, 마음과 마음의 자비로운 함께함. 이 모두가 영혼에 양식이 되어, 변화된 삶에 필요한 에너지를 낳는다.

내 영혼을 먹이지 않으면, 진정으로 살아갈 힘이 달리는 것을 금방 느낀다. 아예 에너지가 고갈될 때도 있다. 힘이 없으니 나는 옛 습성들로 회귀하기가 더 쉽다. 이때 나는 더 깊은 곳으로 돌아가 내 영혼을 재충전해야 한다. 시편 23편에 진리가 있다. 잔잔한 물가로 그분을 따라가면 정말 영혼이 소생된다.

나비들로 가득한 나무를 소유하는 것은 지속적인 과정이다. 보다 진정한 자아, 그리스도 같은 자아를 우리가 거듭 낳아 가듯이, 그 자아를 키우는 데 필요한 영적 에너지도 끊임없이 길어 올려야 한다.

긍휼

"나비가 되면 너는 참된 사랑을 할 수 있단다. 삶을 새롭게 해주는 그런 사랑을."[21] 『꽃들에게 희망을』에 나오는 이 말은 영혼이 가져다주는 궁극적 선물을 우리에게 보여준다. 바로 긍휼이다. 마이스터 에크하르트는 긍휼이 모든 영적 성장의 목표라고 단언했다. 그것이 내가 그를 그토록 좋아하는 한 가지 이유일 것이다.

그는 마음이 넓다. "당신이 바울처럼 깊은 황홀경에 빠져 있는데 국 한 대접이 필요한 환자가 있다면, 황홀경에서 나와 사랑으로 국 한 대접을 가져다주는 것이 더 낫다"고 그는 말했다.[22]

우리 안에 참 자아가 태어날 때, 영혼은 맨 먼저 집단적 "그들"에서 진정한 "나"의 땅으로 이동한다. 이는 거룩한 땅이다. 그러나 하나님은 우리를 더 거룩한 땅으로 부르신다. 하나님은 우리를 진정한 "나"에서 긍휼의 "우리"로 부르신다.

우리가 번데기에서 나오면, 분리의 환각이 깨진다. 우리는 하나님이 세상을 이처럼 사랑하사 우리에게 서로를 주셨음을 깨닫는다. 우리는 자신이 모든 피조물과 하나임을 알고 전율하게 된다. 기다리는 마음의 묵상을 통해 우리는 영혼 안에서 하나님의 생명을 깊이 만나, 점차 새로운 가치체계와 방향―긍휼이라는―을 얻게 된다.

『신기한 수도원 이야기』라는 매혹적인 작은 책에 그 이동이 이렇게 그려져 있다.

> 노수도사가 우리의 질문에 답하는 동안 나는 자못 압도된 마음으로 앉아 있었다. 평소 수줍음 많던 내가……어느새 손을 들고 있었다. "신부님, 신부님 자신에 대해 좀 말씀해 주시겠습니까?" 그는 등을 뒤로 젖히며 생각에 잠긴 듯 말했다. "나 자신이라?" 오랜 침묵이 흘렀다.
>
> "한때 내 이름은 나였지. 허나 지금은 너라네."[23]

고통과 기다림과 성장을 통해 우리는 "긍휼의 우리"를 더욱더 경험하게 된다. 먼저 자신의 진실한 자아를 찾아 내가 되기 전에는 어려운 일이다. 테야르 드 샤르뎅은 "연합되는 것, 즉 자기로 남아 있으면서 타인이 되는 것"이 본질적 염원이라고 했다.[24] 오직 "나"라는 개인의 경계선과 진실을 발견했기 때문에, 우리는 그것을 넘어가 다른 사람들과 진정한 하나 됨에 이를 수 있다(그 과정에서 자신을 잃지 않으면서).

긍휼의 우리를 경험한다는 것은 무슨 뜻인가? 긍휼(compassion)이라는 단어를 보면 답이 분명해진다. 문자적으로 그것은 "고통"(passion)을 "함께"(com)한다는 뜻이다. 긍휼을 품는다는 것은 함께 아파하는 것이다. 이는 저만치 떨어져서 느끼는 연민이 아니라 고통을 함께 나누는 것이다. 긍휼의 경험 쪽으로 나아갈 때, 우리는 공감을 품고 서로에게 자신을 내줄 수 있다.

토머스 켈리가 그것을 멋있게 표현했다. "우리는 모든 것을 자상하게 보살피는 우주적 어머니들이 된다고 말할 수 있다."[25] "우주적 어머니"가 되는 것은 샤를르 드 푸코가 말한 "만인의 형제" 개념과 아주 흡사하다(거기에 만인의 자매를 더하고 싶다). 이는 세상을 대할 때 다른 사람들을 남이 아니라 나의 일부로 본다는 뜻이다. 이 관계성에 힘입어 우리는 그들의 깊은 상처의 자리에서 그들과 함께 걸을 수 있다.

어느 일요일 오전, 스프링뱅크 기도원에서 여자들의 모임이 있었다. 우리는 오래된 통나무집에 둥그렇게 둘러앉았다. 그곳에 사는 도미니크회 수녀들 중에 캐슬린이 예배를 인도했다. 그녀는 고통당하는 사람들, 세상과 우리 마음속에 그 울음소리가 메아리치는 사람들이 누구인지 꼽아 보라고 했다.

우리는 집 없는 사람들, 굶주린 사람들, 학대받는 사람들, 거부당한 사람들, 가난한 사람들, 외로운 사람들, 아픈 사람들, 비탄에 잠긴 사람들, 망가진 사람들, 지친 사람들, 실패한 사람들, 권력에 다치고 눌리고 밀려난 사람들을 꼽았다. 내 주변의 여자들을 보니, 긍휼이 얼굴에 빛나고 눈빛에 가득했다. 마치 **그들이** 집 없는 자, 굶주린 자, 권력에 다치고 밀려난 자들 같았다. 그들은 고통당하는 모든 남녀노소였다. 나는 그들을 꼭 끌어안고 머리를 쓸어 주고 싶었다. 나도 이렇게 함께 있노라고 거듭 말해 주고 싶었다. 나도 함께 있었다. 하나님의 도움으로 나도 함께 있었다.

어떤 의미에서 우리는 세상의 울음소리를 듣고 다른 사람들의 눈물을 받아 우리 자신의 눈물과 섞는, 작은 무리의 우주적 어머니들이요 만인의 자매들이었다.

그 경험은 내 심장에 파고들었다. 덕분에 나는 고요한 천둥 같은 내 주변의 고통에 새롭게 눈떴다. 아파하는 인간을 진짜 치유 행위로 내 가슴에 품는 데 따르는 깊은 감정과 소통을 나는 거기서 배웠다.

그리고 얼마 안 되어 나는 경유지인 샬롯 공항에 잠시 머무르는 동안 서른두 살의 한 독신 여자를 만났다. 모르는 사이였지만 둘 다 두 시간이나 기다려야 했으므로, 우리는 공항 식당의 한 구석자리에서 말벗이 되었다. 알고 보니 우리는 둘 다 작가였고 같은 집회에 가던 길이었다.

집회에서도 우리는 휴식시간에 함께 얘기했다. 어느 저녁, 그녀는 자기가 어렸을 때 당했던 끔찍한 신체적·정서적 학대에 대해 말했다. "저는 사랑받는다는 걸 모르고 자랐어요. 아버지는 저를 버렸고 어머니는 때릴 때 외에는 제게 손도 대지 않았지요. 내게 사랑한다고

말해 준 사람이 평생 아무도 없었어요." 그녀의 목소리가 흐느낌으로
변했다. 그 흐느낌은 작은 폭발처럼 내 안에 울려 퍼졌다.

돌연 나는 그녀를 꼭 끌어안고 말했다. "**제가** 이렇게 함께 있어요.
제가 당신을 사랑해요." 정말이었다. 그녀를 만나기도 전, 스프링뱅크
기도원에서부터 나는 그녀를 사랑하고 있었던 것이다.

일단 하나님의 긍휼이 우리를 깨워 우리 안에서 그 자상한 팔을
벌리면, 우리는 영영 딴사람이 된다. 주변 사람들과 함께 아파하고
함께 기다리고 함께 울지 않고는 견딜 수 없게 된다. 힘닿는 한
그들의 고통을 덜어 주고 싶어진다. 그들의 고통을 덜어 줌으로
우리는 하나님의 고통을 덜어 드린다. 우리가 그리하는 것은 긍휼의
강권함 외에 다른 이유가 없다.

에크하르트의 또 다른 명언은 사랑에는 "이유가 없다"는 것이다.[26]
물론 우리는 늘 동기를 분별하여 순전한 사랑으로만 반응하지는
못한다. 속셈을 품고 내게 돌아올 득을 따질 때도 종종 있다. 그러나
참된 긍휼은 내면의 하나님에게서—에고나 빈궁함에서가 아니라
충만함에서—나온다. 이런 긍휼은 외부에서 강요하거나 지시하는
것이 아니라 언제나 안에서 태어난다.

예수님은 말씀과 삶으로 긍휼을 보여주셨다. 우리도 보다 참된
자아로 살아갈 때 그렇게 된다. 우리도 그리스도가 되어 가난한
자들과 소외된 자들과 멸시당하는 자들과 지극히 작은 자들에게
초인적 관심을 보이게 된다. 우리도 사마리아 우물가에 앉아 율법
조항보다는 장벽 허물기에 더 힘쓰게 된다. 우리도 허리에 수건을
두르고 주변의 더럽기 짝이 없는 발들을 씻기며, 이제 더 이상
상전도 없고 하인도 없고 계급도 없고 계층도 없고 다만 우리 모두

서로를 섬기는 대등한 친구라는 비상식적인 메시지를 선포하게
된다. 우리도 간음하다 잡혀 돌에 맞기 직전인 여자를 구해 주는
자신을 보며 놀라게 된다. 우리도 내 손발에 못을 박는 사람들을
용서하게 된다.

참 자아가 출현하면 우리는 세상의 잔해 속에 던져진다. 힘닿는 대로
상처를 싸매고 우리의 작은 몫을 다하여 공동체와 정의의 세상—
모두에게 충만한 삶이 있는 곳—을 재창조해야 하는 사명을 안고서
말이다.

이런 비전은 우리의 작은 마음들마다 긍휼의 불이 붙을 때에만
현실이 된다. 엘리 위젤은 유년기의 참혹했던 나치 수용소 경험을
『밤』이라는 책에 기록했다.[27] 사흘 동안 음식도 없고 물도 없이
지낸 수천 명의 유대인들이 미명에 막사에서 함박눈 속으로
내몰려 벌판으로 끌려갔다. 앉기는 고사하고 몸을 움직여서도 안
되었으므로 그들은 저녁때까지 서서 자기들을 독일의 더 깊은
오지로 실어 갈 기차를 기다렸다. 어깨 위에 눈이 수북이 쌓였다.
마침내 갈증을 이기지 못한 한 남자가 눈을 먹자고 말했으나 그들은
간수들 옆에서 몸을 구부려서도 안 되었다. 그러나 그 남자의
앞사람이 그에게 자기 어깨에 쌓인 눈을 먹게 해주었다. 이 행동은
줄 끝까지 쭉 이어졌다. 결국 그 얼어붙은 벌판에서, 각자의 고통에
시달리던 개인들이 고통을 함께 나누는 공동체가 되었다.

기다리는 마음은 긍휼의 진리에 도달한다. 한 사람씩 자진하여
형제자매에게 양식의 공급처가 되어 줄 때에만 우리는 인간
가족으로서 살아남을 수 있다는 진리다. 혼자 아파하는
개인들이기를 그만두고, 위대하고 거룩한 긍휼의 행위로 함께

아파하는 공동체가 될 때, 우리는 비로소 살아남을 수 있다.

난간으로 오라

오늘 나는 앤더슨 대학 캠퍼스를 가로질러 층층나무 옆으로 갔다.
번데기고치를 처음 만났던 곳이다. 나무를 바라보고 있자니, 머잖아
저 가지에 또 다른 번데기고치가 맺혔으면 하는 바람이 조용히
일었다. 세상에는 그런 은혜의 표현들이 필요하다. 마음이 기다릴 때
위대한 신비가 시작된다는 것을, 그런 은혜가 우리에게 일깨워 준다.
내 여정의 길고 힘겨웠던 단계들을 떠올리며 나무 옆에 한참을 서
있었다. 기다림으로의 조용한 부름, 내 거짓 자아들과의 지속적 대면,
끝없는 내려놓기, 고요히 머무는 기도들, 신성한 의문들, 까마득한
어둠, 새로움의 전율이 하나씩 주마등처럼 스쳐 지나갔다. 중년의
고통이 시작된 지 어언 2년, 나는 거기 서서 여정이 내게 가져다주고
가르쳐 준 것들을 자축했다. 아무리 작은 것일지라도 모든 광채, 모든
눈물, 모든 은혜, 모든 전환, 모든 진실, 모든 귀향을 말이다.
나무 뒤편의 햇살이 잎새들 사이로 바늘처럼 가늘게 부서졌다. 내
여정의 높이와 깊이와 무게를 느끼며 나는 햇살을 보고 웃었다. 애니
딜라드는 "그래, 힘들다. 힘든 일이다. 두말하면 잔소리다. 하지만
기다림 자체가 경이가 아닌가?"라고 썼다.[28] 맞다, **경이**였다. 힘들고도
성스러운 경이였다.
나는 삶에 이어질 다른 고치들을 생각했다. 영적 성장에는 한도가
없다. 내 여정은 계속될 것이다. 아직도 내 안에는 날개 없는 부분들,

여태 태어나지 못한 삶과 영혼이 있기 때문이다.

집으로 발길을 돌리는데, 어린 시절의 기억 하나가 되살아났다. 그해 나는 우리 집 근처 소나무 가지에서 아기 새들의 둥지를 발견했다. 나는 여름 내내 거의 하루도 빼놓지 않고 그 둥지에 가 보았다. 하루는 내가 보고 있는데, 아기 새 한 마리가 폴짝 뛰어올라 둥지 난간에 앉았다. 어린 나이에도 내가 우연히 아주 희귀한 순간에 맞닥뜨렸음을 알았다. 아기 새가 처녀 비행을 하려던 참이었던 것이다.

나는 바짝 긴장했다. 가슴속에서 심장이 쿵쾅거렸다. 어서, 작은 새야, 어서. 그러나 새는 움직이지 않았다. 무서워서 얼어 붙은 것 같았다. 갑자기 어미 새가 나타났다. 어미가 살짝 떠밀자 아기 새가 포르르 날아오르더니 나무 우듬지 위로 비상했다.

추억은 가을 오후 속으로 증발하고 나는 계속 걸었다. 내 안에 희망이 솟았다. 당신과 나에 대한 희망, 우리가 떠날 여정들에 대한 희망이었다. 소망컨대 우리는 자신의 기다리는 마음을 믿고 과감히 그 안에 들어서리라. 난간으로 오라고 부르시는 음성을 들으리라. 그리고 살짝 밀어 주시는 하나님의 손길을 반기리라. 그분은 우리의 날개이자 그 날개를 받쳐 주시는 바람이다.

1. 먼 길로 돌아서

1. T. S. Eliot, "East Coker," *The Complete Poems and Plays, 1909-1950*(New York: Harcourt, Brace and World, 1971), 126. (『사중주 네 편』 문학과지성사)

2. Elizabeth O'Conner, *Our Many Selves* (New York: Harper & Row, 1971), 3.

3. Eliot, "The Love Song of J. Alfred Prufrock," *The Complete Poems and Plays*, 4-5.

4. Janice Brewi & Anne Brennan, *Mid-Life: Psychological and Spiritual Perspectives* (New York: Crossroad, 1982), 19.

5. C. G. Jung, "Stages of Life," *The Structure and Dynamics of the Psyche, Collected Works of C. G. Jung* 제8권, R. F. C. Hull 번역(Princeton, N.J.: Princeton University Press, 1960), 단락 783.

6. John Shea, *Stories of God: An Unauthorized Biography*(Chicago: Thomas More Press, 1978), 29.

7. Alan Jones, *Journey into Christ* (San Francisco: Harper & Row, 1977), 52.

8. Frieda Fordham, *An Introduction to Jung's Psychology* (Middlesex, England: Penguin Books, 1953), 49.

9. 다음 글을 참조하라. Morton Kelsey, *Dreams: A Way to Listen to God* (New York: Paulist Press, 1978).

10. Trina Paulus, *Hope for the Flowers* (New York: Paulist Press, 1972), 76. (『꽃들에게 희망을』 시공주니어)

11. Thomas Merton, *The Wisdom of the Desert* (New York: New Directions, 1960), 30. (『사막의 지혜』 분도출판사)

12. Henry D. Thoreau, "Among the Worst of Men That Ever Lived," *Collected Poems of Henry Thoreau*, Carl Bode 편집(Baltimore: Johns Hopkins Press, 1964), 172.

13. Henry D. Thoreau, *The Writings of Henry D. Thoreau: Journal I*, John C. Broderick 편집(Princeton, N.J.: Princeton University Press, 1981), 385.

14. Robert Bly, *The Winged Life: The Poetic Voice of Henry David Thoreau* (San Francisco: Sierra Club Books, 1986), 58.

15. Bly, *The Winged Life*, 52.

2. 빨리빨리 영성

1. Thomas Merton, *Contemplation in a World of Action* (New York: Image Books, 1973), 358.

2. John H. Westerhoff and John D. Eusden, *The Spiritual Life* (New York: Seabury Press, 1982), 75, 76.

3. 다음 글을 참조하라. Martin Bell, *The Way of the Wolf: The Gospel in New Images*(New York: Seabury Press, 1968), 113.

4. Anne Wilson Schaef, *When Society Becomes an Addict*(San Francisco: Harper & Row, 1987), 24. (『중독 사회』 이상북스)

5. Schaef, *When Society Becomes an Addict*, 18.

6. Jones, *Journey into Christ*, 96.

7. Helen M. Luke, *Dark Wood to White Rose: A Study of Meanings in Dante's Divine Comedy* (Pecos, N. M.: Dove Publications, 1975), 42.

8. Eliot, "East Coker," 129.

9. Thomas Merton, *The Way of Chuang Tzu* (New York: New Directions, 1965), 24. (『장자의 도』 은행나무)

10. C. G. Jung, Richard Wilhelm이 번역 해설한 다음 책에 대한 주해. *The Secret of the Golden Flower* (New York: Harcourt Brace Jovanovich, 1962), 93.

11. 다음 글을 참조하라. *Breakthrough: Meister Eckhart's Creation Spirituality in New Translation*, Matthew Fox 서문 주해(Garden City, N.J.: Image Books, 1980), 213-225.

12. M. Scott Peck, *The Road Less Traveled* (New York: Simon & Schuster, 1978), 19. (『아직도 가야 할 길』 열음사)

13. Luke, *Dark Wood to White Rose*, 39.

14. James Hillman, *Re-Visioning Psychology* (New York: Harper & Row, 1975), 69.

3. 거짓 자아에서 참 자아로

1. *Breakthrough*, 103.

2. *Breakthrough*, 118.

3. 다음 글을 참조하라. *Illuminations of Hildegard of Bingen*, Matthew Fox 주석(Santa Fe, N. M.: Bear and Co., 1985), 64, 99, 113.

4. *Breakthrough*, 108.

5. Thomas Merton, *The New Man* (New York: Farrar, Straus & Giroux, 1961), 63.

6. Thomas Merton, *New Seeds of Contemplation* (New York: New Directions, 1961), 34. (『새 명상의 씨』 가톨릭출판사)

7. *Fritz Kunkel: Selected Writings*, John A. Sanford 편집 서문 주해(New York: Paulist Press, 1984), 25-26.

8. *Fritz Kunkel: Selected Writings*, 25.

9. *Fritz Kunkel: Selected Writings*, 23.

10. *The Collected Works of St. Teresa of Avila*, 제2권, Otilio Rodriguez and Kieran Kavanaugh 번역(Washington, D. C.: ICS Publications, 1980), 286.

11. Linda Schierse Leonard, *On the Way to the Wedding: Transforming the Love Relationship* (Boston: Shambhala, 1987), 35-36.

12. Søren Kierkegaard, *Purity of Heart*, Douglas V. Steere 번역(New York: Harper & Row, 1938), 187. (『마음의 청결』 카리스아카데미)

13. Carol Pearson, *The Hero Within*(San Francisco: Harper & Row, 1986), 62. (『나는 나』 연금술사)

14. Sam Keen, *The Passionate Life: Stages of Loving*(San Francisco: Harper & Row, 1983), 129-130.

15. Keen, *The Passionate Life*, 141.

16. Irene Claremont de Castillejo, *Knowing Woman: A Feminine Psychology* (New York: Harper & Row, 1973), 122.

17. Djohariah Toor, *The Road by the River: A Healing Journey for Women* (San Francisco: Harper & Row, 1987), 48-49.

18. Westerhoff and Eusden, *The Spiritual Life*, 22.

19. 다음 글을 참조하라. Toor, *The Road by the River*, 49.

20. *Breakthrough*, 122.

21. 다음 글을 참조하라. *Fritz Kunkel: Selected Writings*, 123-140.

22. Rollo May, *The Courage to Create* (New York: Bantam Books, 1975), 3. (『창조를 위한 용기』 문예출판사)

23. Arthur Miller, *After the Fall*(New York: Viking Press, 1964), 24.

4. 위기는 기회다

1. Joseph Campbell, *The Hero with a Thousand Faces* (Princeton, N. J.: Princeton University Press, 1949), 91. "한밤의 바닷 길"을 그린 3점의 그림은 95페이지에 나온다. (『천의 얼굴을 가진 영웅』 민음사)

2. Daniel Levinson, *The Seasons of a Man's Life* (New York: Knopf, 1978), 20. (『남자가 겪는 인생의 사계절』 이화여자대학 교 출판부)

3. 다음 글을 참조하라. Erik H. Erickson, *Childhood and Society* (New York: Norton, 1950), 247-274. (『아동기와 사회』 중 앙적성출판사)

4. Levinson, *The Seasons of a Man's Life*, 30.

5. 다음 글을 참조하라. Alan Jones, *Soul Making* (San Francisco: Harper & Row, 1985), 166-180.

6. John Sanford, *The Kingdom Within* (New York: Paulist Press, 1970), 66.

7. Martin Marty, *A Cry of Absence* (San Francisco: Harper & Row, 1983), 123.

8. Frank L. Baum, *The Wizard of Oz* (Chicago: Reilly and Lee, 1956), 14-15. (『오즈의 마법사』 문학세계사)

9. Eliot, "The Little Gidding," *The Complete Poems and Plays*, 145.

10. Pierre Teilhard de Chardin, *The Divine Milieu* (New York: Harper & Row, 1960), 89-90.

11. Fritz Kunkel: *Selected Writings*, 147.

12. e. e. cummings, "if I have made, my lady, intricate," *A Selection of Poems* (New York: Harcourt, Brace and World, 1965), 80.

13. Jones, *Soul Making*, 90-91.

14. C. G. Jung, *Memories, Dreams, and Reflections* (New York: Random House, 1961), 170. (『기억, 꿈, 사상』 김영사)

15. *The Collected Works of St. John of the Cross*, 제2권, Kieran Kavanaugh and Otilio Rodriguez (Washington, D. C.: ICS Publications, 1979), 338.

16. Maria Edwards, "Midlife Crisis and the Dark Night," *Contemplative Review*, 16(1983년 여름호): 24.

17. C. G. Jung, *Man and His Symbols* (New York: Dell, 1964), 4. (『인간과 상징』 열린책들)

18. Jean Houston, "Pathos and Soul Making," *Voices* 21(1985년 가을호-1986년 겨울호): 73.

19. Breakthrough, 155-57.

5. 내려놓기

1. Thomas Kelly, *A Testament of Devotion* (New York: Harper & Brothers, 1941), 63, 58. (『거룩한

순종』 생명의말씀사)

2. Daniel Day Williams, *The Spirit and the Forms of Love* (San Francisco: Harper & Row, 1968), 206.

3. Lewis Carroll, *Alice's Adventures in Wonderland* (New York: Random House, 1946), 50. (『이상한 나라의 앨리스』 시공주니어)

4. Kelly, *A Testament of Devotion*, 59.

5. Kelly, *A Testament of Devotion*, 61.

6. Merton, *New Seeds of Contemplation*, 251.

7. Merton, *New Seeds of Contemplation*, 256.

8. Merton, *New Seeds of Contemplation*, 258.

9. May, *The Courage to Create*, 4.

10. *Breakthrough*, 309.

11. Henri Nouwen, "A Spirituality of Waiting," *Weavings* 1(1987년 1-2월호): 14.

12. Nouwen, "A Spirituality of Waiting," 14 .

13. Thomas Merton, *Thoughts in Solitude* (New York: Farrar, Straus & Giroux, 1956), 72. (『고독 속의 명상』 성바오로출판사)

14. O'Conner, *Our Many Selves*, 165.

15. *The Collected Works of St. Teresa of Avila*, 343-344.

16. Paulus, *Hope for the Flowers*, 75.

17. Alan Jones, *Passion for Pilgrimage* (San Francisco: Harper & Row, 1989), 83.

6. 너희는 가만히 있어

1. Douglas Steere, *Together in Solitude* (New York: Crossroad, 1982), 118.

2. T. S. Eliot, "Burnt Norton," *The Complete Poems and Plays*, 119.

3. Gabriele Uhlein, *Meditations with Hildegard of Bingen* (Santa Fe, N. M.: Bear and Co., 1983), 90.

4. Maggie Ross, *The Fire of Your Life: A Solitude Shared* (New York: Paulist Press, 1983), 64.

5. Rodney Clapp, "Eugene Peterson: A Monk Out of Habit," *Christianity Today*, 1987년 4월 3일, 25.

6. Janice Brewi and Anne Brennan, *Mid-life*, 115.

7. Jacob Needleman, *Lost Christianity: A Journey of Rediscovery* (San Francisco: Harper & Row, 1980), 165.

8. Henri Nouwen, *The Way of the Heart* (New York: Seabury Press, 1981), 72. (『마음의 길』 분도출판사)

9. Brothe Lawrence, *The Practice of the Presence of God* (Grand Rapids, Mich.: Baker Book House,

1975), 52. (『하나님의 임재 연습』 두란노)

10. Maggie Ross, *The Fire of Your Life*, 64.

11. Merton, *The Wisdom of the Desert*, 63.

12. Julian of Norwich, *Showings*, Edmund Colledge and James Walsh 번역(New York: Paulist Press, 1978), 159.

13. Samuel Beckett, *Waiting for Godot* (New York: Grove Press, 1954).(『고도를 기다리며』 민음사)

14. Marty, *A Cry of Absence*, 8.

15. Paul Tournier, *Secrets*, Joe Embry 번역(Richmond, Va.: John Knox Press, 1963), 59. (『비밀』 IVP)

16. Henri Nouwen, *With Open Hands* (Notre Dame, Ind.: Ave Maria Press, 1972), 16, 154. (『열린 손으로』 성바오로출판사)

17. Jones, *Passion for Pilgrimage*, 45.

7. 어둠 속의 부화

1. Merton, *New Seeds of Contemplation*, 237.

2. Merton, *New Seeds of Contemplation*, 238.

3. Thomas Keating, *The Heart of the World* (New York: Crossroad, 1981), 69.

4. Toor, *The Road by the River*, 213.

5. Sue Woodruff, *Meditations with Mechtild of Magdeburg* (Santa Fe, N. M.: Bear and Co., 1982), 59, 60.

6. 다음 글을 참조하라. *The Collected Works of St. John of the Cross*, 311.

7. Merton, *New Seeds of Contemplation*, 236.

8. Gerard Manley Hopkins, "The Wreck of the Deutschland," *The Poems of Gerard Manley Hopkins* (London: Oxford University Press, 1967), 63.

9. Rainer Maria Rilke, *Letters to a Young Poet*, M. D. Herter Norton 번역(New York: Norton, 1934), 35. (『젊은 시인에게 보내는 편지』 고려대학교출판부)

10. *The Family Networker* 13(1-2월): 30.

11. Beatrice Bruteau, "Gospel Zen," *Living Prayer* 22(1989년 7-8월): 5.

12. Anthony de Mello, *The Heart of the Enlightened* (Garden City, N. Y.: Doubleday, 1989), 38.

13. *The Cloud of Unknowing*, Ira Progoff 번역 서문(Julian Press, 1957), 94. (『무지의 구름』 은성)

14. Needleman, *Lost Christianity*, 172, 174.

15. *The Collected Works of St. John of the Cross*, 336.

16. Joseph Campbell with Bill Moyers, *The Power of Myth* (New York: Doubleday, 1988), 118. (『신화의 힘』 이끌리오)

17. Gibran, *The Prophet* (New York: Knopf, 1966), 29.(『예언자』 열림원)

18. Shea, *Stories of God*, 31-32.

19. Rilke, Letters to a Young Poet, 65. "슬픔의 낭비자"라는 표현은 다음 책에 나온다. Rainer Maria Rilke, *Duino Elegies*, J. B. Leishman and Stephen Spender 번역 (New York: Norton, 1963), 79. (『두이노 비가』 민음사)

20. Madeleine L'Engle, *Irrational Season* (New York: Seabury Press, 1977), 28.

21. Marion Woodman, *The Pregnant Virgin* (Toronto: Inner City Books, 1985), 152.

22. Rilke, *Letters to a Young Poet*, 59.

23. Flannery O'Connor, "Parker's Back," *Everything That Rises Must Converge* (New York: Farrar, Straus & Giroux, 1956), 225.

8. 새 날개를 펴며

1. Paulus, *Hope for the Flowers*, 78.

2. Theophane the Monk, *Tales of a Magic Monastery* (New York: Crossroad, 1981), 33.

3. Murray Stein, *In Midlife* (Dallas: Spring Publications, 1983), 5-6.

4. *Spiritual Sayings of Kahlil Gibran*, Anthony Rizcallah Ferris 번역 편집(New York: Bantam Books, 1962), 20.

5. 이 이야기의 원래 버전은 다음 책에 나온다. Henry D. Thoreau, *Walden*, J. Lyndon Shanley 편집(Princeton, N.J.: Princeton University Press, 1971), 333. (『월든』 이레)

6. Westerhoff and Eusden, *The Spiritual Life*, 37.

7. Woodruff, *Meditations with Mechtild of Magdeburg*, 47.

8. Ann Belford Ulanov, *Picturing God* (Cambridge, Mass.: Cowley Publications, 1986), 171.

9. Lorna Green, "The Femininity of God," *Contemplative Review* 16(1983년 여름호): 12.

10. *Illuminations of Hildegard of Bingen*, 23.

11. Alice Walker, *The Color Purple* (New York: Harcourt Brace Jovanovich, 1982), 167. (『더 컬러 퍼플』 한빛문화)

12. Gerard Manley Hopkins, "God's Grandeur," *The Poems of Gerard Manley Hopkins*, 66.

13. Keen, *The Passionate Life*, 200.

14. Keen, *The Passionate Life*, 52.

15. Jean-Pierre de Caussade, *Abandonment to Divine Providence*, John Beevers 번역(Garden City, N. Y.: Doubleday, 1975), 41, 52.

16. William Blake, "Auguries of Innocence," *Selected Poetry and Prose of Blake*, Northrop Frye 편집(New York: Modern Library, 1953), 90.

17. Martin Buber, *Tales of the Hasidim: The Later Masters* (New York: Schocken Books, 1948), 173.

18. Bruteau, "Gospel Zen," 8.

19. Eliot, "The Dry Salvages," *The Complete Poems and Plays*, 136.

20. Buber, *Tales of the Hasidim*, 251.

21. Paulus, *Hope for the Flowers*, 77.

22. Lawrance LeShan, *How to Meditate* (New York: Bantam Books, 1974), 92.

23. Theophane the Monk, *Tales of a Magic Monastery*, 18.

24. Pierre Teilhard de Chardin, *The Divine Milieu*, 116.

25. Kelly, *A Testament of Devotion*, 99.

26. *Breakthrough*, 206.

27. Elie Wiesel, *Night* (New York: Avon Books, 1958), 109. (『밤』 햇빛출판사)

28. Annie Dillard, *Pilgrim at Tinker Creek* (New York: Harper & Row, 1974), 218. (『자연의 지혜』 민음사)